KB262109

지혜로운 삶

© James H. Forest 1991
LIVING WITH WISDOM
A Life of Thomas Merton
Orbis Books, Maryknoll, New York

Translated by Shim Jeong-Sun
© Benedict Press, Waegwan, Korea 1994

지혜로운 삶
1994년 3월 초판 ㅣ 2011년 6월 4쇄
옮긴이 · 심정순 ㅣ 펴낸이 · 이형우
ⓒ 분도출판사
등록 · 1962년 5월 7일 라15호
718-806 경북 칠곡군 왜관읍 왜관리 134의 1
왜관 본사 · 전화 054-970-2400 · 팩스 054-971-0179
서울 지사 · 전화 02-2266-3605 · 팩스 02-2271-3605
www.bundobook.co.kr

ISBN 89-419-9402-0 03230
값 8,000원

짐 포리스트

지혜로운 삶

토마스 머튼의 생애

심 정 순 옮김

분 도 출 판 사

토마스 헨드릭슨 해슬러-포리스트
님께

우리가 추구하는 것은 우리에게 있습니다.
그 뒤를 좇아 서두를 필요가 없습니다.
어느 때나 우리에게 있었습니다.
시간이 지나면
우리는 알게 될 것입니다.

— 토마스 머튼

… 만일 내 정체를 알고 싶으면
내가 어디 살고 있는지
혹은 무엇을 즐겨 먹는지
또는 내 머리를 어떻게 빗어넘기는지
묻지 말고,
내가 구체적으로 무엇을 위해서 살고 있는지,
내가 인생 목표를 위해 철저히 살지 못하도록
가로막는 것이 무엇이라고 생각하는지를
물으십시오.

— 토마스 머튼

서 언

토마스 머튼은 그의 자서전을 통해 나의 삶 속에 자리했다. 해군 시절 크리스마스 휴가중 뉴욕 시 어느 버스 정류소에서 차를 기다리고 있는데 신문 가판대에서 『칠층산』 보급판이 눈에 띄었다. 거기에 나오는 수사가 된 한 남자의 이야기는 곧바로 내 관심을 끌었다. 허드슨 골짜기를 오르고 있는 버스 안에서 나는 책을 보다 가끔씩 눈을 들어 밤에 내리고 있는 폭설을 창 밖으로 내다보곤 했다. 머튼의 이야기는 눈발이 가로등 불빛을 통하여 희끗희끗 소용돌이치며 흩날리면서 만들어내는 조용한 무도를 연상시켰다.

머튼의 자서전을 읽고 일 년 반이 지난 다음, 가톨릭 노동운동에 관여하는 등 다른 많은 요인도 작용했지만, 나는 양심적 병역 거부자로서 해군을 떠났다. 제대 후 뉴욕 시의 가톨릭 노동자 회관에서 나는 머튼과 더욱 친밀한 관계를 갖게 됐다.

"가톨릭 노동자"의 설립자 도로시 데이는 머튼과 서신 왕래를 하고 있는 사람 중의 하나였다. 도로시 데이는 내가 수도원 생활과 머튼에 대해 관심이 있음을 알고 그에게 편지를 띄워 보라고 권했다. 내가 그에게 처음 보낸 편지는 「난롯가에서 부르던 노래」라는 시에 관한 것이었다. 그 시는 머튼이 도로시에게 보냈던 것인데 도로시는 내게도 그 시를 보여 주었었다. 머튼은 답장에서 우리가 전시중에 살고 있다는 인식에 대해 그리고 "입을 다물고 겸손하며 하느님을 믿어 신뢰하고 또한 우리네 영혼의 선익에 도움이 되는 평화를 갈구할 필요"에 대해 쓰고 있었다.

그때에는 바로 알아듣지 못했지만 그 글귀는 머튼이 쏟았던 오랜 기간 동안의 투쟁에 대해 꽤 많은 것을 암시해 주는 것이었다. 나는 머튼이 나에게 충고가 될 만한 말을 해주었다고 생각했지만(얼마나 합당한 충고였는지!)

그의 편지에서 흔히 볼 수 있는 것처럼 자기 스스로에게도 말을 건네고 있었던 것이다. 사실상 머튼은 입을 다물기가 지극히 어려웠고 겸손이 부족할까 두려워했으며 가끔 믿지 못하고 반발했다.

머튼은 서신을 많이 주고받았다. 그의 편지로 가득 찬 상자들이 켄터키 루이스빌에 있는 벨라르민 대학 부설 토마스 머튼 연구 센터에 보관되어 있다. 그의 편지를 엮어 놓은 세 권의 책이 현재 출판되어 나왔고 앞으로 더 출간될 예정이다. 한번은 에블린 워프가 "책들은 치워 두고 사려깊은 편지들을 써서 편지의 예술을 이루어 보라"고 권할 만큼 머튼은 편지 쓰는 데 재능이 있었다. 머튼에게 편지는 다른 사람들과 접촉하고 검열을 걱정하지 않고서도 폭넓게 생각하고 편지를 교환하면서 배우고 사랑하는 사람을 격려하고 도우며 사랑을 주고받을 수 있는 장소와 공간이었다. 1961년부터 7년 후 그가 사망할 때까지 우리는 많은 편지를 교환했다. 그 편지만으로도 보통 크기의 책은 쉽게 채워질 것이다.

머튼은 젊은이들에게서 온 편지에 자주 답장을 썼다. 나는 그가 편지 안에서 그 젊은이들 자신은 보지 못하는 자질과 특색을 간파해 내서 그들이 자기네 길을 찾도록 돕는 것을 즐거워하지 않았나 생각된다.

적어도 내가 보기에, 우리가 고백실에 없었다 하더라도 그는 진정한 고해 신부였다.

내가 처음 머튼에 대해 알게 된 지식은 그가 초기에 저술한 책들 모두가 그렇듯이 작자 사진이 없이 출간된 『칠층산』을 통해서였다. 그래서 철의 얼굴을 한 수도자리라 생각했다. 어떤 책이든 처음 대할 때 쉽게 일어날 수 있는 것처럼 『칠층산』의 저자에 대해 내가 놓치거나 오해하는 것이 많았다. 그의 유머 감각을 놓침으로써 나는 머튼을 다소간 계속된 단식으로 이카보드 크레인에게나 걸맞을 몸이 되어 가늘게 갈퀴처럼 여위고 엄격한 그런 사람쯤으로 상상했다(게쎄마니의 상황이 졸음에 잠길 그런 계제가 아니었음을 알고 있었을지라도 말이다). 그렇다고 머튼이 여윈 사람일 거라는 심상이 나를 혼란스럽게 하지는 않았다. 우리는 수도자들을 대개 그런 식으로 연상하지 않는가? 머튼이 나를 사로잡은 것은 내가 상상한 그의 외모가 아니라 이야기를 풀어가는 재능과 자기가 회심에 이르기까지 밟아온 여러 단계를 묘사하는 열정이었다. 어떤 의미에서, 그가 쓴 책은 어느 한 청년의 연애편지와 같았다. 그러나 그가 사랑하는 상대는 어떤 여자가 아니라 하느님, 예수, 마리아, 성자들, 가톨릭 교회, 그가 함께했던 트라피스트 수도회, 그리고 특히 그가 속해 있던 수도원이었다. 즉석에서 쓴 그의 편지에는 그리스도교의 갖가지 다양성을 포함한 나머지 모든 것이 빠져 있었다. 그의 편지를 읽는 사람들은 천당에 가는 최상의 길이 트라피스트의 높은 담장 안에 있다는 인상을 쉽게 받는다. 그렇다 하더라도 머튼이 쓴 사랑의 편지는 이런 식이다: 당신에게는 독특한 아름다움이 있습니다. 당신은 커다란 기쁨이며, 당신만이 내가 살아 숨쉬는 의미입니다. …

편지를 주고받던 초기, 머튼은 내게 자신을 만나러 오지 않겠는가 물었다. 1962년 2월, 나는 그를 보러 갈 수 있었다. 여행에 필요한 돈은 한푼도 없었다. "가톨릭 노동자"에서 일하는 사람들은 방과 식사 그리고 지하철 요금 등 별로 돈이 들지 않는 작은 경비를 지출받고 있었다. 나는 그 적은 돈조차 요구하지 않고 기꺼이 길 모퉁이 등지에서 「가톨릭 노동자」 신문을 판매하고 또 우연하게 들어오는 수입의 일부를 모았다. 「가톨릭 노동자」 신문사에서 일하는 또 다른 동료 밥 케이가 나와 합류했다. 우리는 지나가는 차를 얻어타고 여행하기로 작정했다. 어느 습기찬 겨울날 새벽녘에 '봄길' 빵집 오븐에서 막 구워내 아직 따뜻한 이탈리아 빵을 사들고 켄터키로 출발했다. 게쎄마니의 아베이까지 가는 데 이틀이 걸렸다.

방문객 안내를 맡은 분이 내가 거처할 방을 안내해 줘서 머물게 된 첫 숙소는 수도원에 있는 교회였다. 계속된 피곤한 여행이었지만 쉽사리 감사의 기도가 나왔다. 그러나 멀리서 들려오는 웃음소리 때문에 기도는 짧막하게 끊겼다. 그 웃음소리가 너무도 강렬하고 충만된 것인지라 어디에서 나는 소리인지 알아보지 않을 수 없었다. 속죄의 고행을 하는 트라피스트 수도원에서 나는 웃음소리라고는 생각하지 못했다.

그러나 과연 그 웃음소리는 객실 내 바로 옆방 밥 케이의 방에서 나는 소리였다. 내가 문을 열었을 때도 여전히 웃음소리는 그치지 않았다. 환희에 찬 웃음소리였다. 나는 그것이 밥과 나 사이의 차이라고 생각했다. 하느님은 틀림없이 경건한 기도보다는 신앙이 깃든 웃음을 더 원하실 것이다. 그렇지만 밥도 웃고 있기는 했어도 그 웃음소리의 진짜 진원지는 마루 위에서 얼굴에 홍조를 띠고 발은 밖으로 드러낸 채 무릎을 꿇을 정도로 배를 움켜쥐고서 웃고 있는 다른 사람이었다. 그 사람은 흰색과 검정색으로 된 수도복을 입고 넓은 가죽 허리띠를 하고 있었다. 내가 상상했던 단식으로 단련된 트라피스트 수도자의 모습과 달리 조금 비대해 보이는 그는 데이빗 덩컨의 파블로 피카소 사진을 연상케 했다. 여지껏 그렇게 웃는 사람을 보지 못했을 만큼 거리낌없이 웃고 있는 마루 위의 그 사람이 바로 토마스 머튼이었다(무엇이 그런 웃음소리를 자아내게 했을까? 로여 이스트 사이드에서부터 게쎄마니까지 내내 신고 있었던 신발의 지독한 발냄새가 그랬으리라).

게쎄마니에서 그렇게 몇 주 지내고 나자 『칠층산』이 나에게 새롭게 받아들여졌다. 그 책들을 쓴 사람이 바로 그런 사람임을 알고 난 후부터서는 그가 쓴 글은 어떤 주제가 됐든 나에게 때때로 하늘에서 직접 내려온 것 같은 웃음을 자아내게 했다.

머튼의 자전적 글을 읽어본 사람이라면 누구나 머튼이 자기 생애 가운데 오랜 기간을 거의 웃음이 없이 살아왔으리라고 짐작할 것이다. 그러나 그가 겪은 고통이 모두 수도원 생활 이전의 사건들 때문만은 아니었다. 생존 인물 중 가장 이름높은 수도자인 동시에 제일 유명한 트라피스트 수도자로서 명성을 얻은 다음에도 그는 결코 자기가 올바른 자리에 들어서 있다고 여기지 않았던 것이다.

1962년, 우리가 만났을 때 이 문제는 모두는 아닐망정 거의 해결되어 있었다. 머튼은 이미 보기 드물 정도의 자유와 자기 안정의 경지에 도달해 있었다. 그 경지는 분명히 수도원 밖의 세상과 이어주는 다리를 태워 버림으로써 이루어진 것은 아니었다. 오히려 수도자와 세상간의 연관을 인식한 데서 비롯된 것이었다. 우리가 그토록 자주 서신 왕래를 하고 또 이 년 후 내가 다시 그를 보기 위해 수도원으로 간 이유는 불의나 전쟁에 대한 종교적 대응에 관한 머튼의 관심 때문이었다.

평화운동에 뛰어든 머튼의 투신에 관심을 기울이지 않고서는 그에 관한 책을 쓰는 일이 불가능할 것이다. 그러나 통상적인 선입관을 가지고 머튼을 이해할 때 빠지기 쉬운 위험 가운데 하나는 평화운동에 뛰어든 머튼의 투신을 지나치게 강조한 나머지 그와 다른 여러 면모를 간과하고 싶은 유혹이다. 나는 이 전기가 비교적 올바르게 균형을 유지하게 되기를 희망한다.

우리가 그에게 붙여주는 이름이 무엇이건 — 수필가, 사회 비평가, 교회 일치 탐색가, 사진가, 미술가, 편지 작가 — 머튼은 우선적으로 수도자였다. 그는 저술 활동이나 편지 쓰는 일 혹은 그외에 사람들의 관심을 끄는 일보다 미사 전례, 기도, 묵상에 훨씬 많은 시간을 보냈다. 머튼은 수도자 생활 대부분을 공동체 안에서 시간이 많이 소요되는 여러 임무를 수행하는 데 바쳤다. 또한 그는 공동체 내에서 습관적으로 다른 사람들과 육체노동을 함께 했다. 일반적으로 전기에서는 불가피하게 사소한 일상사를 무시하고 사건이 못되는 일보다는 사건을 강조하기 일쑤다. 그러나 머튼은 그런 사건이 못되는 일에 주로 관심을 쏟았다.

이 책의 한정된 분량으로는 어쩔 수 없이 머튼의 삶이나 저술물 중 중요한 상당 부분을 소홀히할 수밖에 없었다. 이 책이 머튼 자신이 남긴 글과 머튼에 대해 다루고 있는 여러 다른 책에 관심을 갖게끔 길을 열어 준다면 무엇보다도 기쁘겠다. 이 책의 말미에 부분적으로 서명(書名) 목록을 소개해 놓았다.

현재 이 작업은 12년 전에 돈 브로피의 제안으로 바울로 출판사에서 출간할 소책자를 쓴 것이 시초가 됐다. 이 증보판은 오르비스 출판사의 편집장인 로버트 엘스버그의 의뢰로 원고를 다시 쓰고 내용을 많이 추가한 것이다. 이 책을 출판해 주고 원고를 손봐 주신 편집장님께 감사하며 교열과 교정을 맡아 준 조안 마리에 라플라메 양께도 감사드린다.

　그외에도 많은 분들께 감사드려야겠지만 그 중에도 미카엘 모트 씨께 제일 큰 빚을 졌다. 그가 저술한 성서 규격의 『토마스 머튼의 칠층산』은 가장 완벽한 머튼의 전기이다. 밥 랙스의 우정과 관대함에도 감사한다. 수년에 걸쳐 머튼에 관한 여러 가지 책을 보내 준 로버트 기룩스, 제임스 레플린, 나오미 버튼 스톤께도 역시 감사드리고 많은 충고와 격려를 보내 준 윌리엄 쉐논에게 감사드린다. 머튼의 영성에 관한 그의 책 『토마스 머튼의 어둠의 길』에서 보여 준 통찰력은 많은 도움이 되었다. 머튼과 동방교회에 관한 에세이를 쓴 돔 존 유데스 뱀버거, 머튼과 성상에 관한 에세이 저자 도나 크리스토프 수녀, 머튼에 관한 의문점들에 관하여 몇 년 동안이나 우정 어린 유익한 답을 준 패트릭 하트 수사, 수년간에 걸쳐 지원해 주고 이 책에 사용된 사진을 제공해 준 루이스빌의 머튼 연구 센터 이사 로버트 데이지, 사진 수집에 협조해 준 보스턴 대학의 로버트 오닐과 콜럼비아 대학의 케네쓰 로프에게 감사드린다. 그리고 원고 가운데 오류들을 바로잡는 데 협력해 준 마곳 문츠와 밥 그립에게도 감사드린다. 마지막으로 기도와 저술과 독서의 동료요 반려자인 나의 아내 낸시에게 감사한다.

1991년 1월 20일, 홀랜드 알크마르에서
짐 포리스트

차 례

서언··6

이 집에 들어오는 모든 이에게 평화!·································15

유년 시절···19

영국···29

성화 속의 그리스도···37

케임브리지···43

뉴욕 시···51

질송, 헉슬리, 블레이크 그리고 마리땡·······························59

개종···67

브라더 존 머튼, **OFM**···73

성 보나벤뚜라···85

게쎄마니와 할렘···91

루이스 수사···97

토마스 머튼 대 루이스 수사···105

서원··113

고래의 배 속에서 ·· 121

타임 광장의 은수자 ·· 129

꿈에서 깨어나다 ·· 141

축복 ·· 149

거룩한 지혜 ·· 153

침묵 ·· 163

평화를 위하여 일하는 사람들의 목자 ···························· 173

폭우 속의 수도자 ·· 183

은수자 루이스 신부 ·· 191

마르기라고 부르는 프라버브 ·· 199

가족의 일원 ··· 209

내 마음 속에 있는 아시아 ·· 217

모든 것이 측은하다 ·· 225

어두운 그림자를 드리운 요나 ·· 239

게쎄마니의 정문, 1940년의 모습

이 집에 들어오는 모든 이에게 평화!

상큼한 음료수 맛이 나는 위스키와 순종 말로 유명한 아메리카 지역 켄터키 언덕 저 멀리 트라피스트 수도원이 숨듯 자리잡고 있다.

단아하고 오래된 유럽의 대수도원들과는 달리 게쎄마니의 성모 마리아 대수도원을 방문하는 사람은 아무도 건축물에 감탄하거나 건축 양식을 눈여겨보지 않는다. 돌과 벽돌로 된 건물은 더할 수 없이 단조롭다. 수도원에서 생활하는 사람들도 그들이 입고 있는 흰색과 검정색으로 된 수단을 보면 마찬가지로 수수하다. 놀라운 것은 그들이 영위하는 생활이다.

라틴어로 전례를 행하던 시절에는 수도원 입구 위에 "Pax intrantibus"라는 라틴어 두 단어로 된 글귀가 적혀 있다. "이 집에 들어오는 모든 이에게 평화!"라는 말이다. 온화한 얼굴에 모랫빛 금발을 한 알려지지 않은 한 남자가 뉴욕에서 도착한 1941년 12월 10일, 이 단어들이 그 자리에 쓰여지게 되었다.

토마스 머튼은 그 문 위의 구절을 멋진 감각을 가지고 풍자적으로 읽었을 것이다. 엄숙하고 어색한 분위기를 재치있는 기지로 깰 줄 아는 머튼은 그 글귀를 보고서 아마 쾌활하게 웃었으리라. 그때는 일본이 진주만에서 미 태평양 함대를 공격한 지 삼 일이 채 지나지 않았고 제2차 세계대전에 미국이 참전한 지는 고작 이틀이 지난 상황이었다. 징집된 수많은 청년들이 줄지어 자기 차례를 기다리고 있었고 징병 사무소 문 위에는 어울려 보이는 또 다른 라틴어 표어가 적혀 있었다: Bellum intrantibus. "이곳에 들어오는 모든 이에게 전쟁!"

다른 많은 사람들과 마찬가지로 전쟁터로 끌려가던 그는 혼자 대열에서 벗어나 다른 길로 빠져나왔다.

많은 동족들은 "이 집에 들어오는 모든 이에게 평화!"라고 씌어진 문에 접근하는 머튼의 모습을 수치스러운 눈길로 바라보았으리라. 분명히 겁쟁이로 보았으리라. 머튼은 나치 군대와 열광하는 조국에 무관심했다. 그러나 주름이 없는 팽팽한 얼굴은 사람들에게 의심을 샀고 수도원조차 그의 도피처가 되지 못했다. 그래도 젊은 머튼은 용의주도했고 당황하지 않았다. 그 동안에 그가 잘 알고 있던 런던 거리들은 폭탄 자국으로 패여갔다. 여러 해에 걸친 유럽에서의 전쟁에 대한 의식과 공포는 마치 산성비가 석회암을 침식해 들어가듯 그의 영혼을 먹어 들어갔다. 그가 수도원에서 추구했던 평화는 안전한 은둔이 아니었다. 일면 그는 기도를 삶의 주요 업무로 삼는 수도원이 역사의 가장자리가 아니라 중심에 자리잡고 있으며 전쟁터에서보다 이곳에서 평화를 위해 더 많은 일을 할 수 있으리라는 확신 때문에 게쎄마니 대수도원을 찾아왔다. 그는 다른 사람들이 병사로서 서명한 것과 동일한 이유 때문에 수도원 문 앞에 서 있었다. 즉, 그는 전선에 자신의 생애를 바치려고 그곳에 서 있었던 것이다.

그러나 그런 투신의 동기에는 또 다른 측면들이 있다.

자신의 의사와 상관없이 전쟁터에 끌려가는 다른 많은 사람들과는 달리 머튼은 가치있는 세상의 보물은 없다고 믿었다. 할렘에서의 일을 자청한 덕에 빈민가 및 인종차별 정책을 강행하는 인간의 뻔뻔스러움에 대해 알게 되었다. 프랑스, 영국, 미국에서 국외자로 몇 년을 지낸 후 그는 그 나라들과 자신이 별 연관이 없다고 느꼈다. 소란스럽고 어지러운 세상은 많은 사람들의 양심을 귀머거리로 만들었다. 그는 소음을 뒤로 하고 떠나고 싶었다. 예전에 애써 자기 소개서를 썼던 타자기 소리조차 멀리하고 싶었다. 자신의 명성과 모든 권리를 뒤로 하고 이 세상 어느 곳으론가 떠나고 싶었다.

머튼은 자기가 추구해 왔던 많은 것을 발견했다. 조용하고 근엄한 생활, 기도와 예배에 몰두하는 생활, 하느님을 위해 살아 가고자 노력하는 공동체를 찾았다. 그러나 거기에서도 그는 무명인으로 남아 있을 수 없었다. 머튼의 글은 영세민 무료 급식소에서부터 바티칸의 교황청에 이르기까지 장안의 화제가 되었다. 그의 자서전과 일련의 책들은 많은 언어로 번역되어 가톨릭 신자와 다른 그리스도교 신자들은 물론이고 유태교 신자, 불교 신자, 힌두교 신자, 모슬렘교 신자 등 종교적 차이를 떠나 수많은 사람들에게 읽혀졌다. 머튼의 글은 수많은 독자들에게 회심의 기회를 주었다.

정확히 27년 뒤, 지구 한켠에서 머튼은 죽어 가지만 이 수도원의 수도자였던 그는 이미 그때부터 유명하기도 했으려니와 논쟁의 대상이 되기도 했다. 전쟁과 인종차별 정책에 대해 썼던 그의 에세이를 두고 사람들은 그를 수도복으로 가장한 공산주의자라고 비난했다. 한동안 수도원 고위 수사들이 그를 변호하면서도 그에게 침묵을 지키도록 명했다. 그 변호 안에는 머튼이 두 교황으로부터 선사품을 받았고 두 교황 중 한 사람인 요한 23세가 발표한 회칙 가운데 하나인 『지상의 평화』(*Pacem in Terris*)는 머튼이 작성했으리라는 내용이 들어 있다. 어떤 사람들은 암살이 횡행하던 그 십여 년 사이에 머튼의 죽음은 사고사가 아니라 암살이며 그 암살이 미국 중앙정보국(**CIA**)에 의해서 자행되었으리라고 추측하면서 비난을 서슴지 않는다.

"이 집에 들어오는 모든 이에게 평화!"

젊은 시절 머튼은 수도원의 벨을 울리고 기다리고 서 있었다. 한 노 수사가 얼굴을 내밀었다. "저는 수사가 되고 싶어 왔는데요." 뉴욕에서 온 방문객이 말했다.

어머니가 찍은, 네 살 적의 토마스 머튼

유 년 시 절

어머니는 내가 독자성을 지니고
다른 사람들과 몰려다니지 않기를 바라셨다.

토마스 머튼은 스페인 국경 근처 프랑스 피레네 지역 피난촌인 프라데에서
눈보라치는 1915년 1월 마지막 날 밤이 깊어갈 무렵 태어났다. 머튼이 태
어난 프라데는 아름다운 곳이었고 여지껏 그 아름다움을 간직하고 있다. 그
러나 그곳은 이제 막 제1차 세계대전이 일어난 곳에서 불과 이틀 정도면 닿
을 수 있는 거리에 있었다.

　머튼의 양친은 파리에서 미술 공부를 하던 중 1911년에 만났다. 둘 다
20대 중반쯤이었을 때다. 루쓰 젠킨스는 미 중서부에서 자랐고 오웬 머튼은
뉴우질랜드 태생이었다. 그들은 1914년 4월 런던에서 결혼한 다음 두 달
뒤에 프라데로 이주했다.

　프라데의 남부 햇살은 화가들에게 매력적인 곳이었고 생활비도 별로 들지
않았으며 머튼 내외가 이사했던 프라데 부근에는 친구들도 있었다. 그러나
1916년 여름, 전쟁 때문에 미국으로 건너갈 수밖에 없어 루쓰의 양친 샘과
마르타 젠킨스의 집으로 피난을 떠났다. 그들의 집은 맨하탄에 있는 샘의
편집 사무실로부터 통근 거리 지역인 롱 아일랜드 더글라스턴에 있었다. 그
해 가을 오웬과 루쓰는 더글라스턴에서 5마일 떨어진 퀸즈의 플러싱에 방이
네 개 딸린 허름한 집에 세들어 살았다. 방 두 개는 "화장실보다 클까말까
할 정도"였다.[1]

---

1. Thomas Merton, *The Seven Story Mountain* [이하 SSM으로 약칭] (New York: Harcourt
   Brace 1948) 7.

오웬 머튼의 솜씨는 점차로 인정을 받았다. 그의 아들이 후에 수도원에서 쓴 글에 의하면 오웬 머튼의 그림은 세상의 전경을 "건강하고 균형이 잡혀 있고 자연 구조와 인간들의 관계에 대한 경탄으로 가득 차 있고 조화로우며, 구성과 사람들의 관계 그리고 각 피조물에게 개별적인 특성을 새겨주는 모든 환경에 대한 경탄으로 가득 차 있는" 세계관을 보여 주고 있었다. 오웬 머튼의 세계관은 종교적이면서도 맑기 그지없었다.[2] 그러나 오웬의 작품은 거의 팔리지 않았고 가족들은 종종 굶다시피 하면서 살았다.

루쓰의 아버지는 부유해서 어떻게든 그들을 도우려고 했지만 루쓰와 오웬의 자존심은 어떤 가족의 도움도 받아들이려 하지 않았다. 오웬은 정원사로 일하면서 집 부근의 교회 오르간 연주자로 있었고 영화 음악이 나오기 이전 시절 지방 영화관에서 피아노를 연주하기도 했다.

톰의 부모는 철저한 신념을 가지고 있었는데 그 가운데서도 검소한 생활과 반전(反戰)에 대한 신념을 위해 헌신적이었다. 오웬은 군복이 몸에 맞는지 아니면 총검을 어떻게 다루어야 하는지에는 도대체 관심이 없었다. 신병 모집 포스터나, 군가, 그리고 "온갖 전쟁을 끝장내기 위한 전쟁!" 따위의 웅변적인 구호 등에 무관심한 채 미국에서는 자신의 그림 그리는 붓에 생기를 불어넣어 줄 만한 것을 찾지 못했지만 계속해서 그림을 그렸다. 그러는 사이 루쓰는 퀘이커 교도가 되었고 일요일이면 사교 모임에 나갔다. 그 모임에 나오는 그 누구도 전쟁을 찬양하는 사람은 없었다.

루쓰는 비록 그림을 포기하기는 했지만 화가의 안목이 톰을 찍은 사진 속에 잘 드러나 있다. 그녀가 찍은 사진 가운데 하나를 보면 톰은 유아용 의자에 앉아 있고 책상은 어른 의자로 이용한 것을 알 수 있다. 그 사진은 성상 못지않다. 생명이 빛의 후광으로 빛나고 있다.

그녀는 가장 자기 마음에 든 톰의 모습을 — 이 책을 펼쳐들면서부터 바로 독자들의 시선을 사로잡는 — 사진에 담았다. 그러나 루쓰는 톰이 자신

---

2. SSM 3.

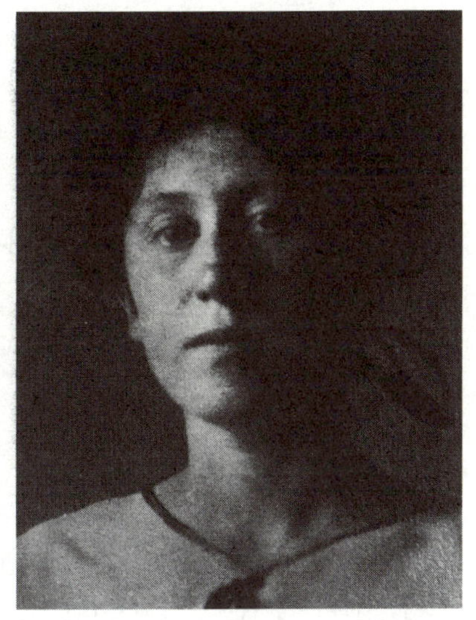

의 기대와는 달리 다루기 힘들고 고집센 아이임을 발견하곤 했다. "어머니는 내가 독자성을 지니고 다른 사람들과 몰려다니지 않기를 바라셨다. 개성이 있고 독창적인 사람이 되어야 했고 내 자신의 특징과 생각을 가져야 했다. 부르주아지의 공통적인 생활 양식과 군중 노선에 따라 휩쓸리는 개체가 되어서는 아니 되었다."[3] 머튼은 어머니를 "신중하고 약간 초조한 듯하고 매우 민감한 얼굴을 한 가냘프고 여위고 조금 근엄하고 걱정이 많고 정확하고 민첩하고 비판적인 사람"으로 기억했다. 또한 자기로서는 할 수도 없고 생각지도 않을 "만족할 줄 모르는 꿈과 완덕에 대한 커다란 포부"[4]에 따라 살아가는 그런 엄마로 기억했다. 톰이 다섯 살 때의 일이다. 그의 어머니는 톰이 which를 h로 발음하지 않는다고 해서 일찍부터 톰을 잠자리로 들여보냈다. 그는 후에 이렇게 적고 있다. "자연의 이치에 의하면, 아마도 엄격한 어머니가 고독한 사람들을 만들어낸다"고.[5]

---

3. SSM 11.   4. SSM 5.

5. *The Sign of Jonas* [이하 SJ로 약칭] (New York: Harcourt Brace 1953) 262.

1918년 11월 2일 태어난 남동생 존 폴은 톰보다 비교적 조용했다. "존은 사람들에게 변함없이 잔잔한 행복 속에 살고 있다는 인상을 준다." 반면에 머튼은 그의 동생을 생각할 때면 언제나 "눈에 띄지 않는 추진력과 박력"을 떠올리곤 한다.[6]

아버지 오웬 머튼은 엄마 루쓰보다 더 차분했다. 머튼은 수도원에서 보낸 글에서 "오웬은 예외적으로 지적인 솔직함을 지녔고 성실하고 순결한 지성의 소유자였으며", "경이로운 정신과 대단한 재능과 넓은 마음을 지닌 사람"이었다고 썼다. 아버지는 철자에 전혀 신경을 쓰지 않았지만 엄마 루쓰와 마찬가지로 톰에게 "오류와 우유부단함과 추한 일과 위선에 물들지 않는 순수한 마음을 간직해 주기를 바랐다."[7]

그러던 1921년 여름, 루쓰 젠킨스는 위암이라는 의사의 진단을 받았다. 그해 10월, 그녀는 뉴욕의 어떤 병원에서 임종을 맞아 톰에게 작별의 편지를 썼다. 루쓰는 아들 톰에게 자신의 마지막 상태를 보이고 싶지 않았던 것 같다. 머튼은 그때를 이렇게 기억하고 있다. "나는 뒤뜰에 있는 단풍나무 아래서 엄마가 내게 남긴 편지를 꺼냈다." "나는 그 편지가 정말 어떤 의미인지 알아듣고 이해할 때까지 읽고 또 읽었다. 그러고 나자 주체할 수 없는 슬픔이 밀려오고 나는 극도로 의기소침해졌다."[8] 곧바로 젠킨스의

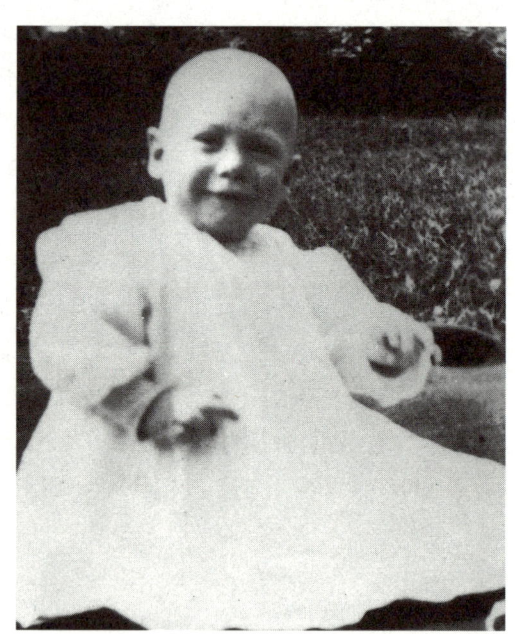

6. SSM 8.

7. SSM 9.

8. SSM 14.

시신은 화장되고 오직 그녀가 어렸을 때 자신의 빨강머리를 묶었던 몇 개의 묵직한(지금은 부드러운 종이에 돌돌 말려 있는) 핀과 두 아들(여섯 살배기 톰과 세 살 된 존 폴)만이 그녀의 유일한 유산이었다.

두 아이들은 모두 외할머니와 외할아버지를 따라 더글라스턴의 외가로 가고 오웬은 임시로 하고 있던 일을 정리하고 여행을 떠났다. 얼마 지나지 않아 톰도 아버지의 여행에 따라나서 처음 간 곳이 케이프 코드였고 그 다음으로 버뮤다까지 갔지만 그때까지 여행으로 피곤한 줄을 몰랐다. 오웬은 카리브 해의 햇살에서 고향의 정취를 느꼈을 뿐만 아니라 소설가 에블린 스코트와 사랑에 빠졌다. 그러나 그녀는 화가이자 오웬의 친구인 시릴 케이 스코트와 결혼했다. 그 삼각관계는 거의 2년 동안이나 지속되었었다. 그들의 사랑이 결국 파국을 맞게 된 원인은 톰이 에블린 스코트에게 반감을 지니고 있었기 때문이다. "꼬마 톰이 날 싫어했지요"라고 그녀는 털어놓았다.[9]

오웬 머튼의 보헤미안적인 자유분방함이 톰에게도 있었다. 존 폴이 학교에 다니는 동안 그의 형은 바닷가를 찾아다니거나 장사꾼의 재담과 이야기를 듣곤 했다. 머튼은 어른이 되어 이렇게 회고했다. "나의 어린시절은 거의 매달 생활과 계획이 바뀌었고 거기에서 그럴듯한 의미를 찾는다는 것은 불가능했다", "어떤 때는 학교에 가야 했고 어떤 때는 가지 못했다. 아버지와 함께 살기도 하다가 낯선 사람들과 살면서 아버지와는 가끔 만나게 될 때도 있었다. 사람들은 우리 생활 속으로 들어왔다가는 우리 생활 밖으로 나가버렸다. 우리는 이 친구들과 사귀다가는 또다시 저 친구들과 사귀어야 했다. 모든 것이 항상 변하였다." 그는 잠깐 동안 버뮤다에서 학교를 다니다가 아버지의 반대가 없자 학교 칠판보다는 바닷가 모래 언덕을 더욱 사랑한 그는 학교를 그만두었다. "내가 가고 싶은 곳은 어디든 달려갈 수 있었고 내가 원하는 것은 무엇이나 할 수 있었다. 정말 기쁜 나날이었다."[10] 오

---

9. Lola Ridge에게 보낸 Evelyn Scott의 편지, 1926년 1월 15일 : Michael Mott, *The Seven Mountains of Thomas Merton* [이하 Mott로 약칭] (Boston: Houghton Mifflin 1984) 26.

10. SSM 18.

웬이 톰을 더글라스턴에 남겨 두고 프랑스와 북아프리카로 여행을 떠났던 1923년 그해였다.

톰의 할아버지 "팝" 젠킨스는 타자기와 종이 냄새가 그득한 그로셋과 던랩이라는 출판사에서 일하셨다. 그곳에는 선반 가득 아동 도서들이 있었기 때문에 톰에게는 거의 버뮤다와 마찬가지로 멋진 곳으로 보였다.

팝 젠킨스는 영화를 사랑했고 자신의 손자들에게 열심히 영화 내용을 들려 주길 좋아했다. 할아버지는 헐리우드에 친구들이 많았다. 그리고 할아버지 집 식탁에서는 대서 특필된 스타들의 사생활에 대한 이야기들이 오고갔다. 그 당시 롱 아일랜드는 헐리우드에 이어 영화 제작의 중심지였다. 한번은 더글라스턴 베이사이드 스튜디오에서 톰은 글로리아 스완슨이 집시의 결혼 장면에서 신부역을 맡아 연기를 하고 있는 것을 구경했다. 그러나 그보다 그에게는 코미디가 더욱 흥미로웠다. 이곳저곳을 따라다니다 찌부러질 듯한 집에서 비틀거리는 걸음으로 덤불 속을 헤치다 결국에는 두 마리 암소 등 위에 떨어지는 실수를 범하는 코미디 W.C. 필드를 구경했다.

샘과 마르타 젠킨스는 지방 관구 영국 성공회 소속이었고, 톰이 보기에, 종교에 대한 팝의 견해는 주로 가톨릭 신자 혹은 유태교 신자에 관한 것이었다. 팝의 말에 의하면 가톨릭 신자들은 위선자에 사기꾼들이며 유태교 신자들 역시 별로 다르지 않다는 것이다. "바티칸"이란 말은 저주였다.

어린시절 기억 중 머튼에게 가장 잊혀지지 않는 것은 머튼이 여덟 살 때 더글라스턴에서 있었던 사건에서 비롯되었다. 존 폴은 톰을 형으로서 경외심을 가지고 대했으나 톰에게는 동생이 경쟁 대상자였으며 귀찮은 존재였다. 한번은 톰과 친구들 둘이서 판자쪽이랑 타르 종이 나부랭이로 숲속에서 오두막집을 지으면서 동생과 그의 친구들을 근처에 얼씬도 못하게 했다. 꼬맹이들 중 누구든간에 대담하게 가까이 오려 하면 돌멩이를 세차게 던져 쫓아버렸다. 25년 후, 계속 이어진 사건이 아픈 기억을 점점 더 날카롭게 한 다음까지도 머튼은 백 야드 떨어진 운동장에 서 있는 존 폴을 상기하곤 했다. "짧은 바지에 가죽 재킷을 입은 다섯 살짜리 꼬마가 두 팔을 양 옆에

축 늘어뜨린 채 우리 쪽을 부러운 눈으로 바라보면서 아무 말 없이 서 있는 모양은 좀 애처로웠다. 돌팔매가 무서워 더 가까이 오지 못하던 그 눈에는 분노와 비애가 가득했다. 그 꼬마는 그래도 가지 않았다. 우리와 같이 있으면서 우리가 하고 있는 일을 너무도 하고 싶어서 떠날 수가 없었다. 그의 천성에 새겨진 법은 자기도 형과 함께 있어야 하고 형이 하고 있는 것을 자기도 해야 한다고 말했다. 그리고 그 사랑의 법이 왜 그다지도 거칠고 부당하게 침해당하고 있었는지를 이해할 수가 없었다."[11]

1925년초, 아버지 오웬 머튼은 에블린과 헤어지고 알제리아에서 중병을 앓고 난 후 런던에서 자신의 전시회를 가졌다. 그의 그림은 갑자기 로저 프라이와 같은 몇몇 비평가들에게서 호평을 받았다. 그는 그림 판 돈을 가지고 더글라스턴에 돌아왔으며, 그때 오웬은 턱수염을 기르고 한껏 승리의 기쁨에 휩싸여 있었다. 젠킨스 집에서 머문 지 불과 몇 달도 안 되어 오웬은 프랑스로 돌아갈 채비를 할 때가 됐다고 생각하고 존 폴은 아직 너무 어리다고 생각되어 더글라스턴에 남겨둔 채 톰을 데리고 떠났다. 이런 처사는 존 폴에게 심한 상처가 되었으며 톰과 그의 친구들이 판잣집을 지으면서 폴을 가까이 오지도 못하게 쫓아버렸을 때 느꼈던 것보다 더 쓰라린 것이었다. 그 해 8월 오웬과 톰은 항해를 시작했다.

머튼이 머물 새 집은 프랑스 남부 뚤루스에서 40마일쯤 위에 자리한 성 안토닌 마을에 있었다. 그 마을은 중세 시대 마을 모습이 잘 보존돼 있었는데 지형과 건물 양식은 신앙의 시대 초기의 모습을 여전히 엿볼 수 있었다.

동생 존 폴과 함께

---

11. SSM 23.

머튼의 기억에 "그 마을 자체"는 "미궁처럼 꼬불꼬불한 좁은 길에 13세기의 것으로 보이는 집들은 곧 쓰러질 것처럼 낡은 모습으로 줄지어 있었다. … 중세의 휘황찬란함과 환락과 소음은 어디에도 없었다. 그러나 성 안토닌 마을의 거리를 걷노라면 중세기에 살고 있는 듯한 착각이 들었다."[12]

마을의 모든 것의 중심은 성당이었다. 성당은 마을 위로 우뚝 솟아 있었으며 성당의 꼭대기에서 삼종기도 시간을 알리는 종소리가 "마을 사람들을 굽어보고 있는 하느님의 어머니를 상기시켜 주면서" 매일 울려퍼졌다.[13] 성당은 물론 마을 담 너머의 시골조차 "이것이 모든 피조물의 의미이다. 우리는 하느님을 향해 자신을 들어올리고 하느님의 영광을 선포하기 위해서만 만들어졌습니다."[14]

산에서 가끔 머튼 부자는 쓰러져 가는 수도원들을 배회하다 "수사들이 깎아 만들어 자리한 그 수도원의 맑고 고색창연한 석조 회랑, 나지막하고 동그란 아치에서 신선한 기분을 맛보곤 했다."

거기에는 믿음의 인간적인 구체적 형상 특히 톰과 머튼이 1927년 여름 내내 함께 머물던 가톨릭 가족 — 프리바 씨 부부, 켈트족의 후손인 견고한 오베르뉴 농부들 — 의 믿음이 생생하게 배어 있었다. 머튼은 그들을 생각할 때면 친절함, 선함,

성 안토닌 마을

12. SSM 36.
13. SSM 36.
14. SSM 37.

평화로움, 단순함, 그리고 성물을 대하는 그들의 경건한 침묵이 떠오른다. 한번은 그들을 자극해서 가톨릭 신앙을 옹호하게 하려 했다. 톰은 그들에게 어떤 종교와 다른 종교간의 차이란 수학을 배우는 방법상의 차이보다 중요할 것이 없다고 말했다. 그러나 그는 프리바 씨가 그저 조용히 슬픈 듯 "아무래도 그럴 수는 없지"라고 중얼거리는 말을 들을 수 있을 뿐이었다. 머튼은 결국 프리바 씨 부부를 시성된 교회의 영웅으로서가 아니라 하느님을 모든 생활의 중심에 두는 그런 방식으로 일상생활을 영위해 감으로써 보이지 않는 모양으로 정화된 성인으로 생각했다. "그들은 내가 이제껏 알고 있는 이들 중에 가장 특이한 분들이었다."[15] 그들의 집에서는 천국의 향기가 나는 듯했다. 그들은 톰의 영혼이 자신이 지니고 있는 것에 눈을 뜨도록 진심으로 걱정했다. 톰은 프리바 씨 내외와 왜 그토록 오랜 동안 함께 머물렀는지 그 이유를 아주 나중에서야 알게 되었다. 성 안토닌 마을 의사는 톰이 결핵에 걸려 있음을 알고 있었다. 프리바 씨 부부는 톰이 건강을 회복하려면 휴식과 사랑이 있어야 하고 간호가 필요하기 때문에 기꺼이 그를 돌보아 주었던 것이다.[16]

프리바 씨 집에 천국의 평화로움이 있었다면 남서부로 25마일쯤 떨어진 몬토반의 기숙학교는 거의 지옥이나 다름없었다. 극도로 세속적인 환경 속에서 머리가 온통 뒤죽박죽되기에 족했다. 20년 후에 머튼은 이런 학교들을 다음과 같은 전형으로 꼽았다. "각 나라의 젊은이들이 전혀 도덕적 규율과 종교적 훈련이 없이 그리고 내적 생활과 영성과 자비와 믿음의 흔적이 없이 정부가 만들어 놓은 동의서 등 문서만을 지킬 수 있을 정도로 무절제하게 성장하게 될 세계에는 평화란 있을 수 없다는 것이 과연 놀라운 일인가?"[17]

그럼에도 불구하고 톰은 그곳에서 수학했다. 톰은 책에서는 전혀 사용되지 않는 여러 단어들까지도 포함해서 그곳 토박이처럼 프랑스어를 구사하게 되었다. 그의 자서전을 보면 그는 그 기숙학교가 경박하고 냉소적으로 된

---

15. SSM 56.   16. Mott 37-8.   17. SSM 51.

것은 리쎄 탓이라고 비난했다. 그러나 더 이상 자신의 과거를 그런 흑백 논리로 볼 필요가 없게 되자 후일 그는 델마스 선생님을 떠올릴 때면 흐뭇해하곤 했는데, 그 선생님은 그에게 페넬론의 작품들을 소개해 주었었다.[18]

톰 머튼이 자신이 소설가가 되어야겠다고 생각하기 시작한 것도 그때였다. 그는 "외설적이지 않고 위트가 있는 … 다소 조용한 친구들"이 들어 있는 한 동아리를 발견했다. "그들에게는 이상과 야망이 있었으며, 사실 첫해 중반까지는, 우리 모두 소설을 쓰고자 하는 열망을 지니고 있었다고 기억된다."[19]

프랑스에서 지낸 그 삼 년 동안 톰은 아버지의 종교적 신앙이 어떤 것인지 얼핏 이해하기 시작했다. "나는 결코 잊지 못할 것입니다"라고 그는 『칠층산』에서 적고 "우연히 문득 생각난 듯한 말투로 아버지가 그리스도를 배반한 성 베드로와 닭이 울자 베드로가 밖으로 나가 얼마나 비통하게 울었는지 말해 주었다. 우리는 우리가 묵고 있던 홀에 서서 무심코 이야기했을 뿐이다. 나는 그 순간에 새겨진, 베드로가 밖으로 나가 슬프게 울고 있는 생생한 영상을 결코 잊을 수 없었다."[20]

그는 또 다른 경우, 즉 자신의 아버지가 이웃을 헐뜯는 여자에게 분개했던 일을 기억하고 있었다. "아버지는 그 여자에게 그리스도가 왜 사람들에게 자신들의 적을 사랑하라고 했는지 생각해 보았는지 물었다. 하느님께서 당신의 이익을 위해 이런 계명을 주셨다고 생각하느냐? 그분이 우리에게서 정말 원하셨던 타인에 대한 사랑으로부터 무엇을 얻을 수 있겠는가? 아니면 오히려 그분이 우리에게 이 계명을 주신 것은 우리네 자신을 위한 것이 아닌가? 그는 그녀에게 조금이라도 분별이 있다면 자신의 영혼의 미덕 및 건강과 평화를 위하기라도 한다면 형제자매인 타인들을 사랑해야만 할 것이라고 말했다."[21]

---

18. Mott 37.   19. SSM 51-2.   20. SSM 54.   21. SSM 54.

영 국

나는 아무것도 믿지 않는다.

오웬 머튼은 1928년 5월 어느 날엔가 톰이 다니던 학교를 그만두게 하고 톰에게 자기네들이 영국으로 이사할 것이라는 소식을 전하기 위해 몬토반에 왔다. 그때 오웬의 그림 전시회가 런던에서 열리고 있었다. 오웬은 마지못해하면서도 자신과 아들 모두에게 영국이 좀더 전망이 좋다고 결단을 내렸다. 프랑스를 떠나는 것은 오웬에게는 패배였지만 자신의 열세 살짜리 아들에게는 자유를 의미했다. 리쎄여, 영원히 안녕! "나를 가두어 두었던 감옥의 문이 내 앞에서 활짝 열렸다. 그때 감옥의 벽돌담 위에 내비친 햇살은 얼마나 밝게 노래했던가."[22]

모드 아줌마와 벤 아저씨는 우리에게 자기네 빨간 벽돌집에서 함께 살자고 청했다. 그 벽돌집은 런던 서부 일링의 "19세기 안전 요새"[23]였었다. 그 집에서 톰에게 가장 소중한 사람인 모드 아줌마 — 톰의 친할머니와 자매지간인 모드 그리어슨 피어스 — 는 빅토리아 여왕의 쥬블리 다이아몬드가 마치 바로 어제 나타나기라도 한 것처럼 아름다운 옷을 입은 쾌활하고 온화한 부인이었다. 그녀의 눈에 띄는 코와 살짝 미소짓는 듯한 입술은 "얼마나 멋진 일이야!" 하고 방금 말을 마친 사람의 표정을 보는 것 같았다.[24]

그들이 도착하고 얼마 안 되어 톰은 모드 아주머니에게 작가가 되고 싶다는 자신의 희망을 털어놓았다. "무슨 글을 쓰고 싶은데?" 모드 아줌마가 물었다. 톰은 "소설요" 하고 대답했다. "넌 틀림없이 아주 좋은 글을 쓸 수 있

---

22. SSM 60.　　　23. SSM 61.　　　24. SSM 62.

을 게다" 하고 모드 아줌마는 톰을 믿어 의심치 않았다. "그러나 톰, 넌 문 필가들은 흔히 온갖 청구서를 지불하기가 어렵다는 점을 명심해야만 한단 다. 아마도 넌 저널리스트가 될 수도 있겠지?" 머튼은 끄덕였다. "해외 특 파원은 어떻겠니?" 모드는 톰의 의견을 물었다. "좋겠지요"라고 톰이 대답 했다.

톰은 서레이에 있는 리플리 학교에서 학교 수업을 다시 받았다. 교장은 모드 아줌마의 시누이였다. 그는 "기도하면서 내 마음이 하느님께 가까이 다가가 올라가는 듯한 체험"을 겪고 나자 예배당에서의 기도와 영국의 시골 풍경에서 편안함을 느꼈다. "그것은 처음 내가 잠자리에 들기 전에 사람들 이 자기네 침대 맡에서 정중히 무릎을 꿇는 것을 보고, 또 식사를 시작하기 전에 내가 처음 감사 기도를 드린 경우였다. 생각건대 대략 다음해 2년 동 안은 대체로 신심이 돈독했다."[25] 그러나 그의 자서전을 보면, 너무 비판적 으로 회고해서인지 그는 영국 교회(성공회)를 다니던 청년기가 영국 사회 전통을 조사하던 것만큼 성스러운 생활체험은 못 되었다고 보았다.

리플리 학교에서 톰의 주요한 학습 목표는 상급 학교 진학 퍼블릭 스쿨 장학생 선발 시험을 볼 수 있을 정도의 라틴어를 배우는 것이었다. 식구들 에게는 톰이 낭만적인 기질에도 불구하고 하로우 같은 엘리트 학교에 입학 했으면 하는 기대가 있었다. 미국에 계시는 그의 외할아버지 샘 젠킨스는 입학금까지 마련해 놓았다. 그러나 결국 오캄에서 런던의 북서쪽으로 70마 일 가량 떨어진 "미들랜드에 있는, 명문은 아니지만 작기는 해도 적당한 학 교" 오캄에 진학하기로 결정했다.[26]

보금자리 같은 평온한 리플리 학교에서의 생활은 톨키엔의 소설 『신비한 지구』에 나오는 하비튼처럼 안전해 보였다. 그런데 1929년, 아버지와 여름 방학을 스코틀랜드에서 보내는 동안 톰의 세계는 다시 한번 무너져내렸다. 오웬이 갑작스럽게 병을 얻은 것이다. 악성 뇌종양이었다. 그의 생명은 위

---

25. SSM 64-5.   26. SSM 67.

태로웠고 정신은 병들었다. "뉴욕항 입항. 만사가 좋음." 런던 병원에서 오
웬은 톰에게 전보를 보냈다.

　오캄에서, 낙담한 톰은 쵸오서의 『켄터베리 이야기』를 읽으면서 아버지의
종양이라는 그늘 속에서 희랍어 동사들 때문에 무진 고생했다. 리플리 학교
에서 비로소 꽃핀 기도생활이 뜻밖에 무너졌다. 머튼은 후일 그렇게 된 것
이 성서 구절에 "선량한 사람"이라는 단어를 집어넣기 좋아하는 교목에게
일부분 책임이 있다고 여겼다. 고린토인들에게 보낸 첫째 편지 13장 1절이
었다. "내가 사람들의 언어와 심지어 천사의 언어를 말한다 할지라도 내게
사랑이 없다면, 나는 소리나는 징이나 요란한 꽹과리에 지나지 않을 것입니
다." 이런 식의 고지식한 의식이 죽음을 앞둔 아버지를 가진 아들에게는 아
무런 위안도 주지 못했다.

　머튼은 수도자가 되어 당시의 일을 다음과 같이 쓰고 있다. "그리스도께
서 군사들한테 모욕을 당하고 매를 맞으며 가시관을 쓰고 형언할 수 없는
멸시를 당하다가 마침
내는 십자가에 못박혀
죽기까지 피를 흘린 것
이 우리 모두가 선량한
사람이 되게 하기 위함
이었다고 한다면 성 베
드로와 열한 사도가 아
연실색할 것이다."[27]

　성당에서 다른 학생
들이 사도신경을 암송
할 때 톰은 입술을 굳게
다물고 침묵을 지켰다.

오캄의 학교

---

27. SSM 73-4.

한편 샘 젠킨스는 자신의 손자들을 위해 취할 수 있는 실질적인 대책을 착실히 세우고 있었다. 1930년 여름, 샘이 자신이 정리한 바를 설명하기 위해 영국으로 건너왔을 때 톰은 자기가 그로셋과 던랩 출판사의 주주이며 존 폴과 함께 롱 아일랜드에 있는 땅의 소유자이자 메인 해변의 스톤 아일랜드의 주인이 되어 있는 것을 알고 놀랐다. 게다가 그때부터 톰의 대부인, 런던에 계신 토마스 베네트 박사가 톰에게 런던에서 함께 지내도 좋다고 허락했다. 베네트는 아버지 오웬을 치료해 준 것이 계기가 되어 우리 식구의 친구가 되었으며 나중에는 톰의 보호자가 되었다. 톰에게 이제는 성인이 되었다는 상징을 주고 싶어하신 외할아버지 젠킨스는 열다섯 살의 톰에게 파이프와 성 쥴리안 담배쌈지를 선물했다.

학교를 떠나 있을 때면 톰은 런던 서쪽 끝에 있는 맨더빌 플레스의 베네트의 아파트에서 지냈다. 풍요한 코스모폴리탄적 세계가 그 문을 톰을 향해 열렸다. 아침식사는 베네트의 프랑스인 하녀가 침대로 가져왔다. 그의 호주머니에서 짤랑거리는 돈으로 톰은 여러 서점의 단골이 되었고 중요한 재즈 레코드판을 사모으기 시작했다. 온종일 영화 구경으로 소일하기도 했다.

"나는 (베네트 가의 일원으로서) 영국 중산계급의 관념과 이상을 비웃어도 무방할 뿐만 아니라 그렇게 하도록 고무되는 것을 알게 됐다. … 그것을 깨닫는 순간부터 나는 생각이나 취미가 다르거나 기분에 맞지 않는 사람들에 대해 싸잡아 험담하는 데 빠져 버릇했다."[28]

교양있는 풍자와 미려하게 개방된 정신의 분위기 속에서 머튼이 책에서 찬양받는 행동과 실제 행동 사이의 미묘한 차이를 납득하기란 쉽지 않았다. "나는 (베네트 씨가) 예술로서의 D.H. 로렌스에 흥미를 갖는 것과 인간이 마땅히 어떻게 살아야 하는가에 관한 작가의 이념을 인정하는 것과는 미묘하게도 전혀 관련이 없다는 것을 알지 못했다. 더구나 베네트 씨 부부가 작가의 이념에 관심과 흥미를 갖는 것과 로렌스처럼 그 이념을 실천에 옮긴다

---

28. SSM 79.

는 것은 저속한 짓이라는 것을 그들은 당연한 것으로 여기고 있다는 사실간
의 구별이란 … 더욱 미묘하였다. 내가 끝내 이 구별을 파악하기는 했으나
그때는 너무 늦어 있었다."[29]

베네트 부부의 멋진 취미 속에서 지내는 가운데 대공황이 닥쳐 왔다. 대
공황 속에서 많은 사람들이 파산을 당했다. 톰은 길을 가다가 런던 거리에
나앉은 거지들에게 얼마라도 돈을 주려고 멈춰서곤 했다.

그의 시선을 끈 것은 영국의 가난한 사람들만이 아니었다. 인도의 경우에
그는 간디의 행동에 공감했다. 소금 행진과 그에 따른 선동은 원탁회의에서
결정된 것이었다. 마침 간디는 런던의 슬럼가에 살고 육식을 거부하고 외투
한 벌을 걸치는 외에 외모의 치장에 신경을 쓰지 않는 국가 지도자의 모습
으로 여론을 불러일으키면서 영국에 있었다. 톰에게나 모든 영국인들에게
간디는 "작달막하면서 마음을 어지럽히고 불안하게 하는 의문부호"[30]였다.
1930년 가을, 톰은 인도가 영국의 철수를 요구하는 것은 어느 모로나 정당
하다고 역설하면서 학교의 공식 논쟁에서 간디의 입장을 지지했다. 그러나
인도가 퇴보하고 있으며 이교도인들인데다 자신들을 돌볼 능력이 없다는 반
대 의견이 그날 38대 6으로 가결됐다.[31]

오웬 머튼은 런던의 미들섹스 주 병원에 입원해 있었다. 1930년 여름까지
그는 붕대를 감은 이마에 큼지막한 혹이 난데다 말조차 못하고 적막한 침대
에 누워 있었다. 톰은 아버지의 눈은 모든 것을 인식하고 있으며 맑기까지
하다는 것을 깨달았다. 그 순간 톰은 울어버렸다. 아버지도 함께 울었다.

톰은 "딱히 어떻게 아픔을 덜어줄 수 없는 가혹한 상처"를 지닌 고통을
보았다. 톰이 예배 시간에 들었던 것들이 전쟁이나 질병, 굶주림과 죽음 앞
에서는 전혀 무의미해 보였다. "여러분은 동물처럼 고통을 받아들여야만 한

---

29. SSM 80.

30. Thomas Merton, "A Tribute to Gandhi", *Seeds of Desstruction* (New York: Farrar Straus &
    Giroux 1964) 222; *The Nonviolent Alternative* (New York: Farrar Straus & Giroux 1975)
    178.

31. Mott 60.

다.” 가능한 고통은 피하되 불가능할 경우에는 고통을 감내하고 있어라. 톰은 후일 이렇게 설명했다. “많은 사람들이 너무나 늦게까지 깨닫지 못하는 진리는 고통을 피하려고 가장 바둥거리는 사람이 결국에는 가장 심하게 고통을 당한다. … 그 자신의 존재, 있다는 그 자체가 바로 그의 고통의 주체요 근원이다. 그의 존재와 의식 자체가 바로 가장 끔찍한 고문이다.”[32]

가족 중에서 아버지만이 평온을 유지했으며 말을 할 수 없음에도 톰에게 그런 사실이 전달됐다. 어느 날 오웬은 그림을 다시 그리고 있었으며 그 그림으로 자신의 내부에서 일어나고 있는 바를 형상화시키는 중이었다. 그 그림들은 “그가 종전에 그렸던 것들과는 달리 수염과 큰 후광이 있는, 키가 작고 노한 얼굴을 한 비잔틴풍의 성인들 그림이었다.”[33]

불치병과 고통 속에 지내는 수개월 동안 오웬은 표상 중심의 영성을 지닌 종교개혁 이전의 그리스도교에 이르는 길을 발견했다. 그 점에 관해서는 가족 중 아무도 눈치채지 못했다. 톰에게 분명한 것 하나는 죽어가는 아버지가 신앙을 가진 사람이라는 것이었다. “병실 속에 갇혀 고립된 벽 뒤에서 그의 지성과 의지는 하느님과 마주 보고 하느님과 이야기하고 있었다.” 그는 “자신의 고통을 이해하고 그 고통을 자기 선익을 위해 이용하고 자기 영혼을 완성하는” 길을 찾아가고 있었다.[34]

오웬이 그린 작은 성화(聖畵)는 더 깊은 침묵의 세계 속으로 들어가기 전에 남긴 그의 마지막 말이 되었다. 1931년 1월 18일 톰이 크리스마스 방학을 지내고 스트라스부르그로 돌아온 직후 오웬 머튼은 세상을 떠났다. 그로부터 11일 후 톰은 열여섯번째 생일을 고아가 되어 맞았다.

그때 톰은 아버지의 죽음을 전혀 이해할 수 없었다. 두어 달 동안 톰은 슬픔과 침울 속에 잠겨 있었다. 그는 슬픔을 잊기 위해 공부에 진력하여 외국어 — 라틴어, 희랍어, 불어, 독어, 이탈리아어 — 를 빠른 속도로 익혀가고 안경을 써야만 할 정도로 많은 책을 읽었다. 부활절 방학 동안 그는

---

32. SSM 82-3.　　　33. SSM 83.　　　34. SSM 83.

로마에 잠깐 다녀왔다. 로마 여행은 학교에서나 런던에 있을 때 대부분 그랬던 것처럼 도보 여행으로 혼자서 떠났다.

뒤에 그는 자신의 생애중 이 시기를 너무 호되게 평가해서 완전히 무미건조한 한때로 생각했다. "나의 메마른 영혼의 딱딱한 껍질이 마침내 내가 겨우 발을 들여놓은 적이 있는 종교 세계의 문까지 닫아버렸다. 쓰레기와 먼지만 쌓여 있던 이 텅 빈 신전에 어느 하느님이고 발붙일 자리는 없었다. 이 신전은 이제는 나의 어리석은 의지를 경배하는 데만 사용되도록 기타의 어떤 침입자도 얼씬하지 못하도록 경호할 판이었다. 그리하여 나는 완전한 20세기의 사람이 되었다. … 나는 나 자신의 비정한 시대, 독가스와 원자탄 시대의 참다운 시민이 되었다. 묵시록의 문지방에 사는 사람처럼."[35]

사실 자신의 자서전에서 확실하게 단정지은 것처럼 그의 머리가 정말 텅 빈 것은 아니었다. 기억할 만한 것들·가운데, 그가 윌리엄 블레이크의 시를 사랑하기 시작한 것도 1931년 그해였다. 머튼은 콜럼비아 대학에서 7년 후에 블레이크를 자신의 졸업 연구 논문 주제로 택했다.

오캄 럭비팀 (윗줄 왼쪽 셋째가 토마스)

---

35. SSM 85.

그해 여름 톰은 동생 및 조부모님들과 지내기 위해 미국으로 가던 도중 배 위에서 격정적인 사랑에 빠졌다. 돌아오는 배 안에서는 몇 명의 탐정, 건달, 이름이 자자한 바람둥이, 그리고 바사르와 브린 모르에서 수학중인 학생들 여럿이 함께 승선해 있었다. 학생들과 그에게는 술값 청구서가 꽤 쌓여 갔다. "설익은 사춘기 소년이었던 6월의 나와 넉살좋고 뻔뻔스러운 괴짜가 되어 오캄에 돌아온 10월의 나는 과연 어느 편이 더 창피스러운 꼴이었는지 모르겠다."[36]

여행하던 수주일간 그는 비공식적으로나마 공산주의자가 되어 볼까 마음 먹었다. 그는 「공산당 선언」을 읽고 다소 공감할 수 있는 내용이 있음을 깨달았다. 한동안은 혁명가가 살고 있다는 것을 나타내 주는 소품쯤으로 그 선언문을 자신의 방에 잘 보이도록 놓아 두었다. 영화배우 사진을 걸었던 자리에 그리스-로마의 비너스 사진을 붙였다. 그는 자신이 이제 다 컸다고 생각했다. 현대사회의 온갖 잘못과 어리석음, 그리고 오류를 초월하여 — 사실 내가 보아도 초탈해야 할 그런 것이 아주 많다 — 머리를 치켜들고 어깨를 활짝 펴고 미래를 향해 행진하는 사람들의 대열 속에 자기도 함께하고 있다는 환상을 가졌다. 불행히도 "우리가 걸어 들어가고 있는 미래는 더 크고 더 가공스러운 전쟁, 활짝 편 어깨 위의 머리를 날려 버리도록 잘 계산된 전쟁만 판칠 뿐인데도."[37] 자유와 독립은 그에게 가장 중요한 단어이다. 가끔은 토마스 베네트에게서 날카로운 힐난을 들을 정도로 톰은 자유와 독립을 중시하는 자신의 품성을 발휘했다. "나는 어느 누구에게도 해가 되지 않는 한은 즐거움을 누릴 수 있다는 아름다운 신화를 믿었다."[38]

톰의 문학적 재능은 처음 일 년 동안 많은 주목을 끌었다. 그는 폐간 지경에 처해 있는 「오캄인들」의 편집장을(그리고 자주 삽화가로서도 능력을 발휘했다) 맡았다. 편집장을 지내면서 맨 먼저 그는 비난부터 듣게 되었다. 그가 뉴욕 시에 대해 쓴 생생한 기사는 짙은 음영이 드리운 채 인쇄되었다.

---

36. SSM 88.　　　37. SSM 93.　　　38. SSM 103.

성화 속의 그리스도

모르는 사이에 나는 순례자가 되었다.

1932년 봄, 머튼은 라인 강을 따라 도보 여행을 떠났다. 우연히도 히틀러가 독일 수상으로서 일련의 군사적 행동을 취하던 때 그 여행을 하게 되었다. 여행 길에 마을사람들이 이성을 잃은 정치적 몸살을 겪으면서 벽돌을 서로 집어던지고 갈퀴를 들고 싸우는 것을 목격했다. 여행이 막바지에 이른 어느 날 아침이었다. 사과밭을 따라 쭉 뻗은 조용한 시골길을 걷고 있는데 주먹을 흔들고 있는 나치 청년 당원들을 가득 태운 차가 옆을 바싹 지나 질주해 갔다.[39] 톰은 차가 스쳐 지나가는 아슬아슬한 찰나에 도랑으로 곤두박였다. 차에 탄 청년들은 지나가면서 월트 히틀러라는 전단을 휙 던져 주었다.

한쪽 발에 통증이 와서 독일 여행을 도중에 중단했다. 런던에 있는 동안 머튼은 자신의 상태를 봐달라고 토마스 베네트를 괴롭히고 싶지 않았으나 오캄에 돌아오자 통증은 더 악화되었다. 돌아온 지 며칠 되지 않아 발뿐만 아니라 치통에 시달리게 되었다. 학교 의사가 코르크처럼 톰의 몸 전체에 병균이 온통 퍼져 감염되도록 막고 있는 이를 빼버렸다. 아픈 발은 탈저되어 있었다. 몸에는 독혈이 가득 흐르고 있었다.

머튼은 수주간 요양소에서 지내야 했고 처음 며칠 동안은 의식을 차릴 수 없었다. 꼭 죽는 줄 알았고 그래서 미래를 아주 냉담하게 바라보았다. 그에게 죽음이란 삶에 대한 아주 적절한 복수로 생각되었다. 머튼은 회복했으나 전혀 기쁘지 않았다. 삶이 궁극적으로는 무의미하다고 믿었던 것이다.

---

39. Thomas Merton, *My Argument with the Gestapo* [이하 MAG로 약칭] (New York: Doubleday 1969) 5.

여름에 존 폴 그리고 외할아버지, 외할머니와 함께 버언마우스의 큰 호텔에서 지냈는데, 그곳에서 여름의 로맨스가 가져다준 감정의 폭풍우 속에서 도르셋 언덕 초원을 오랫동안 외롭게 거닐었다. 배낭을 꾸려서 홀로 뉴 포리스트로 떠나 야영하면서 개구리 소리와 흐르는 물소리가 나는 저녁 시간을 음미했다.

9월, 합격 통지서가 날아왔다. 다음 가을 학기가 시작할 때 케임브리지의 클래르 대학에 입학할 수 있는 자격을 얻은 것이다. 12월에 오캄을 떠났고, 1933년 2월에는 오랫동안 휴가를 보내기 위해 이탈리아를 향하여 떠났다.

열일곱 살의 머튼은 자신의 영혼 속에 뛰는 맥박을 느끼고 기도하고 싶은 갈망을 느꼈다. 일상적인 장면은 그를 감동시키지 못했다. "로마 제국의 멋도 없고 시시한 음란한 조각품"[40]이나 그의 여행 안내 책자인 베데커를 충실히 따르는 관광객으로서 맨 처음에 본 르네상스와 반종교개혁의 교회 기념비 역시 감동을 주지는 못했다. 오히려, 감동을 안겨 준 것은 그 도시의 가장 오래된 성당이었다.

"나는 이러한 비잔틴 모자이크에 매혹되었다. 나는 모자이크가 있는 같은 시기에 건축된(성당 중에 코스마스와 다미안 성인, 산타 마리아 매기오르, 산타 사비나, 라테란, 산타 코스탄자) 모든 성당을 … 찾아다니기 시작했다. … 그리하여 모르는 사이에 나는 순례자가 되었다."[41]

가장 으뜸으로 여겨진 성화는 창문을 통해 그리스도의 시선을 느낀 성화였다. "생전 처음 그리스도라는 사람이 대체 누구인지 약간씩 알아내기 시작했다. … 그분은 묵시록의 그리스도요, 순교자들의 그리스도요, 교부들의 그리스도이시다. 이분이 성 요한과 성 바울로의 그리스도이시다. … 이분은 하느님이신 그리스도요 임금님이신 그리스도이시다."[42] (성화는 계속해서 머튼의 영성생활에 활기를 불어넣었다. 그가 1967년과 1968년에 쓴 편지들을 보면, 그는 단순히 "살짝 반짝이는 빛"으로 비치는 역사적 인물인 그리스도

---

40. SSM 108.　　　41. SSM 108.　　　42. SSM 109.

에 마음이 끌린 것이 아니라 비잔틴풍 성화의 그리스도에 매혹되었다고 말했다. 성화 속의 그리스도는 빛의 신학에서 체계화된 전통적인 체험을 표현해 주고 있다. 성화는 우리 안에 계신 그리스도의 영광을 보여 주고 인식시키기 위한 하나의 성물이다. … 우리가 성화 앞에서 하는 기도 속에서 "만나는" 것은 역사적 인물의 외적 표현이 아니라 변모되신 그리스도의 영광이며 묵시록에 "나오는" 사람들에 의해 대대로 믿음으로 전해진 체험이다. … 그리하여 내가, 나의 그리스도는 성화 속의 그리스도라고 말할 때 그 말은, 그분은 어떤 학문적인 연구에 의해서가 아니라 직접적인 신앙과 전례 도구, 예술, 예배, 기도, 빛의 신학 등, 다시 말해서 러시아 전통, 희랍 전통과 밀접한 관계가 있는 모든 것을 통해 도달되는 분이시라는 의미이다.[43]

---

43. Yungblut에게 보낸 편지, 1967년 6월 22일과 1968년 3월 29일: *The Hidden Ground of Love: The Letters of Thomas Merton on Religious Experience and Social Concerns* [이하 HGL로 약칭] William H. Shannon 편 (New York: Farrar Straus & Giroux 1985) 637 642-3. 머튼의 이 측면에 관한 참조: Donna Kristoff, "Light That Is Not Light: A Consideration of Thomas Merton and the Icon", *The Merton Annual,* volume 2 (New York: AMS Press 1989) 84-117; Dom John Eudes Bamberger, "Thomas Merton and the Christian East", *One Yet Two: Monastic Tradition East and West* (Kalamazoo, Michigan: Cistercian Publications 1976) 440-51.

예전에 머튼에게 상당히 가치있어 보이던 D.H. 로렌스의 책들이 별안간 영화 포스터처럼 천박해 보였다. 성화 표현법을 파악하려고 무진 애를 썼으며 신약성서 영역본을 사서 읽었다. 자신이 열 살 때 아버지가 성서에 흥미를 느끼도록 해주려고 애쓰셨던 것을 기억했을지도 모른다. "나는 복음서들을 더욱더 많이 읽게 되었으며 옛 성당들과 모자이크에 대한 나의 사랑도 날로 커갔다." 모자이크가 주는 매력이 단순히 성화의 표현법에 담긴 미학을 인식해서가 아니라 모자이크 속에서 체험한 깊은 평안함 때문이란 것을 알았다. 그는 "내가 거기에 속해 있다는 깊고 강력한 확신"을 가지고 있었다.[44] 자신에게 미적으로는 전혀 끌리지 않는 바로 그 성당들에서 그 확신이 맞다는 점을 깨달았다. "내가 좋아했던 성전 중의 하나는 쇠사슬에 묶인 성 베드로 성당이었다. 그 성당에는 예술 작품, 즉 큰 '숫자'와 큼지막한 '글자'가 붙어 있는 가장 매력적인 미켈란젤로의 「모세」가 있었는데 그것 때문에 성 베드로 성당에 애착을 느낀 것은 아니다. 오히려 나는 모세 상이 뿔이 돋친데다 퉁방울 만한 눈을 부라리고 있어서 늘 아주 싫어했다. … 그 성당에 매료된 것은 그 성당이 봉헌된 베드로 사도 바로 그때문이었다."[45]

시스티나와 트리튼 거리 모퉁이에 있는 하숙방에서 어느 날 밤, 일기에 비잔틴풍 성화들에 대한 자신의 생각을 기록하려 할 때 머튼은 자기 아버지가 곁에 있다는 느낌을 받았다. "마치 아버지가 내 팔을 툭 치고 말을 거는 것처럼 생생해서 소스라치게 놀랐다." 그 느낌은 순식간에 사라져버렸다. "그러나 그 빛 속에서 그 순간 나는 내 영혼의 비참함과 부패상을 깊은 곳까지 들여다보자 돌연 압도당하고 말았다. … 이제 생각하면 생전 처음 나는 진정한 기도 … 바로 나의 생명과 존재의 뿌리에서 우러나는 기도, 내가 여지껏 몰랐던 하느님께 간청하는 기도를 드리기 시작했다."[46]

아들에게 남긴 오웬 머튼의 "마지막 말"은 비잔틴풍의 성인들 그림이었다. 톰이 자기 영혼의 비참한 상태를 보고 눈물이 왈칵 쏟아지면서 기도할

---

44. SSM 110.　　　45. SSM 111.　　　46. SSM 111.

필요에 압도되는 것을 느낀 것은 교회 초세기부터 있었던 몇 개의 성화들에
둘러싸여 있던 그 시기였다. 자기 아버지가 가까이에 있다고 느껴진 것은
바로 그 순간이었다.

　다음날, 영혼은 참회로 부서졌지만, 성녀 사비나 성당을 찾아갔다. 일단
안으로 들어서자, 그곳에서 기도하지 않을 수 없음을 알았다. 더 이상 안내
책자를 보면서 그대로 따르는 관광객이 될 수 없었다. 그러나 모두 함께하
는 기도는 정말 당혹스러웠다. 처음 사비나 성당을 찾은 날 그럭저럭 할 수
있었던 것이라곤 들어가면서 성수로 성호를 긋고 제대 난간에서 무릎을 꿇
고 하늘에 계신 우리 아버지를 거듭 암송한 것이 전부였다. "그날 성녀 사
비나 성당은 거의 텅 비다시피 했지만 나는 돌로 된 바닥을 가로질러 걸어
갈 때 한 초라한 이탈리아인 노파가 의심스러운 눈초리로 나를 따라오는 것
같아 죽을 지경으로 두려웠다."[47] 두려웠지만, 성당 밖으로 나왔을 때는 재

바티칸 성 베드로 광장

47. SSM 113.

생된 기분이었다. 로마에서 보낸 마지막 주간은 수년간 전혀 몰랐던 기쁨의 나날이었다.

가족들을 만나기 위해 이탈리아에서 미국으로 갔다. 성서를 가지고 다녔지만, 처음 성녀 사비나 성당에서 기도하려 했을 때 들었던 당혹스러움은 여전히 그를 괴롭혔다. 누군가 자신을 비웃을까 두려워 성서를 남몰래 읽었다. 그래도 성당을 두루 살펴보기 시작했다. 로마 성당에서 평안함을 느꼈음에도 불구하고, 오랫동안 계속된 가톨리시즘에 대한 반감은 여전히 남아 있었다. 분명 가톨릭 교회에 대한 샘 젠킨스의 적개심에서 쉽게 영향받았을 것이다. 샘과 마르타가 속해 있던 시온 영국 성공회를 다녀보았다. 머튼의 아버지가 한때 그곳에서 오르가니스트로 일하기도 했지만, 그 일은 아버지를 짜증만 나게 했다. 다음에 플러싱에서 퀘이커 집회에 참석하기도 했다. 머튼의 어머니는 퀘이커 교도였으며 그곳에서 묵상을 하곤 했다. 묵상이 계속되는 동안 그 침묵을 즐겼지만 한 신자가 스위스 자랑을 늘어놓자 짜증스러워했다. 성화들이 있는 로마의 성당에서 가슴 두근거리던 감동을 퀘이커 회당에서는 느끼지 못했다. 그는 돌아가지 않았다.

로마에서의 종교적 각성이 시든 듯싶었다. 세계 박람회가 열리는 동안 시카고에서, 머튼은 "파리의 거리"라는 스트립 쇼에 큰 소리로 손님을 끌어모으는 일을 했다. 영국의 복합적인 성적 자제와 프랑스의 화려한 외설을 보아온 그는 다양하게 생기를 불어넣어 주는 미국의 조금도 가식없고 달콤한 솔직성을 발견했다.

뉴욕으로 돌아와 아버지의 옛 친구인 레그 마쉬 화가와 어울려 맨하탄과 코니 섬 — 마쉬의 그림 때문에 불후의 명성을 얻은 곳 — 곳곳을 돌아다녔다. 그곳들은 마쉬가 다니는 대성당이었다. 그곳에서의 생활은 거칠지만 사는 것같이 사는 생활이다. 마쉬는 각광받는 나긋나긋한 젊은 여자를 탐하는, 긴 눈을 가진 쓸쓸해 보이는 남자를 즐겨 그렸다.

그해 여름이 끝나갈 무렵, 머튼은 성서는 뉴욕에, 기도했던 기억은 로마의 여관에 남겨 두고 배를 타고 영국으로 돌아왔다.

케임브리지

더러운 영들을 깨울까?

케임브리지는 영국을 가장 멋진 곳으로 연상케 한다: 아름답게 조화된 고전 건축 양식, 중세 대학 가운을 입은 교수들, 봄의 수선화가 무리 지어 피어 있는 둑을 따라 케임브리지 강 위에서 뱃놀이를 즐기는 밀짚모자 쓴 젊은이들, 천상에서 땅으로 내려온 듯싶은, 대성당에서 저녁 예배 성가를 부르는 합창단 등. 그러나 머튼에게는 "칠흑같이 어두운 겨울 막바지"[48]의 썩는 악취만이 기억에 남아 있다.

1933년 10월, 그의 생애중 가장 적막하게 보낸 한 해가 케임브리지의 클래르 대학에 도착하면서 시작되었다.

머튼은 브리지 가에서 하숙을 구했다. 오캄에서 함께 온 두 친구, 레이 디킨즈와 앤드류 윈스터가 근처에서 살았다. 그들은 케임브리지에서 처음 몇 달 동안은 성당은 쳐다보지도 않고 같이서 늦은 일요일 아침식사를 함께

클래르 대학

---

48. SSM 122.

하면서 즐거워했다. 그들은 디킨즈의 방 창문 아래 캠 강에서 헤엄치는 오리에게 빵 조각을 던져 주면서, 파블로프의 조건반사 이론을 시험해 보았다.

머튼은 얼마 안 있어 디킨즈나 앤드류와는 전혀 다른 친구들을 사귀었다. 그들 중 대부분은 "신사답지 못한 행동" 때문에 학생감의 요주의 학생 명단에 올라 있었다. 결고 온순하지도 수줍어하지도 않은 이들이 "'격돌 만찬' 때 온통 소란을 피운 애들이었다. 우리는 '사자' 주점에서 살다시피 했다. 우리는 '붉은 암소' 주점으로 밀고 들어가 싸움을 벌였다."[49]

자서전을 보면 머튼은 "뒤뜰(대학 뒤편 캠 강을 끼고 있는 곳) 나무 아래의 더러운 망령들을 깨워 일으켜 … 클래르 대학 신관(新館) 저쪽에 나가 체스터톤 거리 밑의 방을 얻어 지낼까?"[50] 하고 생각했다.

머튼은 망령들을 잠들게 두고, 채 못다 한 말이 무엇인지 자신의 책을 읽는 독자들에게 궁금증을 남겼다. 사실, 머튼은 고위 수도자들에게서 자신의 생애에 아주 불명예스러운 사건들은 빼버리라는 명령을 받았다.[51] 독자들은 『칠층산』이 출판됐던 1948년에는 「플레이 보이」지나 그런 류의 잡지들은 물론 제임스 조이스의 『율리시즈』와 같은 문학 작품조차 판금당한 처지였음을 기억할 것이다. 머튼의 독자들은 그가 "어떤 폭약보다 더욱 강력한"[52] 지옥에 떨어질 대죄를 범했다는 그의 말을 곧이들어야 했다.

1933년 11월 14일은, 여러 편의 시와 일기, 특히 아직 출간되지 않았던 1939년에 집필한 자전적 소설 「미로」에서 엿볼 수 있는데, 그의 생애 내내 머튼을 괴롭힌 날이었다. 머튼의 친구이자 저작권 대행자인 나오미 버튼이 사라진 그날 밤에 있었던 중요한 사건이 어디에도 적혀 있지 않지만, 케임브리지에서 십자가에 못박히는 것에 동의했던 학생이 맘껏 술을 마셔댄 파티에 대해 이야기함으로써 잃어버린 부분을 기억해 내고 있다. 미카엘 모트는 버튼에 대한 회고담을 쓰면서 "모두들 술에 취한 아수라장 속에서" "십자가에 못박히는 흉내를 정말 사실에 가깝게 재연할 정도로 모든 것을 억제

---

49. SSM 120.　　　50. SSM 122.　　　51. Mott 77.　　　52. SSM 128.

할 수 없었던 것 같았다"[53]고 말하고 있다. 모트의 책을 보면, 버튼은 케임브리지 경관에게 체포될 뻔한다.

정황을 살펴보면 소설 속에서 없어진 페이지에 실제로 어떤 일이 일어났는지 그리고 머튼에게 무슨 일이 생겼는지 암시되어 있다. 1951년에 지급됐던 머튼의 미국 귀화 증명서에 단지 "눈에 띄는 표식"이라고 적힌 것은 그의 오른손 바닥에 난 흉터였다. 나오미 버튼은 60대 초반에 그 상처를 보았다고 회상한다. 분명 당혹스럽게 머튼은 그 흉터를 그의 "불명예스러운 낙인"[54]이라고 언급하고 있다.

"정말 (머튼이) 케임브리지에 대해 언급할 때면 생각지도 못한 엉뚱한 방식으로 '십자가에 못박힘'이란 말을 꼭 꺼낸다"고 모트는 말한다.[55] 머튼의 소설 『게슈타포와의 논쟁』에서 성당 제대 위에 촛불이 그 책 속의, 머튼이나 다름없는 주인공에게 말하는 한 구절이 있다. "당신이 교만한 것은 세상 잘못이 아니라 당신 잘못이다. 왜냐하면 당신이 최종적으로 교만하기로 동의한 장본인이기 때문이다. 이제 십자가가 런던에서 마치 나무처럼 꽃피어 있던 자리, 그리고 상처가 케임브리지에서 서양 협죽도마냥 붉게 나 있던 자리를 보라.[56]

머튼의 시 「전기」는 케임브리지에서 공개리에 그리스도처럼 고난을 받고 십자가에 못박히는 장면을 함께 연출했던 것에 대해 쓴 것이다.

> 나의 삶이 그리스도의 몸 안에
> 지도처럼 새겨져 있다 하더라도
> 편 손에 못자국이 찍혀 있네
> 추상적이고 난해한 죄명보다도
> 여러 나라와 고을보다도
> 거리의 이름이나 집 숫자는

---

53. Mott 78.　　54. Mott 79.　　55. Mott 79.　　56. MAG 138.

> 밤낮의 기록은
>
> 내가 모든 광장과 거리에서 그분을 죽였을 때였네
>
> 창과 가시관, 채찍 그리고 못은
>
> 그의 육체를 가해한
>
> 나의 살아온 역정이었네.[57]

머튼의 생애 가운데 지옥과 같은 시기는 "정신적 지주도 없는 격정으로 앞뒤가 맞지 않아 뒤죽박죽이 된 혼란의 시기였다."[58] "맥주와, 당혹과 슬픔" 속에 보낸 시간이었다고 그의 인정 많은 친구 밥 랙스는 말한다.[59]

머튼의 모드 아줌마가 세상을 떠난 것도 바로 그때였다. "사람들은 나의 빅토리아 시대의 천사였던 분의 가냘픈 시신을 일링에 묻었으며, 그 시신과 함께 나의 어린시절도 묻혔다"고 머튼은 회상했다. 옛날 그녀의 단순하고 맑은 눈을 통해 보았던 영국은 그녀와 함께 묻혀 버렸다. "나는 옛 영국의 표면에서 지옥 — 런던이 그 탐욕스러운 품 안에 품고 있는 공허와 공포 — 속으로 떨어졌다."[60]

머튼은 이제 세 번이나 거듭 고아가 되었다. 어머니, 아버지 그리고 사랑하는 아줌마를 차례로 잃은 것이다. 머튼은 점점 더 그리스도교 신앙이 없어지는 것을 느꼈다. 술을 억병으로 취하도록 마셔대면서 갈수록 케임브리지에서 가망없는 학생 중의 하나가 되었다. 그리고 자신의 동정을 잃어 버렸다.

미국에 도착했을 때의 여권 사진

---

57. Thomas Merton, *Collected Poems* (New York : New Directions 1977) 104.

58. SSM 124.

59. 저자에게 온 편지, 날짜 없음.

60. SSM 121.

머튼은 프로이드, 융, 그리고 아들러를 읽으면서 "성적 억압의 신비"[61]에 공감하는 부분을 이해하려고 무진 애를 썼다. 그해 겨울은 생애중에서 성적 본능을 전혀 억제하지 않은 시기였다. 나중에 한 친구에게 런던의 하이드 파크에서 만났던 매춘부와 가졌던 첫 성 체험에 대해 말해 주었다. 침실에서 유식한 헝가리인처럼 행동했다고 주장했다. 공원에서 케임브리지에서 가끔씩 마주쳤던, "신입생의 환희"라고 불린 여자를 만났다.

1965년 일기에서, 그는 "나는 내가 케임브리지의 브리지 71번가에서 한 동안 살았던 사람이라고 생각한다. … 그리고 클래르는 내가 다니는 대학이고 나는 실비아와 함께 밤늦도록 보트 창고 계단에 앉아 지낸 지독한 바보였다"[62]고 고백했다.

자세한 것은 감추어진 채 있지만, 실비아든 아니면 다른 여자든 머튼은 부주의로 한 아이의 아버지가 되었다. 후일 친구들에게 했던 말에 따르면 그의 변호사가 소송을 당했다고 한다. 토마스 베네트는 분명히 아이의 엄마와 법적으로 매듭을 지었다(아이와 엄마가 기습적으로 살해됐다는 소문이 돌았다. 그러나 결국 1944년초 늦게나마 그들이 살아 있음을 머튼은 믿을 수 있었다. 그해 2월, 바로 자신의 부동산 중 절반을 토마스 베네트에게 보내고 "편지에서 베네트에게 언젠가 말했던 그 사람을 만날 수 있다면 그에게 전해 달라")[63]는 결의를 적고 있다.

머튼과 베네트의 관계는 몇 달 동안 나빠졌다. 베네트는 그가 여름 동안 이탈리아에 체류하고 있을 때 격노에 찬 편지를 써보냈다. 머튼은 너무나 경솔하게 돈을 낭비하고 있었다. 클래르 대학에서 런던으로 내려오면 밤 늦도록 난폭한 행동을 저지르기 때문에 톰은 더 이상 베네트 아파트에 환영받지 못하고 호텔에서 묵어야 했다. 다름아닌 베네트가 머튼의 부권 때문에 수습해야 할 귀찮은 일을 도맡았다.

---

61. SSM 124.　　62. 한정된 일기, 1965년 1월 30일: Mott 77.

63. 게쎄마니 수도원에서 단순서원을 한 데 대한 머튼의 결의, 수도원 공문서; Mott 90도 참조

베네트의 편지는 "횟수가 거듭될수록 더욱 날카로워졌고 급기야 삼사월에는 런던에 오라는 완강한 소환령이 내렸다." 베네트는 머튼을 환자 대기실에서 오랫동안 기다리게 한 후에야 불러 "지독히 냉랭하게" 대하면서 해명을 요구했다. "내 혀는 제대로 움직이지도 않았다. 그리고 '실수였습니다', '남을 해칠 생각은 없었습니다' 하고 겨우 우물거린 그 말들은 가소롭고 공허하게 들렸다."[64] 그후로 머튼은 다시는 자기 보호자를 만나지 못했다.

1934년 여름 동안, 머튼이 미국 더글라스턴의 젠킨스 외할아버지 집에서 지내고 있을 때에 베네트는 그에게 강력한 어조로 영국으로 돌아가지 말라고 권하는 편지를 보냈다. 케임브리지에서의 그의 학문적인 결과는 만족스럽지 못했다. 그는 장학생 자격을 상실했으며 그가 클래르 대학에 계속 다니는 데에 드는 돈을 구할 수 있다 하더라도 그에게 영국 외교관이 될 기회는 영영 없어져 버렸다. 베네트는 미국에 머물러 있는 것이 현명한 일일 것이라고 말했다. "나는 대부의 말에 동의하는 데 5분도 걸리지

케임브리지의 브리지 71번가

---

64. SSM 124-5.

않았다."[65] 머튼은 마치 찔레밭 안으로 내동댕이쳐져 고통스러워하는 토끼 같았다.

그 온갖 비운에도 불구하고 머튼이 케임브리지에서 보낸 시절 전부가 실망스러운 것만은 아니었다. 주목할 만한 것은 불로우 교수의 단테 『신곡』 강의였다. 머튼은 자기 나름대로 "지옥편" 으시으시한 심장부를 하나하나 읽고 마침내는 천국의 따사로움을 향해 올라가는 "연옥편"을 읽었다. 머튼이 애초에는 단테의 신학에 짜증이 났으나 점차로 "단테가 스콜라 철학과 신학을 시로 종합하여 쌓아올린 장엄하고 점진적인 진행 과정"을 기쁜 마음으로 따라 읽어갔다. 단테를 읽은 것은 "내가 케임브리지에서 얻은 큰 은혜였다."[66] 이것이 고통스러운 과정을 거쳐 천당으로 올라가는 연옥의 고통스러운 칠층산이었다. 후일 머튼은 자신의 자서전 제목을 『칠층산』이라고 붙인다.

---

65. SSM 126.　　　66. SSM 123.

1939년 콜럼비아 연감에 나타난 토마스 머튼

뉴욕 시

여러분은 자신이 알고 있음을 알지 못했던,
사실 이전에 미처 몰랐던 탁월한 점들을
얘기하는 자신을 발견했다.

머튼의 어머니는 미국 시민이었지만 톰은 미국인이 아니었다. 롱 아일랜드
에서 여름을 보낸 그는 미국 영주권을 얻기 위해 영국으로 돌아갔다. 10월
말경 런던으로 돌아와서 수속을 밟아 비자를 받았다. 대부 토마스 베네트와
는 화해하지 못하고 그후에도 역시 화해가 이루어지지 않았다. 그리고 1943
년 11월 29일, 머튼은 영영 유럽을 떠났다.

　열아홉 살이 된 머튼이 버리고 떠난 유럽은 그해 겨울 "불길한 전조가 가
득 흐르며 슬픔에 잠긴 불안한 대륙이 되었다."[67] 죽음이 휩쓸고 지나가는
것은 시간 문제인 것 같았다. 머튼은 "자신의 생명에 전쟁의 상처가 할퀴고
지나간 차가운 금속성"[68]을 느꼈다.

　케임브리지에서 있었던 숱한 사건들이 항해중에 그에게 자신의 내부에서
싸우고 있는 일종의 전쟁을 비참하게 인식시켜 주었다. 케임브리지에서 보
낸 그해 내내 그가 한 일이라곤 남을 해치지 않으면서 스스로 쾌락을 즐기
는 것이 고작이었다. 그러나 생각대로 이루어진 것은 아무것도 없었다. "내
가 손을 댄 모든 것은 재로 변해 버렸다. … 게다가 나 자신은 극단적으로
불쾌한 자 ─ 무익하고 자기 중심적이며 방탕하고 나약하며 결단력도 없고
자제력도 없으며 감각적이고 음탕하고 교만한 자 ─ 로 되어 버렸다. 나는

---

67. SSM 127.　　　68. SSM 128.

쓰레기였다." 그는 반성하고, 고백이라도 하고 싶은 필요를 절감했지만 "고백이란 그 고백과 관계된 모든 사람에게는 당혹스럽고 무례한 짓"이란 확신 때문에 갈등을 겪었다. 무엇보다도 그가 나중에 『게슈타포와의 논쟁』에서 적고 있는 것처럼 고백은 죄스런 일이 있음을 뜻한다. "죄란 병적 개념이며, 만일 당신의 마음 속에 그 병적 개념을 지니고 있다면 그 개념은 당신을 전적으로 중독시키고 미치게 만들 것이다."[69]

런던과 로마를 뒤로 하고 폭풍우치는 대서양을 건너면서 머튼은 성녀 사비나 성당에서 기도하던 날 자신을 매혹시켰던 것보다 더 이성적인 회개로 혼자 즐거워하였다. 종교는 엉뚱하고 우스운 것 같았다. 그러나 마르크스주의는 일종의 실천 학문으로 여겨졌다. 여러 가지 저항 운동을 하는 사이에 머튼은 2년 동안 막연하게나마 공산주의를 받아들였다. 소비에트 연방이 억압적인 옛 왕조를 쓸어낸 자리에 모든 사람이 공평하게 소유하고 일자리가 있는 새 질서를 세웠다는 소식이 널리 전해졌다. 대공황도 없으며 퇴거당하는 일도 없고 다리 밑에서 자는 집 없는 사람도 없는 그런 사회가, "세상에서 가장 더러운, 모스크바의 건물 벽에 걸린 스탈린의 굉장한 포스터"를 보았던 사진 인쇄물에도 불구하고 소비에트 연방이, 유럽과 미국이 여전히 부르주아의 추한 손아귀에 들어 있는 동안, "참 예술"의 피난처라는 생각을 가졌다. 게다가 머튼이 가는 곳마다 공산주의가 인기를 얻고 있었다.

아마도 그에게 공산주의가 가장 매력적으로 보였던 것은 케임브리지에서 저질렀던 일에 대한 개인적 책임을 묻지 않는다는 점이었을 것이다. "내가 불행한 탓은 내 자신에 있는 것이라기보다는 내가 살고 있는 사회에 있다는 것이다. … 나는 내 시대, 내 사회, 내 계급의 산물 … 내가 살고 있는 물질적인 세기의 이기주의와 무책임성에 의해서 부화된 산물이다."[70]

이론적으로 스스로를 용서한 머튼은 새 방향을 취해 공산주의자들의 새 질서 건설에 협력하는 데 헌신하기로 결심했다. "나는 즉각 실천에 옮길 새

---

69. MAG 149.　　　70. SSM 133.

종교를 갖고"[71] 자본주의에 맞서 싸우고 계급 없는 사회를 위한 기초를 닦을 준비가 되었다. (후일 머튼이 종교적으로 회개했다고 해서 그것이 자본주의에 대한 태도를 바꾸는 원인이 되지는 않았다. 그는 "우리는 한 사회에 살고 있습니다"라고 자신의 생각을 『칠층산』에서 밝혔다. "사회 전반의 정책이 인간 육체의 모든 신경을 자극하고, 인위적 긴장을 최고도로 유지하여, 모든 인간 욕구를 극한점까지 죄여서 가능한 한 많은 새로운 욕구와 인공적 욕정을 야기시켜 인간들이 공장과 인쇄물과 영화 제작소와 기타 등등의 생산품을 마구 사들이게 하는 그러한 사회에 우리는 살고 있다.")[72]

뉴욕이 런던보다 혁명 투쟁에 더욱 적합해 보였다. 분명 개혁의 바람이 까다로운 예식이 없는 콜럼비아 대학에서 더 쉽게 불었으며, 관습에 매인 케임브리지에서보다는 "밝고 신선한 공기가 가득"했다. 지저분한 눈더미가 쌓여 있는 콘크리트 캠퍼스로 가서 현대 어문학 수강 신청을 했다. 그 과목은 어느 정도 시의적절했고 저널리스트로서의 일을 찾을 수 있는 길을 열어 줬다. 여름 동안 리포터로 일할 자리를 구하려고 애썼는데 그를 면접한 편집장들은 재지원하기 전에 대학 공부를 마치는 게 좋겠다고 말했다.

몇 가지 점에서 콜럼비아에서의 머튼의 생활이 케임브리지에서의 생활과 전적으로 다르지는 않았다. 그는 파티에서 격정에 이끌려 열정적으로 피아노를 치고 노래를 요란하게 부르고 늘 하던 식대로 여러 차례 다음날까지 술이 깨지 않을 정도로 술을 마셔댔다. 게다가 영국에서 자신이 사생아를 낳았다는 점이 대단한 자랑거리가 된다는 점을 안 것 같다.

그러나 현격한 차이점도 있었다. 그 가운데 하나는 이제 더 이상 자신의 아파트에서 살지 않고 스스로에게뿐만 아니라 롱 아일랜드에서 맨하탄까지 통학 거리에 있는 젠킨스 외할아버지네의 일원으로서도 책임있는 행동을 해야 했다. 또 하나 대조적인 점은 강의실이었다. 머튼은 미국에서 학생과 교수간에 격식을 갖추지 않아도 되는 자유로움이 좋았다.

---

71. SSM 134.　　　72. SSM 133.

머튼으로 하여금 자신 안에 실재하고 있는 것이 무엇인지 발견하도록 가
장 큰 도움을 주셨던 선생은, 그가 스무번째 생일을 맞은 직후 첫 학기에
수강했던 영문학을 강의한 시인 마크 반 도렌 선생이었다. 반 도렌 선생은
질문을 적절하게 던지는 재능을 가지고 있었다. "학생들은 알고 있던 걸 인
식하지 못했던, 사실 이전에는 미처 몰랐던 놀라운 사실까지 말하고 있는
자신을 발견했다. 그는 질문을 함으로써 학생들에게서 그러한 대답을 끌어
냈다. 그의 강의는 글자 그대로 '교육', 즉 학생들 안에 있는 것을 끌어내
는 것, 학생들의 정신이 그 자신의 명시적인 이념을 산출하도록 하는 것이
었다."[73] 반 도렌은 자신이 가르치는 학생들이 자기네 선생의 생각을 되뇌는
학생이 되는 것을 원치 않았다. 그보다는 학생들이 자기네 안에 있는 핵심
적인 생각을 발견할 수 있도록 돕고자 했다. 그는 현재 일시적으로 유행하
는 이데올로기로 일소하지도, 셰익스피어를 마르크스주의자나 프로이드 식
의 형태에 적합하게 다듬지도 않았다. 첫 몇 개월이 지나자 점차로 머튼은
"검댕이로 더러워진 커다란 공장"[74]인 콜럼비아 대학에는 교수단 중에 학생
들에게 좋은 책과 나쁜 책을 구분하는 방법과 책의 정수를 들여다보는 방법
을 가르칠 수 있는 선생이 있다는 인상을 받게 되었다.

그런 인상을 받게 된 것은 반 도렌 같은
교수 때문이기도 했고 공산주의에 대한 열
정이 한꺼번에는 아닐지라도 점점 식어갔기
때문이다. 콜럼비아의 많은 학생이 공산주
의자들이었다. 그들은 학생신문을 장악하고
대학에서 활발하게 활동했다. 머튼은 얼마
안 되는 피킷 데모 대열 속에 들어가 "전함
이 아니라 책!"이라는 구호를 적은 포스터
를 들고 시위를 했다. 평화적인 파업중에

반 도렌 교수

73. SSM 139.　　　74. SSM 137.

한 학생이 영국의 공산주의에 대한 연설을 했는데, 실제 그 내용을 전혀 알아듣지 못했지만 적어도 그에게는 아직 영국식 발음의 흔적이 남아 있긴 했다. 그는 몇 가지 팜플렛과 잡지들을 팔기도 했다. 머튼은 어떤 학생이 부자 부모가 주말 여행을 떠나 집이 빈 기회를 이용해 파크 아베뉴 아파트에서 연 파티에 참석했다. "기관총 자리로 안성맞춤이다"[75]라고 혁명가가 되고자 열망하는 이들 중의 한 사람이 말했다. 그날 저녁 머튼은 공산주의 청년 동맹의 일원이 되었다. 그즈음 청년 동맹원들은 자기네 정체를 감추기 위해 "당에서 쓰는 이름"을 붙였다. 머튼은 프랭크 스위프트라는 이름을 썼다. 그러나 세포 조직의 회합에는 단 한 번밖에 참석하지 않았다. 그 모임에서는 왜 콤래드 엑스가 회합에 빠지는지에 대해 오랫동안 토론을 했는데 그의 아버지의 허물 때문이라는 결론을 내렸다. 머튼은 그 자리를 떠나 상쾌한 밤공기를 마시면서 거닐다가 근처 술집에서 맥주 한 잔 속에 프랭크 스위프트라는 존재를 없애 버렸다. 그것은 또 하나의 즐거운 단절 행위였다. "침묵과 위안의 달콤한 순간"[76]이었다.

머튼이 공산주의에 관여한 문제는 단지 가끔씩 있었던 반전에 관한 것뿐이었다. 머튼이 진정 공산당에 매력을 느꼈던 것은 공산당이 반전 입장에 있었던 1935년, 짧은 기간 동안이었다. 그러나 공산당은 1936년 스페인 내란중에 전쟁을 찬성하는 입장에 섰다. 스탈린이 히틀러와 불가침 협정을 맺자 또다시 반전 입장을 취하다가 히틀러 군대가 소비에트 연방을 침공하자 또 한번 표변했다. 머튼이 케임브리지에서 한 급진적 행위의 하나는 반전주의 서약을 한 것이다. 그는 거기에서 더욱더 확고한 원칙을 가진 어떤 것을 기대했을 뿐만 아니라 특히 유혈 참사에 대한 도덕적 일관성을 바랐다. 머튼은 공산당은 소위 "모든 현대 정당들의 규율인", "어떤 것이 됐든 그 순간에 자기 당에 이익이 될 만한 것은 가리지 않고 다 하고 만다"[77]는 점을 깨달았다.

---

75. SSM 147.　　　76. SSM 148.　　　77. SSM 145-6.

그해 여름 유일하게 마르크스주의자를 기억하게 된 것은 맑스 동지들 때문이었다. 펜실바니아에서 학교를 다니던 존 폴이 집에 와 그와 어울려 영화관 여기저기를 쏘다녔다. 그들이 영화를 함께 보러 다니기 시작한 것은 작년 여름부터였다. "내 생각에 존 폴과 나, 그리고 우리 여러 친구들은 1934년부터 1937년까지 제작되었던 영화는 하나도 빠짐없이 모두 본 것 같다."[78] 톰에게 가장 위대한 주인공으로 비쳤던 이는 찰리 채플린과 W.C. 필즈와 하포 맑스였다. 두 형제에게는 "재키 쿠퍼의 눈물, 감옥 창살 뒤에서의 앨리스 페이에의 용감한 미소 등 인간 영혼의 고운 마음씨에 호소하는 가장 애틋한 장면이 나오면 우리가 떠들썩하게 웃기 때문에 우리는 극장 밖으로 쫓겨날 뻔했던"[79] 것만이 문제가 되었다.

머튼은 1935년 가을, 정말 분발해서 여러 과목(그 가운데 스페인어, 독일어, 지리학, 헌법학, 현대 문명)을 신청하여 수강하기 시작했다. 그는 '알파 델타 파이'라는 동아리에도 가입했다.

그의 동아리 동료 중 한 명이 그 학기에 자살했는데 그의 시신이 두 달 후 운하에서 발견됐다. 무엇보다도 현대 문명 수업 때문에 머튼은 시체 공시소를 견학했는데, 물에서 건져올렸거나, 거리에서 발견되고, 살해되고, 차에 치어 죽고, 자살한 사람들의 "검푸르고 부푼 시체를 담은 얼음 상자들"이 즐비하게 놓여 있는 것을 보았다. 머튼에게는 그들이 모두 현대 문명의 피해자들로 보였다.[80]

그 괴로운 절망과 죽음을 슬쩍 일별했음에도 불구하고 그 일별은 머튼의 생애 속에서 그의 온몸을 사로잡았다. "나는 한꺼번에 그 많은 일을 해치우는 불가사의한 요령을 … 터득했다."[81] 그 요술의 핵심은 그의 많은 시간을 "대학 구내에서 가장 시끄럽고 가장 소란스러운" 존 제이 관 4층에서 보낸 것이다. 그곳에는 여러 가지 출판물, 즉 「콜럼비아 리뷰」, 「스펙테이터」, 「제스터」 그리고 연감 등을 내고 있는 사무실들이 있었다. 머튼은 그외 다

---

78. SSM 149.　　　79. SSM 149.　　　80. SSM 153.　　　81. SSM 153.

른 곳에서 지내지 않을 때면 언제나 거기에서 이야기들과 재미있는 컬럼을 쓰곤 했다. 생애 내내 오래도록 이어질 우정을 맺은 곳도 그 혼란스러운 방에서였다. 나중에 『칠층산』을 출판해 준 로버트 기록스는 「리뷰」의 편집장이었고, 머튼의 대부가 된 에드 라이스는 「제스터」지의 일원이었다. 두 친구 다 가톨릭 신자였다.

「제스터」지에서 함께 일한 그밖의 동료 중에서 밥 랙스는 감탄부호처럼 가냘프고 어딘가 모르게 고뇌에 잠겨 있는 듯한 온화한 예언자였다. 이 타고난 명상가는 "어떤 말로 시작해야 할지 적당한 말을 찾으려고 애쓰는 동안 별스럽게 의자 주위에서 긴 다리를 온통 비비꼬았다." 랙스는 "살아 계신 하느님을 향한 자연스럽고 본능적인 영성을 타고난" 사람이었다. 랙스는 미국 사람들을 어떻게 해야 할지 모르지만 좋은 일을 하고 싶어하는 사람들로, 라디오를 켰을 때 "누군가가 그들이 정말 어떤 것을 듣고자 기다리는지, 무엇을 알 필요가 있는지 그들에게 말해 주기 시작하는, … 누군가가 더 이상 진부하거나 미친 소리로 들리지 않을 언어로 하느님의 사랑에 대해 그들에게 말해 줄"[82] 날을 기다리는 사람들로 보았다. 1936년 학년 말에, 랙스는 「제스터」의 편집장으로, 머튼은 미술 편집인으로 선출되었다.

「제스터」에서의 일은 편집 부원으로 기쁘게 일했을 뿐만 아니라 머튼의 학비의 대부분을 충당해 주었다. 용돈은 틈틈이 일해서 벌어 썼다. 그 일 가운데 록펠러 센터의 RCA 빌딩 전망실에서 안내와 해설 같은 정해진 일만 하면 되고 한 주일에 27달러 50센트를 받는, 1936년 당시로는 꽤 보수가 좋은 일이 있었다. 또한 종이컵 공장에 만화를 그려 주고 한 장에 6달러씩 받기도 했다. 이따금 라틴어 가정교사로 일하기도 했는데 한 시간에 2달러 50센트를 받았다. 술값을 치르는 데 전혀 문제가 되지 않았다.

거기에다 여러 가지 온갖 과외 활동, 즉 전국 횡단 경주팀, 웃는 사자 협회, 예비 저널리스트회(그가 한동안 회장으로 있었다), 필로렛시온(학교 문

---

82. SSM 181 237.

학회), 다양한 학생 위원회 등의 회원으로 활동했다.

1933년 로마에서 반짝였던 종교적 섬광이 외할아버지 샘 젠킨스가 세상을 뜬 1936년 10월 다시 타올랐다. "외할아버지는 우리가 예측도 못한 사이에 돌연히 잠 속으로 미끄러져 들어가 버렸다."[83] 더글라스턴에서 외할아버지 시신 곁에 홀로 있을 때 머튼은 단지 생각으로 그치지 않고 무릎을 꿇고 기도드리고 싶은 충동을 느꼈다. 외할머니가 오시는 발소리에 여전히 하느님께 대한 예의 그 당혹스러움으로 서둘러 일어섰다. 외할머니 마르타 젠킨스는 다음해 8월 돌아가셨다. 톰은 옆에 앉아 외할머니가 힘겹게 들이쉬는 숨소리를 들으면서 조용히 기도했다.

외할머니를 묻고 얼마 지나지 않아 머튼은 악몽 같은 죽음의 곤경에 처했다. 어느 날 기차로 더글라스턴 집으로 가는 길에 갑자기 균형을 잃을 것 같았다. 구토가 날 것 같은 기분이 들어 객차 사이 통로로 비틀거리며 걷다가 철로로 굴러떨어질 뻔했다. 펜실바니아 역에 다다를 때까지 가까스로 버티고서 길 건너 호텔의 꽤 층이 높은 방에 투숙했다. 호텔 의사가 그에게 약을 주면서 잠을 좀 청해 보라고 일렀다. 그 층은 방 한쪽 창문과 벽 전체가 유리로 된 창문 쪽으로 가파르게 기울어져 있는 것 같았다. 그것은 마치 무시무시한 죽음의 중력이 창문 쪽 허공 너머로 그를 끌어당겨 뛰어내리도록 유혹하는 것 같았다. 그는 현기증이 났지만 삶을 버리지 않고 아침에 현관 문을 지나 호텔을 걸어나왔다.

계속되는 또 한 번의 가족의 죽음 때문에 신경쇠약에 걸린 걸까? 콜럼비아에서의 과중한 짐에서 온 과로일까? 우리 가족을 돌보는 주치의가 준 주의대로 위궤양이 시작된 걸까? 단지 머튼이 알고 있는 것은 자신이 가까스로 살아가고 있으며 존 폴과 자신말고는 힘을 북돋아 줄 식구가 아무도 남아 있지 않다는 것이었다.

---

83. SSM 159.

질송, 헉슬리, 블레이크 그리고 마리땡

하느님의 현존과 실재로 가득 찬 세계

1937년 2월, 5번가에 있는 스크립너 서점을 지나가는 머튼에게 에띠엔느 질송이 쓴 『중세 철학의 정신』이 눈에 띠었다. 그 제목은 프랑스 남부의 한 소년으로서 사랑했던 수도원과 대성당을 기억하게 해주었다. 믿음의 시대에 살던 신앙인들의 예배 장소가 주는 권위와 성실함 그리고 은총을 말이다. 그는 그 책을 샀다.

그날 집으로 가는 기차에 올라서 책을 펴보았다. 책 앞쪽을 쭉 훑어보다 시립 시체 안치소에서보다 더욱 소름끼치게 하는 충격적인 "니길 옵스탓"(오류 없음)이라는 라틴어 구절과 주교 이름 위에 이 책이 로마 가톨릭 교리에 부합하고 있다는 공식 증명인 "인쁘리마뚤"(출판 허가)이라는 말을 발견했다. 머튼에게 그 말들은 정신의 지배, 반대자들에 대한 처벌, 그리고 교리의 강제를 의미하는 것이었다.

"혐오감과 속았다는 느낌이 명치에 칼을 꽂은 것 같았다"고 회고했다. "나는 사기를 당한 것처럼 분했다. 서점 사람들은 이 책이 가톨릭 책이라는 것을 나에게 주지시키고 경고했어야 했다. 그랬더라면 나는 결코 이 책을 사지 않았을 것이다. 사실, 나는 위험하고 더러운 이 책을 없애 버리려고 … 창 밖으로 던져 버리고 싶은 충동이 일었다."[84]

마치 종교재판에서 쓰였던 엄지 손가락을 죄는 고문이라도 받은 것 같았다. 머튼은 차트레스 같은 대성당 건물에 기꺼이 찬탄하고 대성당이 연상하

---

84. SSM 171.

게 해주는 기도생활과 전례생활의 몇 가지 모습도 높이 평가했지만 건축가
에게 동기를 부여한 종교구조는 도무지 인정할 수가 없었다. 가톨릭 문화에
경탄을 금치 못했지만 가톨릭 교회 자체에는 소름이 끼쳤다.

머튼은 "니힐 옵스탓"과 "인쁘리마뚤"이라는 교회 검열이 주는 혐오감을
무마할 만큼 책의 주제와 그 내용에 매료되었다. 그 책을 쭉 읽어 내려가면
서 정통 그리스도교 신학이 프랑스나 이탈리아의 대성당만큼이나 심오하고
노선이 분명함을 깨닫게 되었다.

질송은 머튼이 종교적으로 이미 도달해 있으면서도 표현할 길이 없던 미
적 감수성에 단어들을 제공했다. 그 책 안에는 4년 전 성녀 사비나 성당에
서 그에게 감동을 주었던 성화에 필적할 만한 깊이와 폭을 지닌 원만한 신
학이 담겨 있었다.

특히 질송이 하느님에 관해 쓴 부분에 감동을 받았다. 질송을 읽기 전에
그는 "나는 이제껏 그리스도인의 하느님이라는 올바른 개념을 인식하지 못
하고 있었다. 나는 단지 종교인들이 만물의 창조주요 통치자로 믿는 하느님
이란 요란스럽고 극적이며 격정적인 인물, 알쏭달쏭하고 질투심이 강한 숨
어 있는 존재라고 보았다."[85] 가톨릭 신자가 믿는 하느님은 예전에 머튼이
상상했던 것처럼 영원한 훈련-상사가 아니라 오히려 머튼이 후일 기록하고
있는 것처럼 "자비 속의 자비 안에 있는 자비"[86] 자체였다. 머튼은 질송의
책을 읽고 나서 "가톨릭 철학과 신앙에 대한 무한한 존경심"[87]을 갖기에 이
르렀다.

그해 봄부터 머튼은 더글라스턴에 있는 시온 교회의 주일 예배에 참석하
기 시작해서 교회 목사인 레스터 릴리 박사와 오랫동안 여러 가지 책에 관
해 이야기를 나누었다. 머튼은 그 대화를 즐기긴 했지만, 릴리의 설교에는
그가 질송에게서 흥미를 느꼈던 신학적 내용이 결여되어 있음을 알게 되었
다. "나는 교리를 듣고 싶어했는데 나에게 교리나 그들이 믿고 있는 바에

---

85. SSM 174.   86. SJ 362.   87. SSM 175.

대해 말해 주는 사람은 아무도 없었다."[88]

그해 6월, 머튼은 더글라스턴에서 웨스트 114번가에 있는 주당 7달러 50센트씩 하는 방을 얻어 이사했다. 바로 여기에서, 밥 랙스가 거듭 말한 대로, 그는 알도스 헉슬리의 『목적과 수단』을 읽었다. 헉슬리란 이름은 생물학자인 알도스의 동생과 과학자인 할아버지의 영향에서 붙여진 것인데 "종교적 회의"라는 뜻을 가지고 있었다. 그러나 머튼은 책에서 신비주의를 옹호하는 글을 쓰면서 독자들에게 기도뿐 아니라 금욕생활을 지향하라고 역설하는 헉슬리를 만나게 된다.

금욕이란 보통 사회에서 누릴 수 있는 안락함이 없이 살아가는 방법과 훈련을 의미한다. "금욕, 바로 이러한 생각 자체가 내 정신의 완전한 혁명이었다. 이야말로 왜곡되고 불의한 사회로 미쳐들어간 자들의 자학과 피학대 음란증을 대체하는 단어였다. 얼마나 기발한 생각인가! 육체의 욕구를 부정할 뿐 아니라 제어하는 수련을 하다니 …"[89]

머튼으로서는 인생의 목적과 수단을 연결시키는 데 실패하는 가운데 겪은 슬픔이 맥주를 너무 많이 마신 다음 숙취에서 깨어나지 못하는 것처럼 불가피한 것이었다. 헉슬리는 목적의식적인 초연함이 인간을 변형시키는 하느님과의 만남에로 자기 자신을 개방하는 한 가지 길임을 깨닫도록 도와 주었다. 다만 머튼이 헉슬리에 대해 당혹스러워했던 것은 그가 그리스도보다는 붓다를 더 선호했다는 점이다. 그러나 머튼은 헉슬리 덕분에 자기 생애 만년에 다시 그리로 돌아갔던 주제인 불교를 처음으로 진지하게 바라볼 수 있게 되었다.

『목적과 수단』 역시 반전(反戰)에 관한 책이었다. 헉슬리는 간디의 생각과 일치했다. 헉슬리는 수단에 대해 등한시하는 자는 비열한 인간이고, 잔인한 방법은 무시무시한 사회를 만드는 반면 기도와 고행은 영적 생활의 기

---

88. 1941년 5월 18일, **Bonaventure Journal**, 미간행.

89. **SSM 185.**

욥의 머리 (블레이크의 그림)

초이며, 비폭력적인 생활이 폭력이 없는 사회를 만드는 유일한 길이라고 갈파했다.

스페인 내전이 한창 진행중에 있을 때에는 비폭력이 콜럼비아 학생들 사이에서 결코 지지를 받지 못했다. 그들은 프랑코를 지지하는 우파적 입장과 스페인의 급진적 공화당에 찬성하는 좌파로 갈라졌다. 좌·우파 양측의 의견이 유일하게 합치하고 있는 점은 유혈 참사를 피할 수 없다는 것이었다. 1937년 공화당원으로 죽은 이들 가운데 콜럼비아 대학의 한 졸업생도 끼어 있었다.

머튼은 1938년 2월, 문학 학사 졸업장을 받은 후 콜럼비아 대학교 대학원 영문과에 진학해 18세기의 위대한 반체제론자이며 시인이자 신비가인 윌리엄 블레이크를 택해서 논문을 썼다.

블레이크는 신비주의를 미친 짓으로 생각하는 사람들, 화학 세계의 수수께끼에 비하면 생명의 신비는 아무것도 아니라고 여기는 사람들에게 반대하는 입장을 취했다. 성서의 예언자들이 지녔던 확신이 시들어가는 가운데 블레이크는 다음과 같이 말하기를 즐겼다.

> 데모크리투스의 원자
> 그리고 뉴튼의 빛의 입자는
> 이스라엘의 천막이 그토록 환하게 빛나는
> 홍해의 해변 위 모래와 같다.[90]

---

90. William Blake, "Poems from the Notebook 1800~1803", *Complete Writings* (Oxford: Oxford University Press 1969) 418.

머튼은 블레이크를 읽으면 읽을수록 위선적이면서 탐욕스럽고 이기적이며 가난한 사람들에게 무관심한 시대에 순응하기를 한사코 거부하려 한 시인에게서 더 강렬한 인상을 받았다. 그는 블레이크의 시에 사로잡혔다. "블레이크는 셸리가 평생 동안 쓴 것보다 더 훌륭한 시를 열두 살 때 썼다. 그것은 그가 이미 열두 살적에 런던 남쪽 들판 어느 나무 아래에 서 있는 엘리야를 보았기 때문이었다고 나는 생각한다."[91]

블레이크는 낭만주의의 장미빛 안경을 통해 세상을 바라보지도 않았으며 하느님께서 현존하고 역사하시는 창조물을 이성이라는 이름의 생명 없는 눈을 통해 바라보지도 않았다. 나무 아래에 선 엘리야를 본 블레이크는 일요일이면 성당을 나가는 냉혹한 사람들이 가지고 있는 "음흉한 사탄의 물레방아"[92] 속에서 만들어진 영국의 미래도 함께 보았다. "인간의 실정법에는 어떤 악행을 단죄하기 위하여 다른 악행을 권리의 표준으로 제정했다는 것, 그리고 재판정에는 교만 혹은 탐욕의 규범이 제정되어 있어서 인간 본성의 모든 정상적 건전한 노력에 대하여 강압적인 비인간적 선고를 한다는 것을 블레이크는 보았다. 실로 사랑이 불법화되고 색욕이 판을 쳤고, 자비심이 퇴치를 당하고, 잔인이 판을 치게 되었다. 그래서 블레이크는 "거리에서 거리로 울려퍼지는 매춘부의 울부짖음이 늙어빠진 영국의 수의감 천을 짜리라'는 것을 알았다"[93]라고 머튼은 쓰고 있다. "윌리엄 블레이크 같은 성스러운 천재와 접하며 살았다는 것은 얼마나 큰 은혜였던가. … 유일한 삶의 길은 하느님의 현존과 실재가 보장되는 세계에 사는 것임을 그해 여름이 끝나갈 무렵 의식하게 되었다."[94]

같은 해 온화한 힌두교 수도승이 머튼의 생애 가운데 나타났다. 브라마카리는 인도에 있는 자신의 암자에서 시카고의 만국 박람회 종교회의에 참석

---

91. SSM 190.

92. William Blake, "Milton: a Poem in 2 Books" 서문, 위의 책 480.

93. SSM 203; William Blake, "Augeries of Innocence", 위의 책 431-4.

94. SSM 189 191.

차 파견되었는데 너무나 늦게 도착했다. 그는 친절한 대접과 도움으로 미국에 머물며 여행을 했다.

브라마카리는 머튼의 친구인 시와 헬렌 프리지우드 덕에, 그들의 조모가 흰 옷에 터번을 두르고 다 해어진 누더기를 걸친 이 알 수 없는 아시아인이 유대인의 적일지 모른다고 염려했음에도 불구하고, 그들 집에서 성가실 일 없이 조용히 뉴욕에서 살고 있었다. 머튼은 브라마카리가 시카고에서 도착할 때 환영위원회 일원이 되어 그후 수주 동안 오랜 시간 서로 이야기를 나누었다.

머튼은 "그의 비평은 결코 빈정거리거나 비꼬거나 불친절하지 않았다. 실상 그는 전혀 이러쿵저러쿵 수다스런 판단을 하지 않았고 비방은 더군다나 하지 않았다"고 10년 후에 적고 있다. "그는 다만 사실을 사실대로 이야기하고는 껄껄 웃는 것이었다. 조용하고 솔직한 그의 웃음은 사람들이 어떻게 그의 눈에 비친 그런 모양으로 살 수 있는지 도저히 이해할 수 없다는 뜻을 표현하고 있었다."[95]

미국인들은 흔히 브라마카리에게 인도에서의 그리스도교 선교 과정에 대해 물었는데, 브라마카리의 대답은 머튼에게 퍽으나 인상적이었다. 그의 말에 따르면 선교사들이 너무나 안락하게 사는 것이 문제였는데, "힌두인들이 선교사들을 도저히 거룩하다고 여길 수 없게 하는 일 한 가지만 보더라도 그렇다. 선교사들이 육식을 한다는 사실 하나만으로도 말이다." 힌두인들은 그리스도인이 고행하는 수덕자가 아니라는 점을 기이하게 여긴다.[96]

선교사들이 육식을 하는 점에 대한 그의 우정어린 비판에도 불구하고, 브라마카리는 머튼의 생애에서 그리스도교 선교사 역할을 한 셈이 됐다. "그는 대체로 충고하는 말투를 쓰지 않았으나, 내가 쉽게 잊지 못한 권고 한 가지를 귀띔해 주었다. '그리스도인이 쓴 아름다운 신비주의 서적이 많습니다. 성 아우구스띠누스의 『고백록』과 『그리스도를 본받음』을 읽어야 합니

---

95. SSM 196.   96. SSM 196.

다. 그래요, 당신은 이 책들을 꼭 읽어야만 합니다.'"[97] 머튼은 114번가의
자기 방 안에서 『그리스도를 본받음』을 읽기 시작하면서 다시 "얼마간 시간
을 정해 두고"[98] 기도하기 시작했다.

뜨거운 여름의 무더위를 식히기 위해 머튼은 뉴욕 주 서부 조용한 올리언
읍에 있는 랙스의 시골집에 갔지만 일주일 만에 "여느 때와 같이 사랑하는
사람 때문에"[99] 맨하탄으로 돌아가고 말았다.

9월 중에는 논문 「윌리엄 블레이크의 자연과 예술」[100]을 쓰느라 바쁜 나날
을 보내는 반면 또 한 권의 책, 그를 가톨리시즘에 강렬하게 매료시킨 쟈끄
마리땡의 『예술과 스콜라 철학』을 읽을 짬을 얻었다. 질송이 머튼으로 하여
금 하느님이라는 단어로 되돌아가도록 도왔다면 마리땡은 덕행이라는 단어
를 소생시켜 주었다. 마리땡은 그 단어를 주저함이 없이 라틴어 의미, 즉
힘이라는 신뢰할 수 있는 말로 사용했다. 머튼은 마리땡의 책에서 "덕행의
합리적 개념, 즉 덕행이란 행복을 획득할 수 있게 되는 정확한 힘이기에 덕
행 없이는 행복은 있을 수 없다"[101]는 깨달음을 얻고 책을 덮었다.

---

97. SSM 198.   98. SSM 201.   99. SSM 200.

100. 사후 출판, Thomas Merton, *The Literary Essays of Thomas Merton* (New York; New
     Directions 1981) 387-453.

101. SSM 204.

코르푸스 크리스티 성당

성당 앞 명각판

개 종

콜럼비아의 그 볼품없는 건물까지도 달라보였다.

1938년 8월 어느 주말, 머튼에게 자신이 "수천 개의 가톨릭 대성당과 성당을 드나들었지만 미사는 단 한 번도 참석하지 못했다"는 생각이 떠올랐다. 우연하게 거행중에 있는 전례를 보게 되는 그런 경우에도 "미친 듯한 프로테스탄트의 공포증"에 쫓겨 도망쳐 나왔다. 이제 그는 "'미사에 가라, 미사에 가라!'고 내 안에서 속삭이는 감미롭고도 강하며 부드럽고도 깨끗한 충동"[102]을 느끼기 시작했다.

머튼은, 만나던 여자와 시골에서의 주말 데이트를 취소하고 영국을 떠나온 이래, 뉴욕에서 처음으로 차분한 일요일을 맞은 것으로 느껴졌다. 푸른 하늘에, 한가로운 가로수가 있는 눈부신 날이었다.

그가 간 성당은 121번가 서쪽에 있는 콜럼비아 사범대학 바로 뒷편의 코르푸스 크리스티 성당이었다. 전례를 지켜보면서도 자신은 드러나지 않고 싶어 눈에 띄지 않는 장소를 찾았다.

"처음 눈에 띈 것은 대여섯 살 된 예쁜 소녀가 무릎을 꿇고 몸을 꼿꼿이 세운 채 진지하게 기도하는 모습이었다. 나는 젊고도 아름다운 사람이 성당에 가는 진정한 주 목적이 오로지 기도를 바치기 위함임을 목격하고 대단히 깊은 인상을 받았다."[103] 그는 주위를 둘러보고 다른 사람들도 소녀의 태도와 썩 다르지 않다는 것을 알았다. 그들은 스스로를 전혀 의식하지 않은 듯 보였다. 그들은 사실 무릎을 꿇고 온통 시선을 제대에 집중하고 있었다.

---

102. SSM 206.   103. SSM 207.

그후에 브로드웨이를 따라 햇살 속을 걸으면서 머튼은 자신이 새로운 세계 속에 있다는 기분이 들었다. "왜 그다지도 평화스러웠는지 왜 생의 보람을 느꼈는지 무엇이 그토록 나를 평화롭게 해줬는지 이해할 수 없었다. … 콜럼비아의 그 볼품없는 건물까지도 달라보였다."[104] 늘상 그에게 어둠침침하고 좁게만 여겨졌던, 111번가에 있는 차일즈 식당에서 아침식사를 하면서 그는 마치 자신이 낙원에 와 있다는 기분을 맛보았다.

지적으로 그가 성인과 신비가들에게 감동을 받고 가톨릭 교리에 대해 자신이 마지막까지 가지고 있던 억압마저 극복했을지라도 일상생활은 여러모로 지금까지와 대체로 똑같았다. 노동절 날 그는 한 친구와 필라델피아로 차를 몰고 가서 "어둡고 큼직한 '가로변' 여관에 앉아 신비주의에 대해 토론에 토론을 거듭했는데, 그동안 담배 꽁초가 수북히 쌓였고 차츰 술에 취해갔다."[105] 술에서 깨는 데 며칠이나 걸릴 정도로 마셔댔다.

그러나 다음 일요일에 다시 미사에 참례했고, 그 다음에도 미사를 보았다. 그 수주일 동안은 다른 사람들의 성사생활을 지켜보고 경탄하는 것으로 충분했다.

머튼이 가톨리시즘과 조용히 즐기던 낭만과는 대조적으로 대서양 저쪽에서는 잔인한 사건들이 벌어지고 있었다. 스페인 내전이 막바지에 달해 있었고 스페인은 유럽 파시스트 정부 명단에 추가된 한편 히틀러가 집권한 독일은 서쪽으로 세의 확장일로에 있었다. 1933년 머튼을 도로 밖으로 몰아낸 나치들은 이제 전국민을 빗나가게 내몰고 있다. 영국 수상 네빌 체임벌린은 9월말쯤 뮌헨에서 돌아오자마자 "우리 시대에는 평화"라는 말을 했는데 정말 대학살이 일어날 것 같은 생각이 머튼에게 들었다.

"나는 정말 낙담했다"라고 그는 적었다. "그 농간 밑에 깔려 있는 얽히고 설킨 추잡한 정치적 놀음에 어이가 없었다. 나는 이때 정치란 희망을 걸 것이 못되는 것으로 단념해 버렸다. 정도의 차이는 있을망정 한결같이 사악하

---

104. SSM 210-11.   105. SSM 205.

고 타락한 군사력의 동향이나 상호 견제 따위에 관하여 의견을 가질 흥미도 잃었다. 각국마다 자기 형편대로 우겨대는 시끄러운 인위적인 주장에서 어느 정도나마 진실이나 정의를 찾으려는 것은 너무나 부질없고 실없는 짓이었다. … 미래란 예측할 수 없는 전쟁에 의해서 막다른 골목의 담벼락처럼 꽉 막혀 있었다. 누가 끝까지 살아 남을 수 있을 것인지 아무도 몰랐다. 민간인과 군인 중 누가 더 많은 피해를 받을지조차 예측할 수 없었다. 공중 무기에 의해 … 민간인과 군인의 운명의 차별이 있을 수 없게 되었다."

머튼이 살고 있는 사회의 모든 내적 모순이 자신의 내부 안에 집중되고 있었다. 그는 이렇게 보았다. "나의 호감이나 증오 또는 찬성이나 불신은 정치적인 외적 질서에서 하등의 의미도 없는 것이었다. 나는 일개 개인일 뿐이고 개인은 고려되지 않았다. … 나는 아마도 곧 징집될 자들의 명단에 올라 있는 하나의 번호가 될 것이다. 나는 나의 유물 처분이 불가피하게 수반되는 공문서 처리를 돕기 위해 … 내 번호가 찍힌 군번 메달 하나를 받게 될 것이다."[106]

바로 그토록 어두운 생각을 하는 가운데 머튼은 자기 생애에서 또 하나의 중요한 책, G.F. 레이히가 쓴 영국 시인이자 예수회 신부인 제랄드 맨리 홉킨즈의 전기를 구했다.

어느 축축한 가을 날 웨스트 114번가의 방에 앉아 머튼은 1866년 옥스포드 학생시절 홉킨즈가 가톨릭 신앙에로 개종하는 과정을 읽기 시작했다.

머튼은 그의 전기에서 "갑자기 무엇인가 내 안에서 치밀어올라 나를 떠밀

홉킨즈 신부

---

106. SSM 214.

고 재촉하기 시작했다. 그리고 목소리가 울리는 듯한 움직임이 있었다. '너는 무엇을 기다리고 있는가?' '왜 아직도 주저하고 있는가? 너는 무엇을 해야 하는지 알고 있지 않은가? 그런데 왜 하지 않지?'"

"나는 의자에서 몸을 뒤틀었다. 담배에 불을 붙이고 비오는 창 밖을 내다보면서 그 목소리를 막으려 했다. '일시적 충동으로 행동하지 말자'고 스스로 타일렀다. '미친 짓이야. 이성적이 못돼, 책이나 읽어라.'"

홉킨즈의 생애로 그 목소리를 누르려 했으나 내면의 목소리는 새로이 호소해 올 뿐이었다. "더 이상 주저해야 소용없다. 왜 일어나 가지 않는 거지?" 그는 홉킨즈의 개종에 대해 쓴 불과 몇 안 되는 문장을 읽고 나서 자신의 목소리에 따르지 않을 수 없는 순간이 왔다. "나는 더 이상 참을 수가 없었다. 책을 내려 놓고 비옷을 입고 계단을 내려가 거리로 나섰다. 길을 건너 가랑비 속에 브로드웨이를 향해서 우중충한 나무 울타리를 끼고 걸어갔다. 그러자 내 안에 있는 모든 것이 노래하기 시작했다."[107]

아홉 구역을 지나자 코르푸스 크리스티 성당과 주임신부인 포드 신부가 있는 사제관이 있었는데 포드 신부는 막 돌아오고 있는 중이었다.

그는 물었다. "신부님, 말씀 좀 드려도 되겠습니까?"

"네, 물론이지요. 집 안으로 들어갑시다."

그들은 응접실에 앉았다.

"신부님, 가톨릭 신자가 되고 싶습니다."[108]

포드 신부는 그에게 책 세 권을 주면서 읽어보고 일 주일에 두 번씩 저녁에 교리교육을 받으러 오라고 일렀다.

그는 자신이 곧 세례를 받게 된다는 소식에, 원반을 던지듯 살짝 돌리며 그의 모자를 밥 랙스에게 던졌다. 랙스는 "전 그 순간을 기억하고 있습니다. 그는 여태껏 내 쪽으로 모자를 던진 적이 없거든요."[109] 11월 18일 머튼은 세례를 받았다.

---

107. SSM 215-6.　　　108. SSM 216　　　109. Mott 120-1.

머튼은 질문을 받았다.

"하느님의 교회에서 당신은 무엇을 청합니까?"

"믿음입니다."

"믿음은 당신에게 무엇을 가져다 줍니까?"

"영원한 생명을 줍니다."

친구들 넷이 통과 의식을 지켜보기 위해 왔는데, 그들 가운데 세 친구, 밥 랙스, 시 프리지우드 그리고 밥 저디는 유태인이고 그의 대부 에드 라이스만이 가톨릭 신자였다.

머튼이 맨 처음 고백실로 들어갔는데 자신이 하나하나 이야기하게 될 몇 가지 사건과 버릇을 듣고 격막 저편에 앉아 있는 젊은 사제가 충격을 받지 않을까 걱정이 됐다. "그러나 죄의 종류대로 하나씩 하나씩 최대한 나의 모든 죄를 마치 이를 뽑듯이 뿌리째 뽑아냈다." 세례를 받아 죄를 면제받은 후 처음으로 그는 미사에 참례했을 뿐 아니라 성체를 받아 모실 수 있었다. "이제 나는 바로 하느님의 생명이요 영인 영원한 인력 … 무한한 자비권 안으로 들어갔다. … 하느님은 당신의 무량한 심연으로부터 나를 불러내신 것이다."[110]

---

110. SSM 224-5.

1940년 봄에 머튼이 피정을 한 쿠바의 코블 성모 성지

브라더 존 머튼, OFM

우리 모두는 이 산에서
은수자 생활을 할 수도 있겠다는 기분이 들었다.

1939년 2월, 석사 학위를 받고 나서 머튼은 제랄드 맨리 홉킨즈에 관한 박사 논문 작업에 착수했다. 맨하탄의 학문의 중심지인 그리니치 빌리지 페리 35번가에 연철 발코니가 있는 방 하나짜리 아파트로 이사했다.

그의 종교생활은 꾸준히 깊어져 갔다. 주일은 물론 주간 평일에도 자주 미사를 보았고 때로는 성당에서 기도하는 대신 그리스도의 수난을 나타내는 14개의 상 앞에서 기도하거나 묵주 기도를 암송했다. 개종은 그를 이토록 변화시켰다. 그리고 두 주에 한 번 토요일에 기꺼이 고백성사를 하기는 했지만 그의 생활에는 아직까지도 술과 담배 냄새가 배어 있었던 것 같다. 개종이 그의 장래의 생활과 일의 측면에서 진정 의미하는 바가 무엇인지 여전히 드러나 보이지 않았다.

분명한 선택은 작가가 되는 것과 교수가 되는 것이었다. 받은 교육 덕분에 그는 수업할 수 있는 준비가 되어 있었다. 지금은 친구나 다름없는 마크 반 도렌 교수를 통해 학생의 삶 속에서 교사가 할 수 있는 역할이 어떤 것인지 알고 있었다. 쓰는 일은 불가피한 일로 보였다. 글을 쓰지 않을 수 없는 또 다른 이유가 없었다 해도 그는 틀림없이 작가가 되었을 것이다. 학문적인 계획으로 바쁘지 않을 때면 소설 작업에 착수했을 뿐 아니라 시도 썼다. 그의 세례가 "뜻하지 않은, 거칠고 조잡한 스켈톤식 시적 재능"[111]을 불

---

111. SSM 235.

어넣어준 듯했다. 국내 유명 잡지사 몇 군데에서 실리지 못한 글이 되돌아왔다. "7번로 바로 못 미쳐서 페리 가의 모퉁이에 있는 녹색 우체통에 얼마나 많은 봉투를 먹여주었는지! 그런데 내가 거기에 넣은 것은 — 서평을 제외하고 — 몽땅 되돌아왔다."[112]

머튼은 간호원과 데이트를 하긴 했지만 결혼을 서두르지는 않았다. 성직자가 되는 서품식 생각과 그에 따라 그에게 매력적이면서도 식은땀을 나게 하는 말인 독신생활 문제로 아주 고심하고 있었다. 그러나 신부가 되면 더 이상 그가 원하는 식으로 쓸 수 없을 것이라는 걱정이 되었다. 게다가 "인쁘리마뚤"(출판 허가)이라는 단어가 결코 귀에 거슬리지 않는 편안한 소리로 들리지 않았다.

랙스에게는 무슨 일을 할 것인가보다는 오히려 어떤 사람이 될 것인가 하는 게 문제였다. 랙스는 아직 가톨릭 신자는 아니었지만 끊임없이 머튼을 격려하여 종교적 추구를 계속하도록 격려했다. 머튼에게 높은 은총의 생활을 목표로 정하도록 그리고 종교적 발전의 정점에 도달하려고 교회와 합류하지 말도록 권유한 것은 그 누구보다도 랙스였다.

1939년 봄 어느 날 밤, 6번로를 걷고 있을 때 랙스는 머튼을 돌아보며 "자넨 무엇이 꼭 되고 싶은가?" 하고 물었다. 머튼은 "유명한 작가 토마스 머튼"이나 "초급생 영어 보조 강사 토마스 머튼"이 되고 싶다는 말은 썩 훌륭한 대답이 못될 것임을 분명하게 알고 있었다.

로버트 랙스

---

112. SSM 236.

머튼은 결국 이렇게 말했다. "모르겠는걸. 글쎄, 난 훌륭한 가톨릭 신자가 되고 싶다고 해두지."

"자네, 훌륭한 가톨릭 신자가 되겠다는 건 무슨 뜻인가?"

머튼은 가만히 있었다. 그는 아직 그 점을 생각해 보지 않았었다.

랙스는 계속해서 말을 이었다. "자네가 말하는 건 성인이 되고 싶다는 말일세."

그 말은 머튼에게 완전히 불가사의하게 들렸다.

"내가 어떻게 성인이 된다는 건가?"

"원함으로써."

머튼은 대답했다. "난 성인이 될 수 없어." 성인이 된다는 것은 그에게는 정말 힘겨운 극기를 수없이 요구하는 것으로 이해되었다. 그러나 랙스는 계속해서 밀어붙였다.

"성인이 되기 위해 필요한 것은 오직 성인이 되기를 원하는 것뿐일세. 자네가 하느님께 동의만 한다면, 하느님께서 자네를 창조하셨을 때 의향했던 그 모습으로 만드신다는 것을 믿지 않나? 자네가 해야 할 일은 그것을 원하는 것뿐이야."[113]

자신의 경우에 정결이란 어떤 의미여야 하는지에 대해 생각할 시간을 갖기 위해, 머튼은 페리 가의 아파트를 빌려 주고 랙스와 에드 라이스와 함께 올리언 부근 방 한 칸밖에 없는 시골집에서 여름을 보내기 위해 떠났다. 그 시골집에 그들 셋은 자기네 타자기를 두고 계속 소설을 쓰다가 가끔씩 햄버거와 콩과 우유를 먹거나, 봉고 놀이를 하면서 잠시 쉬곤 했다. 라이스의 책은 「파란 말」이라고 불렀다. 랙스는 「반짝이는 궁전」을 썼고 머튼은 처음에는 「도버 해협」이라고 했다가 다시 「전투 전야」로 지었다가는 결국 「미로」라는 이름을 붙인 책과 씨름했다. 소설을 쓰는 일은 재미있었고 새 소리와 바람 소리가 들리는 숲이 우거진 산꼭대기에서 지내는 일은 맨하탄 사람

---

113. **SSM** 237-8.

들이 수주 동안 더위로 땀을 흘리면서 겪었을지도 모를 그런 최악의 상태는 아니었다. "우리 모두는 우리가 이 산에서 은수자 생활을 할 수도 있겠다는 그런 기분을 느꼈다. 그러나 우리 중에 아무도 어떻게 사는 것이 은수 생활인지 몰랐던 것이 흠이었다. 그리고 어느 모로 우리 중에서 입심은 제일 강한 반면 선악에 관한 결정을 내리고 실천에 옮기는 경우가 있을 때마다 분별력이 제일 없는 나는, 저 아래 계곡에 내려가 영화 구경이나 자동 도박기에 매달리거나 맥주를 마시자고 우겨대는 데는 첫째였다."[114]

뉴욕으로 돌아와 머튼은 자신의 원고를 여러 출판사로 보내고는 그 중에서 몇몇 출판업자들이 그의 원고에 호감을 가져주길 열렬히 기도했지만 거절하는 편지만이 왔을 뿐이다. 그는 "다른 사람들이 쓴 조악(粗惡)한 책은 출판됐는데, 왜 내 책은 안되지?" 하고 자신의 일기에 적고 있다.

유럽의 상황이 날로 더 비참해지는 사이에 나치들은 그들이 자신들의 천년 왕국의 초기 단계에 와 있다는 확신을 가졌다. 머튼은 사태의 줄거리를 곰곰히 따져보면서 그리스도인은 나치의 악몽에 대하여 단순히 다른 사람들을 비난하거나 역사만 탓할 수 없다는 생각이 들었다. "바로 내가 이 전쟁에 대한 책임이 있다"는 사실을 자각했다. "내 죄 때문이다. 히틀러만이 이 전쟁을 일으킨 유일한 인물이 아니다. 나도 한몫 거들었다."[115] 바르샤바에 폭탄이 떨어짐으로써 제2차 세계대전이 시작되던 첫날, 머튼은 펜실바니아 역 부근에 있는 아씨시의 성 프란치스꼬 성당에서 성체를 영했는데, "내 죄와 또한 이기적이고 미련한 천치인 온 인류의 죄의 결과로 다시금 십자가에 못박히고 계시는"[116] 바로 그 그리스도를 받아 모셨다는 생각이 들었다.

여러 날을 낮에는 타자를 치고 밤이면 친구들과 영화, 맥주, 재즈, 부기우기, 댄스 등을 즐기며 보냈다. 머튼은 재즈가 나오면 경청할 뿐 아니라 연주도 했다. 제일 자주 만났던 여자인 지니 버튼은 그가 소설가로서보다는 재즈 피아니스트로 더 만족해하지 않나 염려할 정도였다.

---

114. SSM 241.　　　　115. SSM 248.　　　　116. SSM 250.

재즈 클럽에서 격정적인 밤을 지내고 한 떼거리의 친구들이 페리 가에 있는 그의 아파트로 몰려가 외박하고 간 뒤 숙취(熟醉)로 몸살을 앓던 그는 자신이 지내온 생활에 대한 혐오의 파도를 넘어 생기가 넘칠 정도로 강렬하게 신부가 되겠다는 생각을 하게 되었다. 근처에 있는 가톨릭 도서관에서 그는 예수회에 관한 소책자를 빌려 왔다. 밖이 어두워질 때까지 그 책을 읽고 나서 16번가의 예수회에서 지은 성 프란치스꼬 사비에르 성당으로 갔다. 성체강복이 진행중이었다. 제대 위의 황금 성광 안의 하얀 성체를 응시하면서 무릎을 꿇고는 "넌 정말 사제가 되기를 원하는가? 원한다면 그렇다고 말하라"고 자신의 내면에서 묻는 목소리를 다시 한번 들었다. 신부가 성광을 들어올려 신자들을 강복하자 "나는 성체를 똑바로 쳐다보았다. 그리고 이제 내가 응시하고 있는 그분이 누구이심을 알았고, 그래서 말했다. "네, 나는 사제가 되기를 원합니다. 나의 온 마음을 다하여 원합니다. 당신의 뜻이라면 나를 사제로 만드소서."[117]

머튼의 생애에서 이 결정적인 순간에 가장 큰 도움말을 준 이들 가운데 한 사람은 댄 월쉬 교수였다. 월쉬는 성 토마스 아퀴나스에 관한 강의를 했고 머튼은 수강 신청을 했다. 우호적인 프로 권투선수처럼 보이는 작고 땅딸막한 월쉬는 그의 학생들이 가톨리시즘의 정신과 신학적 구조를 이해하는 데 도움이 되는 "어린애 같은 기쁨과 순박한 단순성"으로 가르쳤다. 머튼의 말에 따르면 월쉬 교수는 "(아우구스띠누스, 아퀴나스, 보나벤뚜라, 둔스 스코투스와 같은 신학자로 대변되는) 여러 학파들과 학설들간의 대단찮은 차이를 초월하여, 그 다채로운 일치 안에서 진정한 가톨릭 정신으로 가톨릭 철학 전체를 보는 희귀하고 탄복한 만한 덕을 지녔다."[118] 월쉬는 머튼이 에띠엔느 질송의 책에서 "인쁘리마뚤"(출판 허가)이라는 말을 발견하자마자 그 책을 열차 창 밖으로 내던져 버릴 뻔했던 에띠엔느 질송과 쟈끄 마리땡을 알고 있었다.

---

117. SSM 255.   118. SSM 220.

머튼이 자기가 신부가 될지도 모르겠다고 맨 처음 운을 뗀 것은 다름아닌 월쉬에게였다. 월쉬 교수와 머튼이 파크 아베뉴 거리를 함께 걷고 있을 때였다. "댄이 날 돌아보고는 말했다. '나는 자네를 보자 첫눈에 자네에게 사제가 될 성소가 있음을 짐작했다네.'"[119]

월쉬 교수는 가톨릭 교회 안에 있는 베네딕도회, 도미니꼬회, 프란치스꼬회, 예수회 등 다양한 수도회들을 대충 설명해 주었다. 그외에도 월쉬는 트라피스트 수도자들에게 적잖은 경의를 표했다. 월쉬는 최근 트라피스트 수도원, 즉 게쎄마니 수도원에서 일주일을 보내고 와서 트라피스트 수도자들의 고행과 수덕생활 방법 — 매일 교회 안에서 지내는 많은 시간과 기도 이외에는 아무 말도 하지 않는 침묵, 그리고 수도원에 딸린 농장에서의 고된 육체노동과 엄격한 단식 — 에 대해 흥미있게 말했다.

월쉬는 머튼에게 물었다. "자네, 그같은 생활을 해볼 생각 없는가?"

머튼은 깜짝 놀라면서 말했다. "아니오. 내게는 당치도 않습니다. 나는 견딜 수 없을 겁니다. 한 주일도 못 가서 죽을 겁니다." 그는 수도원을 두건으로 얼굴을 가린 무미건조하고 엄격한 수감자로 가득 찬 커다랗고 음산한 감옥으로 마음 속에 그리고 있었다. 트라피스트의 공식 명칭, 즉 엄격한 계율을 지키는 시토 수도회라는 이름은 머튼을 소름끼치게 했다.

"그래, 자네가 자네 자신을 그만큼 잘 안다니 다행이군."[120]

머튼에게는 예수회가 끌렸다. 제랄드 맨리 홉킨즈도 예수회 신부인데다 예수회 회원들 가운데서는 쓰는 일을 소중한

월쉬 교수

---

119. SSM 259.   120. SSM 264.

소명으로 알고 있었다. 그러나 프란치스꼬회가 자신의 기질에 가장 잘 맞은 수도회로 보였다. 아씨시의 프란치스꼬는 기꺼이 권력을 버리고 소유권을 거절하고 모든 폭력을 금함으로써 예수의 가르침을 문자 그대로 받아들이는 삶을 살았다. 프란치스꼬회 운동은 창시자가 죽은 이후에 제도화되는 동안에도, 머튼이 상상하는 트라피스트 수도회의 감옥 같은 수도원 생활과는 달리, 변함없이 세계적으로 환영받는 밝고 활동적인 수도회로 남았다.

댄 월쉬 교수가 써준 소개장을 들고 머튼은 31번가에 있는 성 프란치스꼬 수도원의 에드먼드 신부와 이야기를 나누러 갔다. 그들의 이야기는 잘 풀려 갔다. 다만 다음 수련자 그룹이 짜여지는 1940년 8월까지 열 달을 기다려야만 하는 것이 유감이었다. 그러나 자기 생애의 진로를 바꾸어야겠다고 안달인 머튼에게는 그 기간을 참고 기다린다는 것이 영원처럼 느껴졌다. 그 해를 기다리는 사이, 에드먼드 신부는 머튼에게 박사 학위 논문을 쓰는 동안 콜럼비아에서 강사직을 얻으라고 권했다.

프란치스꼬회의 권고에 따라 그는 고해를 하고 매일 미사에 참석하여 성체성사를 받았다. 친구들은 그가 참으로 행복해 보인다고 말했다.

그는 콜럼비아에서 영어 작문 강의를 하는 한편 계속 글을 써서 출판사에 청탁했지만 실을 수 없다는 거절의 편지를 받았다. 그러던 중에 「미로」에 호의를 보이면서 장차 작품을 쓰는 데에 도울 뜻이 있는 나오미 버튼을 만나게 되었다. 그녀는 머튼의 대행인이자 친절한 비평가일 뿐 아니라 삶의 친구였다.

1940년 4월, 머튼은 쿠바로 부활절 여행을 떠났는데 그 목적은 코블 성모 성지를 순례하는 한편 여행을 하자는 데 있었다.[121] 순례와 여행 모두 진지한 것이었다. 순례지라고만 할 수 없는 아바나의 여러 곳을 걷고 있을 때도 어른으로서의 삶 속에서는 전혀 느끼지 못했던 티없이 맑고 소박함에 휩싸이는 기분이 들었다.

---

121. SSM 279.

아바나에 있는 성 프란치스꼬 성당의 미사 봉헌중에 머튼은 많은 어린 학생들 가운데 하느님이 현존하시는 놀라운 체험을 했다.

종이 다시금 세 번 울렸다. 아무도 머리를 쳐들기 전에 갈색 수도복을 입은 수사의 맑은 외침, "나는 믿습니다 …"라는 말이 침묵을 깨뜨렸다. (나는 믿건대) 어린 아이들이 일제히 그렇게 크고 힘찬 맑은 목소리로, 게다가 얼마나 한마음으로 의미심장하게 열렬히 그를 따라 외치는지 나의 감각(나의 눈은 그곳 성당에 있는 것들을 꼼꼼히 볼 수 있도록 뜨고 있었다)을 통해서는 특별한 무엇을 인식하지도 보지도 못한 채 청천벽력처럼 무엇인가 내 안에서 폭발할 것만 같았다. 나는 내 앞, 나와 제단 사이 성당 중심 어딘가 확실치 않은 곳에(혹은 자리가 없어 다른 어떤 곳에) 더없이 완전무결하고 의문의 여지가 없이 확실하게 그러나 바로 내 눈앞에 혹은 감각을 초월한 무엇인가 나의 인식에 드러나는 그분의 모든 정수, 모든 위력, 영광 속에 하느님께서 함께하시며 당신의 영광을 묵상하며 당신의 이름을 찬양하는 셀 수 없이 많은 성인들의 빛나는 얼굴로 둘러싸여 계시다는 것을 인식했다. 게다가 내 앞 오른편에 계시는 하느님이 천둥처럼 나를 때리고 번개의 섬광처럼 나를 통과하여 정화시켜 지상에서 들어올리는 듯한 정말 흔들릴 수 없이 정확하고 명백하며 즉각적인 자각이 들었다.[122]

『칠층산』에서 머튼은 다시금 그가 체험했던 바를 그리고 있다.

어떠한 가견적 빛과도 무관한 밝은 빛이었고, 일체의 하급의 체험을 무색케 하는 심원한 내밀의 빛이었다. 그런데 무엇보다도 가장 충격적인 것은 이 빛이 어떤 의미로는 "보통" 빛이었다는 점이다. 즉, 숨조차 쉴 수 없게 만들었던 이 빛이 환상적이거나 이상한 점이 전혀 없는 누구에게나 제공되는 빛이

---

122. Thomas Merton, *The Secular Journal of Thomas Merton* (New York: Farrar Straus & Cudahy 1958) 75-8.

었다는 점이다. … 그 자각은 … 어떤 표상이나 비유로도 도저히 표현할 길이 없다. 일체의 감각적 체험을 무시하고 곧장 진리의 핵심을 찌른 것이었다. … 그것은 지식에 속한 것이면서도 한층 더 사랑에 속한 것이었다.[123]

코블 성모 성지에서 머튼은 성모 마리아께 자신이 사제가 되어 당신께 소명을 다하겠노라고 서원했다.

6월경 뉴욕에 돌아오자 머튼은, 그의 양친의 결혼 증명서와 약간의 필수적인 서류들이 이미 인정되어 프란치스꼬회 수련자가 되는 신청이 받아들여졌다는 소식에 접했다. 여름에 접어들면서 코넬 대학 학생인 동생 존 폴을 만나러 이타카로 여행을 떠났다. 존 폴은 아주 절망적으로 보였는데 케임브리지에서의 자신의 모습을 상기시켜 주었다. 존 폴은 톰의 생활 속에서 일어났던 변화에 매혹되었다. 크리스마스 전날에는 톰에게 지지의 표지로 묵주를 주었다. 이타카에서 함께 지내는 동안 동생과 함께 미사에 참례했고 그의 옆에 무릎을 꿇고 바라보았다.

다음으로 간 곳은 머튼, 랙스 그리고 라이스가 다시 한번 소설을 쓰기로 한 올리언이었으며 이번에는 밥 집니와 시 프리지우드와도 합류했다. 머튼은 성 프란치스꼬 대학과 성 보나벤뚜라 대학 부근에 숙소를 정하기로 결정하고 체육관의 허름한 방 하나를 사용하기로 했다. 이런 결정으로 매일 아침 성체를 영할 수도원 성당 가까이 살 수 있었다. 그를 제외한 대부분의 사람들은 프란치스꼬 수

31번가의 프란치스꼬회 수도원

브라더 존 머튼, OFM 81

도회의 신학생들이었다. 머튼은 갈색 수단과 브라더 존이라고 이름을 새긴 가죽 샌들을 신은 자신을 그려보았다.

여름 전에 작가 지망생들이 묵고 있는 산 위 별장에서 오고갔던 이야기는 실제로 유럽에서 일어나고 있는 사건들과는 별 연관이 없는 것들이었다. 1940년 여름이 되자, 유럽 사태에 관한 이야기가 그들의 주요 화제 가운데 하나가 되었다. 벨기에, 네덜란드, 그리고 프랑스 국토의 상당 부분이 독일군에게 점령당했다. 노트르담은 약탈당하고 수도는 전쟁으로 파괴되었다. "우리는 산장에서 밤마다 벽난롯가에 둘러앉아 워싱턴에서 곧 통과될 의무 병역법의 내용이 무엇이며, 우리는 어떻게 대처해야 할 것인지를 의논하였다."[124] 랙스는 이 전쟁이든 혹은 다른 어떤 전쟁이든 전쟁이란 게 옳은 것인지 여부를 생각하고 있었다. 짐니는 확고한 반전주의자는 아니었지만 군에 입대하더라도 전쟁을 견뎌낼 수 없을 것이며 머튼은 이제 곧 징병에서 면제되는 수도회 공동체의 일원이 되면 그에게는 덜 직접적인 문제로 보이기는 하지만 짐니의 입장이 자기의 입장과 비슷하다는 느낌을 받았다.

그러나 여름이 하루하루 지남에 따라 머튼은 자신에게 프란치스꼬회의 성소가 있는지 의문이 생기기 시작했다. 그 의문은 일면 그에게 대단치 않게 보이기 시작한 프란치스꼬회 수도생활에 대한 막연한 실망감 때문이었다. 그러나 그를 가장 괴롭힌 것은 댄 월쉬 교수나 에드먼드 신부에게 자신이 살아온 이야기를 단편적으로밖에 설명하지 않은 점이었다. 중요한 부분, 자신이 영국에서 한 아이의 아버지였다는 온갖 사실의 대부분은 말하지 않았다. 그는 프란치스꼬회가 단지 자신이, 톰 머튼의 진정한 면모가 아니라 일면일 뿐인, 표면적으로 남 앞에 내놓을 만한 성실해 뵈는 얼굴을 한 젊은이여서 받아들여졌다는 결론을 내렸다. 거듭 생각해 본즉 "누구라도 올바른 정신으로는 나를 사제직에 적합한 인물로 여기기는 전혀 불가능하다는 것이 뚜렷이 나타나기 시작했다."[125]

---

124. SSM 292-3.　　125. SSM 296.

뉴욕으로 돌아온 그는 에드먼드 신부를 만나 자신이 살아온 이야기 중에 하지 않았던 부분을 털어놓았다. 신부는 머튼에게 그가 했던 이야기에 대해 하루 정도는 생각해 봐야겠노라고 했다. 그 다음날 그는 머튼에게 그의 지원서를 철회하라는 요구를 했다.

머튼은 "이제 나는 영원히 사제가 되지 못할 것 같았다"라고 적었다. 그는 넋이 빠진 채 7번로에 있는 성당 고백실로 가서는 어떤 일이 있었는지를 신부에게 말하려고 애쓰면서 주체할 수 없도록 울음을 터뜨리기 시작했다. 신부는 머튼에게 그와 같은 사람은 누구나 어떤 수도원에도 성소가 없으며 더구나 사제직은 어림도 없다고 말했다. "그는 내가 그의 시간을 쓸데없이 낭비하고 있다고 납득시켰다."[126] 완전히 포기해야 한다는 기분이 들자 머튼은 성당의 한 좌석에서 얼굴을 묻은 손가락 사이로 눈물이 흘러내릴 때까지 울었다. 수도회 공동체 생활과 사제 소명의 길이 막히긴 했다 하더라도, 머튼은 자신이 아무리 개인이라지만 더욱더 종교생활에 전념해 나갈 수 있을 것이라는 생각이 들었다.

게다가 계속해서 매일 미사에 참석하는데다 네 권으로 된 성무일도서를 사서 수도회의 성무일도를 바칠 낮 동안의 일부 시간을 비워 놓았다.

"내게는 평신도의 명상생활의 성소에 관한 고상한 이론이 전혀 없었다"고 그는 자신의 자서전에서 회고하고 있다. "사실, 나는 내가 시도하는 삶을 성소라는 명칭으로써 고상하게 만들 생각이 없었다. 오직 내가 은총을

과달루페의 성모 성당

---

126. SSM 298.

원한다는 것, 기도를 필요로 한다는 것, 하느님 없이는 무력하다는 것, 사
람들이 하느님 곁에 머물러 있기 위해 하고 있는 모든 일을 나도 하기를 원
한다는 것뿐이었다. … 이제 내 마음을 사로잡고 있는 것은 오로지 하느님
께 나를 끌어당기시기를 애걸하면서 이 지겨운 짐을 어깨에 지고 한걸음 한
걸음 나의 언덕을 오르는 당장의 실천 문제뿐이다."[127]

---

127. SSM 301.

성 보나벤뚜라

내가 기억하는 것이라고는 파괴뿐이다.

1940년 가을, 머튼은 올리언의 성 보나벤뚜라 대학에서 영어 강사직을 얻었다. 수도회는 그에게 45달러의 월급에 방과 식사를 제공했다. 그는 자기 방문에 몇 가지 성상, 즉 「성흔을 입은 성 프란치스꼬」, 「선교사 성 도미니꼬」, 「마리아와 예수」, 뒤러(독일 화가)가 그린 「예수 탄생 예고」 그림 등을 압정을 눌러 붙여 놓았다.

"나는 2학년생, 큰 세 개 학급, 총 90명의 학생들에게 1년 동안에 베어울프로부터 낭만주의 부흥기까지의 영문학을 가르쳐야 했다. 그리고 판독할 줄조차 모르는 학생들이 많았으나 그것은 내게 그다지 큰 걱정이 아니었고, 『피어스 플로우만』과 『수녀와 사제의 이야기』 … 때문에 행복이 줄어들 수도 없었다. 어린시절 내 마음을 사로잡았던 잔잔하고 익살맞은 중세기 분위기, … 12~14세기의 보리빵과 포도주와 물방아와 우마차만큼 건실한 진짜 중세기 — 시토회 수도회와 초기의 프란치스꼬회의 시대 — 로 되돌아갔다."[128]

머튼이 가르치는 학생들은 운동 선수에서부터 신학생까지 광범위했다. 특히 축구 선수들을 가르치는 게 얼마나 재미있는지 미칠 지경이었다. 그들은 "아주 호인에다 성격이 좋고 신학생들만큼 공부도 열심히 했다. 또한 그들은 매우 수다스러워서 내가 토론을 시킨 … 책들에 대해 평하기를 좋아했다. (그들은) 내가 책에 대해서 그들을 가르친 것보다 훨씬 더 많이 인간에

---

128. SSM 305-6.

대한 가르침을 나에게 주었다." 신학생들은 말수가 적었다. "그들은 그들 자신의 원작임을 입증할 수 있는 솜씨 좋은 숙제를 제출하였다." 머튼에게 놀라웠던 점은 그 학생들의 기질이나 인생의 야망에 상관없이 그들 모두 "현대 세계가 인간에 의해 최고도로 발전된 상태에 있고, 우리 현대 문명은 더 이상 바랄 것이 없다"[129]는 견해를 공유하고 있어 보였던 것이다.

머튼에게는 성 프란치스꼬 시대가 가장 훌륭해 보였다. 성 보나벤뚜라 대학에 있는 동안 프란치스꼬 제3회 운동을 함께 했다. 회원들은 옷 아래 스카풀라 ― 프란치스꼬 수도회 수단으로 사용되는 옷감과 비슷한 두 개의 작은 갈색 천으로 된 옷 ― 를 입었다. 머튼에게 스카풀라는 자신이 수도회 안의 공식 회원 자격이 없다 할지라도 일종의 수사라는 표지 구실을 했다. 머튼은 기도뿐만 아니라 식탁에서도 수도 생활에 정진했다. 육식을 줄였지만 전혀 안 먹을 수는 없어 죄스러움을 느꼈다. 오랫동안 탐닉해 온 영화와도 싸워야 했다. 영화 관람을 줄이는 일이 육식을 삼가는 일만큼 어려웠다.

그에게 사소한 결점만이 있었던 건 아니다. 과거 독신자로 살려고 했지만 이루지 못했다. 그 사건은 그의 자서전에서 넌지시 암시됐을 뿐이다. "만일 내가 욕망에서 놓여나고 자유를 위해 싸우지 않아도 된다고 생각했다면 더 이상 그런 환상을 품을 기회는 없었을 것이다."[130]

머튼은 유럽에서 확대되어 가는 전쟁 생각이 머리에서 떠나지 않았다. 목초지와 전쟁터 사이를 이어주는 끈을 항상 알아차린 머튼은 일기에서 이렇게 쓰고 있다. "계곡은 기름 저장 탱크로 가득하고 그 기름은 폭격기의 연료를 대기 위해 사용된다. 일단 폭격기들은 연료 공급을 받고 나면 무엇인가를 폭격하는 데 대체로 기름 탱크를 찾아 폭격하게 되어 있다. 기름 탱크가 있는 곳이면 어디든지 공장이나 철로나 아니면 안락하게 꾸며진 집안 어디라도 그리고 이 세기의 진보된 장소 등 그 어디라도 조만간 폭격될 것이

---

129. SSM 308.

130. SSM 301; 출간되지 않은 일기(1965년 1월 30일)에서 별도 언급; Mott 162도 참조.

틀림없다. 그러니 내가 전쟁을 속속들이 이해하고 있다고 자처하지 않는다
하더라도 … 나는 이 점은 상당히 알고 있다. 즉, 무슨 일이 일어날지 아는
것만으로도 그 순간 모든 재산을 포기하고 자청해서 가난해지는 일이 아주
중요해 보인다."[131]

머튼은, 언젠가 교구 주교에게 왜 자기 수도회 회원들은 재산을 소유할
수 없는지 설명했던 성 프란치스꼬의 영향을 받았을지도 모른다. "우리에게
재산이 있다면 그 재산을 방어할 무력이 필요하게 될 것입니다. 재산은 다
양한 방법으로 하느님의 사랑과 우리 인간의 사랑을 모두 파괴하는 소송과
전쟁을 일으키기 때문입니다. 그래서 우리 회원들은 재산을 소유하지 않을
것입니다."

머튼은 성 보나벤뚜라 대학에서 강의를 하는 동안 그가 썼던 소설 「나의
나치 탈출 일기」(1969년에 『게슈타포와의 나의 논쟁』이라는 이름으로 출판
되었다)에서 전쟁에 관한 생각을 나타낼 수 있는 주된 표현 기법을 터득했
다. 이 소설은 미국에서 전쟁으로 파괴된 런던으로 돌아온 한 시인의 귀향
이야기이다. 주인공은 미국 출생이긴 하지만 이름을 제외하고 모든 묘사에
서 머튼이나 다름없는 국적 없는 인물이다. 소설의 주인공은 "나는 국적이
따로 없을 정도로 수많은 나라에서 살아 왔다"[132]고 설명하고 있다.

주인공은 왜 돌아왔느냐는 질문을 받자 대답한다. "싸우고 싶지 않아서"
라고. 그는 자신이 뭔가를 쓰러 왔다고 말한다. 뭘 쓸 작정인데? "난 내가
기억하고 있는 것들이 파괴되어 버렸음을 … 이야기할 셈이지만 파괴란 이
미 이전부터 있어왔던 것이고, 내가 기억하고 있는 것은 오로지 파괴뿐이기
에 보기만큼 의미있는 건 아니다."[133]

나중에 다음 질문이 덧붙여졌다. 즉, 전쟁을 일으킨 것은 독일의 잘못이
아닌가? "그들이 전투를 시작했다는 의미에서는 그렇다." 독일이 죄가 있다
는 그런 의미는 아닌가? "나도 부분적으로 전쟁에 책임이 있다는 의미에서

---

131. *Secular Journal* 110.　　　132. **MAG** 21.　　　133. **MAG** 26-8.

는 그렇지만 그외는 죄란 말의 의미를 모르겠다." 그러나 전쟁을 일으킨 것은 국가들이다. "국가는 존재하지 않고 어떤 것에 대해 책임질 수도 없다. 국가는 국민으로 구성되고 국민은 그들이 한 일에 책임이 있다." 그런 경우, 히틀러는 범죄자이다. "그는 범죄자일지 모른다. 나는 그 점에 대해 완전히 알지 못한다. 그는 다른 어떤 사람보다도 죄가 많을지 모르지만 그 사람만이 유일한 전범자는 아니다. … 내가 아는 것이라곤 세상에 어떤 일이 일어난다면 일면 나에게도 그 책임이 있다는 점이다."[134]

주인공은 꼬치꼬치 캐묻는 장교에게 설명한다. "당신은 어떤 사람을 그의 생일과 주소, 신장, 심지어 눈빛을 제시함으로써 그의 신원을 확인할 수 있다고 생각한다. 그러한 정보는 당신이 만일 총탄을 무수히 맞은 시체와 맞부딪치게 될 때 그의 육신에 맞는 꼬리표를 다는 데 도움이 되겠지만, 그 사람 자체에 대해서는 아무것도 말해 주지 못한다. 그럴 때 인간은 대상으로 떨어질 뿐 인격을 지닌 인간은 아니다. 이제 당신은 전쟁 때문에 투덜대겠지만 전쟁이란 인간이 일련의 번호표가 달린 육체로 취급되는 세계 상황이다. 전쟁은 당신의 인생 철학에 완전히 부합하는 상황이다. 즉, 당신은 당신 자신이 믿고 있는 여러 가지를 위해 전쟁은 믿을 만한 것이라고 생각한다. 만일 내가 똑

런던 폭격 (배경은 성 바울로 대성당)

134. MAG 76-7.

같은 것을 믿고 그런 거짓에 의해 행동하는 한, 내게도 역시 전쟁에 대한 복합적인 책임의 일단이 있다. 그러나 당신이 나를 파악하려 한다면 내가 어디에 살며, 무엇을 즐겨 먹는지, 머리는 어떻게 빗는지 묻지 말고 내가 구체적으로 무엇을 위해 살아가고 있는가 그리고 내 인생 목표를 위해 힘껏 살아가지 못하도록 막고 있는 것이 무엇이라고 생각하는지 물어라."[135]

이 책은 한 인간이 그가 지은 구체적인 죄뿐만 아니라 세상을 파괴하고 있는 죄의 연대 책임을 고백하는 것으로서 타자기로 쓴 자전적 소설이다.

그 소설은 또한 전쟁중에 그가 직접 무슨 일을 했는가의 고백이다. 아무도 죽이지 않았다. 로마 점령의 전제 정치하에서 무장하지 않은 삶을 살고 병든 자를 치료해 주는 삶을 산 예수의 말씀과 생애에서 어떠한 죽임의 초대도 보지 못했다. 13세기에 성 프란치스꼬는 수사와 수녀들뿐만 아니라 평신도를 위한 평화론자의 규범이 쓰여진 초대교회의 비폭력을 새로이 증거하기 시작했다. 성 프란치스꼬 제3회의 규칙은 회원이 무기를 소지하거나 어떤 이유에서건 무기를 사용하지 못하도록 금하였다.

머튼이 병역 의무 명단에 오르자, 전장에서 비무장 의무원으로서 비전투 요원이 되어야겠다는 마음의 준비를 하기도 했으나 양심적 병역 거부자가 되었다. 자기 일기에, 의무원 역할을 하면 "하느님의 형상과 모습을 본떠 만들어진 인간을 죽이지 않고 부상자를 치료하고 생명을 구하는" 신성한 율법을 지킬 수 있다고 썼다. 화장실을 파는 일만 하게 된다 하더라도 그것이 "사람을 살상하는 것보다는 하느님께 더 큰 영광"[136]이 된다고 생각했다.

머튼은 15년 후에 자서전을 쓰면서 많은 독자들을 깜짝 놀라게 한 자신의 결심을 피력했는데, 그 결심은 냉전 초기에 한 것으로 보인다.

(하느님은) 세계 각국을 심판하라거나 각 국가의 행위 뒤에 숨겨진 윤리적·정치적 동기를 밝히라고 하시지 않았다. 그분은 내가 전쟁에 관련된 모든 사

---

135. MAG 160-1.　　136. St. Bonaventure Journal, 1941년 3월 4일.

람들의 유·무죄를 가리는 몇 가지 중대한 판결을 통과하라고 요구하시지 않으셨다. 그분은 당신의 진리, 당신의 선하심, 자비, 복음 … 을 사랑하는 행위가 되는 선택을 하라고 내게 요구하신다. 그분은 내가 그리스도께서 … 행하셨다고 생각하는 바를 알고 있는 그대로 행하라고 이르셨다. 마침내, 그리스도께서 무엇이든 가장 보잘것없는 내 형제에게 해준 것이 나에게 해준 것이라고 말씀하셨다.[137]

머튼이 입대 신체 검사를 받자 총을 무장하든 안하든 어떤 병역에도 적합하지 않다는 판정이 내려졌다. 군인은 일정한 개수의 치아가 있어야 했다. 머튼을 진료한 치과의는 머튼에게 이가 부족하다고 진단을 했다. 그는 1등급 B로 분류되었는데 1등급 A를 받은 사람만이 징집되었다.

신학교는 머튼이 있을 자리가 아니었다. 학생들이 지은 죄와 그 결과가 너무 지루하게 지속되었다. 전쟁터도 있을 자리는 아니었다. 그러기에는 너무나 도덕적이고 치아가 부족했다.

갑자기 바뀐 자신의 미래 모습에 부딪혀, 머튼은 자신이 또 다른 종류의 전쟁터, 즉 켄터키에 있는 트라피스트 수도원에 대해 생각하고 있음을 깨달았다.

부활절 휴가를 보내기에 좋은 곳이라는 판단을 했다. 그는 4월 5일 성지 주일 전야에 수도원에 도착했다.

---

137. SSM 311-2.

게쎄마니와 할렘

이곳이 아메리카의 중심이다.

1941년 성주간이었다. 런던의 거대한 지역이 황폐화되었다. 커븐트리는 파괴되었다. 머튼이 그의 생애중 상당 기간을 살았던 나라가 피와 연기의 땅이 되어버렸다.

사태는 사람들에게 출전해야겠다는 확신을 심어준 반면 머튼은 다른 방향으로 밀어냈다. 머튼은 히틀러가 표방하고 있는 것들을 나치가 의존하고 있는 방법, 즉 협박 및 폭력과 살인으로 좌절시킬 수 없다고 믿었다. 머튼이 확신하건대, 악에 적절히 대응하는 유일한 방법은 성덕밖에 없었다. "오직 하나의 방어는 복음을 문자 그대로 받아들이고 성인이 되는 데 있다."[138]

유혈 참사에 참여하지 않겠다는 결심을 새로이 하고 머튼은 그리스도의 십자가 고난을 수도적으로 회상하고 그분의 부활에 참여하기 위해 게쎄마니 수도원에 도착했다.

수도원 객실에서 옷가방을 풀고 머튼은 드디어 자신이 갈구하던 중심지를 찾아냈다는 판단으로 가슴이 설레었다. 그는 일기에 다음과 같이 썼다. "나는 이 책의 모든 페이지와 그밖의 내가 썼고 여기서 쓰기 시작한 것들을 모조리 찢어 버려야겠다. 나는 국가를 결합시켜 주고 전세계가 산산이 부서지고 조각나지 않도록 받쳐주는 것이 무엇일까 생각해 왔다. 그것은 바로 이 수도원 같은 곳이다. 물론 이 한 곳만이 아니라 다른 곳도 분명 있을 것이다."[139]

---

138. *Secular Journal* 267.   139. *Secular Journal* 183.

닷새 후 성 토요일, 머튼은 이렇게 털어놓았다. "나는 오로지 하나, 하느님을 사랑하길 갈구한다. 그분을 사랑하는 이들은 그분의 계명을 지킨다. 나는 오로지 하나, 그분의 뜻을 따르고자 한다. 나는 적어도 그분의 뜻이 무엇을 의미하는지 깨달음이 일도록 간청했다. 내가 언젠가 이 수도원의 수사가 될지도 모른다는 의미일 수 있습니까? 나의 주님이요 나의 임금님이신 나의 하느님!"[140]

그러나 명백히 모순된 의문, 즉 자기 자신의 과거가 프란치스꼬 수도회에 받아들여질 수 없었던 것이었다면 트라피스트회도 비슷한 반대를 하지 않겠는가?

부활절 월요일, 그가 수도원 바깥 세계로 돌아와서 보니 자신이 더욱 이방인 같다는 느낌이 들었다. 심지어 여자들 옷까지도 전쟁 분위기를 타고 군대 기장을 멋으로 치장하여 붙이고 있었다. 독일군이 이집트에 상륙했다는 중대한 뉴스도 있었다.

여름학교에서 단테를 가르치기 위해 성 보나벤뚜라 대학에 돌아온 머튼에게 어떤 강사를 만나러 감으로써 또 다른 성소의 가능성이 열렸다. 그 강사는 러시아 귀족 집안에서 태어났다고 해서 남작부인이라는 별명이 있는 카트린느 드 휴그 도헤르티였다. 도헤르티는 사회 정의에 대한 교회의 가르침을 애써 실천에 옮기고 있는 할렘의 가톨릭 평신도 공동체인 "우정의 집"을 설립한 사업에 대해 설명했다. 알아듣기 쉽게 이야기하는 남작부인은 신부들이 "잠꼬대 같은 소리"라고 이의를 제기하자 그에 대답했다. 머튼은 조금도 당황함이 없이 그녀가 순교자들에 대해 말하는 방식에 깊은 인상을 받았다. "그녀가 몇 가지에 대하여 말하는 방식은 … 당신이 무엇이든 어떤 실천을 하고 … 세상의 명리를 끊고 완전히 가난한 생활을 하고 그러면서도 매우 구체적인 일을 하고 특정한 모양으로 가난한 사람들에게 헌신하라는 식이었다."[141]

---

140. *Secular Journal* 203.　　　141. St. Bonaventure Journal, 1941년 8월 4일.

그녀가 옷을 나누어 주는 걸 도와 줄 사람을 찾고 있다고 말하자 머튼은 자원했다.

콜럼비아 대학 시절 머튼은 할렘 부근 건너편에서 수년 동안 살아 왔지만 그곳에 어떤 것이 있는지 제대로 보거나 흑인가는 무얼 의미하는지 이해하지 못했다. 이제 머튼은 레녹스 거리 135번가에 있는 "우정의 집"에서 매주 몇 시간씩 보내면서 지옥을 면키 어려울 인종차별이라는 대죄를 목격했다. 피부색 때문에 수백만 명이 인간 이하의 취급을 받는데다 자기네들 스스로도 그런 식으로 생각하도록 내몰리고 있다. 머튼은 할렘을 "뉴욕 시와, 도심지에서 돈을 벌며 사는 부자들에 대한 하느님의 고발"[142]로 보았다.

머튼은 빈민가가 표상하는 모욕감을 결코 떨쳐버릴 수가 없었다.

> 여기 이 거대하고 더위에 푹푹 찌는 어두운 빈민가에는 수십만의 흑인들이 가축처럼 떼지어 살고 있었다. 그 중 대다수는 먹을 것도 할 일도 전혀 없었다. 격심한 인종차별 가운데에서 좌절된 소망과 비애 그리고 깊은 반감이 그들을 덮쳐 누르고 무거운 쇠고리처럼 얽매고 있는 것이다. 선입관이 뛰어넘을 수 없는 장벽으로 꼼짝못하게 가두고 있다. 이 거대한 가마솥 속에는 자연적 은혜, 지혜, 사랑, 음악, 과학, 시가 짓이겨져서 … 부글부글 끓어오르도록 방치되고 수백만의 영혼이 파괴되고 있다.[143]

그러나 사회가 파괴되고 삶이 망가진 그런 형편없는 상황에도 불구하고 머튼은 대부분의 아이들뿐만 아니라 어른들이 발산하는 할렘의 아름다움에 놀랐다. 머튼은 무더운 여름 저녁 "우정의 집" 계단에 앉아 있는 나이든 부인을 기억하고 있다. "피곤으로 지쳤으나 차분히 가라앉은 그 거룩한 얼굴에서 순교자의 인내와 기쁨 그리고 감출 수 없는 성덕의 빛과 … 눈에 빛나는 깊이를 헤아릴 수 없는 평화가 역력해 보였다."[144]

---

142. SSM 345.　　　143. SSM 345.　　　144. SSM 348.

"우정의 집" 창설자 캐서린

"우정의 집"에서 일하는 자원 봉사자들의 작은 공동체가 보여 준 신앙과 할렘에서 받은 환대는 머튼으로 하여금 자신의 소명을 다시금 생각하게 해 주었다. 남작부인과 러시아 홍차를 한 모금씩 마시면서, 머튼은 할렘을 자신의 가정처럼 가꾸고 그 일을 자기 삶으로 삼겠다는 말을 했다. 그러한 선택에는 트라피스트 수도회에서는 금지하리라 여긴 글을 쓸 여유가 있다는 부차적 이점이 있었다. 또 한편으로는, 게쎄마니에 대한 매력이 점차 강렬해진 탓도 있었다.

로드 아일랜드 주 프로비덴스 시 부근의 계곡에 있는 성모 수도원에서 9월초쯤 닷새 동안 피정을 하면서 머튼은 자기의 선택 때문에 고심하고 그 선택을 한 자기 자신의 동기를 헤아려 보려고 애썼다. 그는 남작부인에게 자신의 당혹스러움에 대해 편지를 쓰면서 자신이 프렛첼 비스켓마냥 묶여 있다고 묘사했다. 예수께서 모든 것을 버리라고 명하신 부자 젊은이 이야기를 읽고 머튼은 마크 반 도렌 교수에게 "나를 죽이는 것은 이도 저도 아닌 불완전함이다"라고 토로했다.[145]

성 보나벤뚜라 대학에 있는 자기 방에서 11월 27일 밤 머튼은 자신의 일기에 "할렘으로 가야 하나, 아니면 트라피스트회로 가야 하나? 왜 트라피스트회의 그 이상이 내 머리에서 떠나지 않을까? 아마 나는 글을 쓰지 못하는 것이 아닌가 두려워하고 거절당할까 저어한 것 같다. … 아마도 할렘에 가서 사는 것이 나의 독립을 고수하고 글을 쓸 기회를 갖고 내가 세상 가고

---

145. Mark Van Doren 교수에게 보낸 편지, 1941년 11월 28일; *The Road to Joy: Letters to New and Old Friends* [이하 Road로 약칭] Robert E. Daggy 편 (New York: Farrar Straus & Giroux 1989) 13.

싶은 곳은 어디든지 갈 수 있다는 데 집착한 것 같다. … 그렇게 하는 것이 그리스도를 따르는 훌륭하고 합당한 방법이 아닌가. 그러나 트라피스트회로 가고 싶은 마음이 불같이 일어나고 경외와 갈망으로 가득해 있다. 나는 몇 번이고 생각을 번복했다: "모든 걸 버려, 버리라구."[146]

머튼은 자신이 트라피스트회에 끌리고 있는 마음에 대해 수도자 중의 한 사람인 필로테우스 신부와 이야기를 나누면서 가장 중요한 문제, 즉 한 아이의 아버지라는 사실이 사제직에 어쩔 수 없는 장애가 되는지 물었다. 필로테우스 신부는 자신의 견해로는 극복할 수 없는 장애란 하나도 없으며 머튼이 다음으로 해야 할 일로는 크리스마스 방학 동안 게쎄마니에 가서 그 문제에 대해 수도원장과 의논하는 게 어떻겠느냐고 권했다.

"나는 (필로테우스 신부) 방을 뛰쳐나와" 머튼은 12월 6일 남작부인에게 이렇게 편지를 썼다. "내가 「떼 데움」(감사노래)을 기억할 수 있는 만큼 다 송영하면서 교내 성당으로 가서 얼굴을 묻고 기도하고 전능하신 하느님께 트라피스트 회원으로 가입할 수 있도록 허락해 달라고 간청하며 매달리기 시작했습니다."[147]

우정의 집

146. *Secular Journal* 269.   147. HGL 10.

성당을 나서면서, 마침내 머튼은 기꺼이 다시 한번 거절당할 각오를 했다. 그날 밤 게쎄마니의 원장신부에게 편지를 썼다. 며칠 후 수도원장은 오라고 허락하는 답장을 보냈다.

원장신부의 답신과 함께 징집위원회에서 머튼에게 제2차 신체 검사를 받으러 오라는 편지가 왔다. 즉, 치아에 관한 규정이 바뀌어서 그는 아마도 당장 징집되어도 될 1등급 A를 받을 것이다. 머튼은 징집위원회가 자신이 수도원에 있을 동안은 신체 검사를 연기할 것이라 확신하고 예정보다 빨리 가도 좋을지 원장신부에게 묻는 편지를 쓰고 그의 소유물을 정리하기 시작했다. 즉, 그의 원고들은 마크 반 도렌 교수에게, 일기는 카트린느 드 휴그 도헤르티에게, 그의 옷가지들은 "우정의 집"에, 책은 대학 도서관에 주었다. 그가 간직한 것은 성서와 성무일도서, 『그리스도를 본받음』한 부, 십자가의 성 요한에 관한 책, 제랄드 맨리 홉킨즈의 시선집, 윌리엄 블레이크의 작품집, 하룻걸음에 갈 여행에 필요한 최소한의 옷과 묵주가 다였다.

그는 드디어 밥 랙스에게 "암거를 벗어나 맑은 숲속으로 간다"[148]고 말했다.

12월 9일, 국회가 일본에 전쟁 포고를 한 다음날 머튼은 자신의 은행 계좌를 없앴다. 12월 10일에는 기차로 켄터키에 있는 천상의 모후 성당을 향하여 여행을 떠났다.

---

148. Bob Lax에게 보낸 편지, 1941년 12월 6일; Road 163.

루이스 수사

내가 가장 하고 싶은 모든 것을 이제는
어떤 간섭도 받지 않고 온종일 애써 할 수 있다. …
나는 안으로 들어서자마자
전이나 지금이나 전혀 낯설지 않은 집에 와 있다는
느낌이 들었다.

12월 13일, 머튼은 돔 프레드릭 더네 수도원장과 면담을 한 뒤 매일 성무일과 기도에 참석하며 사제 서품을 준비하는 수도회의 일원인 일단의 수사 지망자로 받아들여졌다.

1942년 2월 21일 삭발하고 수련생이 입는 흰색 수단을 입었다. 새롭게 태어남을 나타내기 위해 프레터 마리아 루도비쿠스, 다시 말해 브라더 메리 루이스라는 새로운 이름을 받았다. 모든 트라피스트회 수도자들은 앞에 메리라는 이름을 붙이는데 메리는 수도회 후원자였다. 머튼이 받은 고유 이름은 13세기에 프랑스를 통치했던 개혁가 국왕의 이름을 따 루이스라고 지었다. 그 이름은 프랑스 태생인 수련생에게 어울려 보였다. 그때 폐렴을 앓고 있던 수도원장은 새로 입회한 수련자들에게 질병, 슬픔, 굴욕감이나 단식 등 인간이 본성적으로 싫어하는 모든 것, 즉 십자가 외에는 그 어떤 것도 기대해서는 안된다고 열성적으로 경고했다.

머튼은 몇 년 동안 트라피스트 생활을 하는 가운데 격렬한 욕망의 많은 부분이 수그러지는 변화를 겪었다는 생각이 들었다. 오늘날 게쎄마니의 수사에게는 조그만 자기 방과, 세상과 소식을 주고받을 수 있는 자유와 그리고 겨울에는 따스함이 있다. 1941년 머튼이 받아들인 생활은 지금보다 더욱 엄격했다. 수사들은 겨울에는 매우 춥고 여름에는 더위로 지치게 하는 숙소에 짚을 깐 판자 위에서 잠을 잤다. 잠자리는 어깨 높이의 칸막이로 분리되어 있었다. 그해 절반은 단식으로 보냈다. 대체적으로 식사는 빵과 감자에다 사과 한 개 그리고 간혹 가다 커피를 곁들여서 먹는 것이 특징이었다. 부활절과 크리스마스와 같은 "축일"에도 고기나 생선 그리고 달걀 등은 전혀 나오지 않았다. 과거나 지금이나 성당에서 다함께 오랜 시간, 약 하루에 8시간 가량 기도를 한다. 그 당시에는 성당 창문에 낀 서리가 얼기 전에는 불을 때지도 않았다. 트라피스트회 수사들이 입는 속옷은 그때까지 15세기적 디자인이었다. 더운 물은 일주일에 이틀간 나왔다. 더군다나 그들의 육신에 체벌을 가하는 "단련" ― 금요일은 자기 잠자리에 앉아 주의기도를 암송하는 한편 각 수사들은 옷을 하나도 걸치지 않은 등을 작은 채찍으로 내리쳤다 ― 이 있었다. 규율을 어기면 참사회에서 공개적으로 비판을 받게 된다. 수련자의 개인 소지품은 필사실 안의 작은 상자에 보관된다. 그리고 중세 시대 이래 별로 달라진 것이 없는 연장으로 고된 노동을 했다. 바깥 소식은 수사들에게는 거의 전달되지 않았다. 의사 소통은 주로 기도 및 노동이나 음식과 연관있는 사백여 가지의 손 동작을 사용하는 손짓으로 했다. 편지는 특별히 허용되는 경우를 제외하고 일 년에 딱 네 차례 보낼 수 있었다. 즉, 부활절, 성모승천 대축일, 모든 성인들의 축일 그리고 크리스마스 때 보낼 수 있는데, 편지는 네 페이지 반 정도만 쓸 수 있고 모든 편지는 장상이 읽은 다음 부치게 되어 있었다. 우편물을 받아보는 것도 보통은 바로 같은 축일로 제한되어 있었다.

성가를 부르는 수련자들은 일주일에 네 시간이나 다섯 시간 정도 수업을 받는데 베네딕도회의 규율 연구, 영성생활, 전례, 노래 등이 주요 내용이었다. 수련자들은 때때로 수련장에게 개인 상담을 하기도 하고 이따금씩 원장 신부와 만나 이야기를 하기도 한다. 매일 농사일이나 청소, 또는 목재를 자르는 일 등 노동을 몇 시간씩 하게 되어 있다. 트라피스트 생활을 설명할 때면 항용 묵언에 관해 언급하는데 실제로 사생활은 존재하지 않는다.

그것은 머튼에게 쉽지 않았다. 그는 건강이 좋지 않았고 마음 속에 간직한 비밀이 있는데다 짚 냄새를 좋아하지 않았던 때문이다. 그러나 트라피스트 생활과 관습을 기쁘게 받아들였다. 그는 갇혀 있다는 기분이 들기는커녕 자유를 만끽했다. 그가 수도원을 처음 방문했던 기념일에 다음과 같이 기록했다. 수도원은 "모든 것이 사리에 맞는 … 곳이다. 이제 내가 가장 하고 싶어하던 온갖 것을 어떤 간섭도 받지 않고 온종일 할 수 있다. … 안으로 들어서자마자 전이나 지금이나 전혀 낯설지 않은 집에 와 있다는 느낌이 들었다."

어렵고 불확실했던 시기인데다 공동체 생활에 대한 요구와 강요로 인한 차질이 있긴 했지만 처음 몇 년 동안 머튼은 주로 확신의 생활, 성장, 하느님께서 현존하신다는 깨달음에 대한 글을 썼다. 그는 1942년 4월 마크 반 도렌 교수에게 보낸 편지에 "가슴 벅찬 생활"이라고 써 보냈다. "굉장한 생활이지요. 우리가 수행하는 활동이나, 고행, 또는 전례나 영송의 어떤 하나의 측면이나 짚을 깐 판자 위에서 자는 잠, 단식, 노동, 더위로 흐르는 땀, 노래, 침묵 때문에 그렇다는 것은 아닙니다. 이런 모든 것은 그 자체로는 전혀 중요할 것이 없는 아주 단순한 활동입니다. 그러나 생활의 온전한 통일성은 엄청난 것입니다. … 삶은 실제로 하나입니다. … 삶의 통일성의 기초는 하느님의 유일성에 있습니다. … 그분의 단순함이 우리의 생명입니다. 우리는 그분의 유일성 안에서 살아갑니다. 즉, 우리는 오직 그분께 집중하여 살아갑니다. … 놀라운 것도 무리는 아닙니다. 생명은 하느님이며 … 그리스도는 트라피스트 회원이 궁극적으로 행하고 숨쉬는 일체 모든 것의 시작이자 끝입니다."[149]

11월에는 랙스에게 "내게 놀라운 것은 내가 이곳에서 행복하다는 데 있는 것이 아니라 이곳이 아닌 어디에서도 행복했다고 스스로를 속이려고 하는 데 있다"고 쓰고 있다. 머튼은 미사를 "하느님의 무한한 어지심"을 선포하

---

149. Road 15.

는 미사 전례 용어를 사용하는 "천사들의 엄숙하고 복잡한 연극"으로 묘사했다. 그리고 랙스에게 자신의 동료 수사들에 대해 이렇게 언급했다. "그들이 어디든지 다른 곳에서 랙스 너를 놀라게 하는 얼굴을 하고 있는 다른 사람들과 다를 바 없는 이들임을 깨달았다. 이곳에 온 사람들은 원래 한결같이 지하도에서 만날 법한 평범한 사람들이다. 그러나 차이가 있다면 여기서 수사들은 요령있는 자에 대해 주의를 하지 않는다는 점이다. 나의 많은 동료 수사들은 실제로 성인들이다. …" 가장 감동스러운 일은 그들이 "하느님의 현존 안에 있으면서 우리가 공기와 빵을 먹고 살듯 그분의 뜻에 따라 살고 있다는 사실이다"[150]고 머튼은 결론지었다.

수도원에서 첫 몇 해 동안 쓴 그의 시와 일기에 따르면, 전쟁과 억압, 야심과 경쟁이 소용돌이치는 세상에서 탈출해 나온 수사들은 흔히 자기가 유배생활중에 있다는 격정적인 기쁨을 발견한다. 수도원에는 일종의 천국에 있는 듯한 분위기가 깃들어 있다. 그러나 수도원에 지하 세계를 도망쳐 나오지 못한 사람들과의 유대감도 아직 남아 있다. 수도원에 입회한 첫해에 보낸 편지에서 머튼은 자기 친구들에게 "맞고 채며 살해당하는 사람들, 어떻게 도울 수조차 없는 사람들을 위해 저녁 내 눈물로 기도한다"고 전했다.

살해당한 이들 중에는 로얄 캐나다 공군에 입대한 머튼의 아우 존 폴도 있었

수도승 초년의 머튼

150. Road 164-7.

다. 두 형제의 생활은 대개는 반대 방향에서 이루어졌는데, 톰이 영국에서 돌아와 콜럼비아 대학에 입학하자 점차 가까워졌으며 종교적 변화를 공유해서라기보다는 함께 영화를 보러 다니면서 더욱 가까워졌다. 존 폴은 군대에 들어가서야 비로소 자기 형을 따라 성당에 갔다. 그 당시 그는 비행 정찰 하사였는데 폭격기 승무 요원이 되는 훈련을 받아 군사 활동과 공중전에 참가하여 형에게 심한 걱정을 안겨 주었다. 그러나 그들의 관계는 더욱 깊어 갔다. 존 폴은 첫 군사 훈련을 마치고 폭격 비행 중대에 합류하기 위해 영국으로 가기 전인 1942년 7월 게쎄마니에 들러 톰을 만나 세례를 받았다. 사흘 동안 톰은 존 폴에게 가톨릭 그리스도교 기초 교리를 가르쳤다.

  이렇게 새로이 그들을 이어주는 끈이 생기긴 했지만 여전히 그들은 떨어져 있을 수밖에 없었다. 『칠층산』에서 가슴을 사무치게 하는 장면 가운데

게쎄마니 수도원

하나인, 머튼이 손짓으로 동생에게 성당 맨 윗층 신자석에서 내려와 자기와 함께 있자고 청하는 장면을 우리는 목격한다. "존 폴이 제복을 입고 혼자 무릎을 꿇고 있었다. 그는 까마득히 멀리 있는 것처럼 보였다." 그들 사이에는 자물쇠가 걸린 문이 가로막고 있었다. 머튼은 그에게 소리를 질러 객사를 돌아오는 길을 말해줄 수도 없었다. 그는 손짓 신호로 호소했지만 동생 폴은 이해하지 못했다. "그 순간 몇 십번씩이나 … 돌로 동생을 쫓아 버렸던 어린시절이 뇌리를 스쳐갔다. 그리고 지금 느닷없이 여기서 그 일이 재연되고 … 존 폴은 건너올 수 없는 먼 거리에서 어찌할 바를 몰라 서글프게 서 있었다."[151]

그로부터 아홉 달이 지난 1943년 사순절 중에 게쎄마니로 전보가 왔는데 J.P. 머튼 하사가 전투중에 실종됐다는 소식이었다. 곧이어 사망 통지서가 날아왔다. 며칠이 더 지나자 존 폴이 마지막으로 보낸 날들에 대해 상세히 적은 편지가 왔다. 폴이 탄 폭격기가 북해에 추락했다. 존 폴은 중상을 입었지만 다른 동료들과 함께 살아남아 비상 고무 보트에 떠 있었다. 그는 나흘째 되던 날 죽어 수장되었다.

반전론자요 수사인 머튼은 군인 동생을 위해 자기 수도생활을 봉헌하면서 시를 썼다.

> 사랑하는 아우야
> 내가 잠이 들지 못하면
> 나의 눈은 너의 무덤에 핀 꽃
> 내가 빵을 먹을 수 없다면
> 나의 단식은 네가 죽은 자리에 버들가지되어 살리라
> 무더위 속에 나의 목마름을 가셔줄 물을 찾지 못하면
> 나의 목마름은 너, 가련한 여행자를 위한 … 샘물이 되리라

---

151. SSM 398.

오너라, 나의 노동 속에 쉴 자리를 찾아

나의 슬픔 속에 너의 머리를 누이려무나

차라리 나의 삶과 피를 팔아

너를 위해 더 나은 침대를 사려무나

아니면 나의 숨결과 죽음을 팔아

너를 위해 더 나은 안식을 사거라

전쟁터의 모든 이가 사살되고

군기가 먼지 속에 쓰러질 때

네 십자가와 나의 십자가가 사람들에게 가만히 말하리라

그리스도께서 우리 각자를 위해 너와 나를 위해 죽으셨다고

너의 4월의 조난 속에 그리스도께서 살해되시고

나의 봄의 폐허 속에서 그리스도께서 눈물지으신다

그분의 눈물의 보화가 떨어져

너의 가냘프고 의지할 곳 없는 손 안에 들어가

너를 너의 땅으로 되사 오리라

그분의 눈물의 침묵이 떨어져

너의 낯설은 무덤에 종을 치리라

듣고 오너라 그 종소리

너를 고향으로 부르고 있으니.[152]

부모, 조부모 그리고 아우가 죽고, 혼자 살아남은 머튼은 수도원 생활 속에 더욱 깊이 몰입했다. 1944년 3월 19일, 그는 종신서원을 하기 전에 삼 년 이상 치러야 할 시험에 전념하겠다는 유기서원을 했다.

---

152. **SSM** 404.

1949년 『칠층산』을 출간할 무렵의 머튼

토마스 머튼 대 루이스 수사

우리 중에 하나가 죽어야 한다는 것을
아무도 이해하는 것 같지 않다.

게쎄마니에 들어가면서 머튼은 작가로서의 열망을 포기하고 "하느님 안에서 녹아 없어지고자"[153] 했다. 눈에 띄고 영향력이 있으며 명성을 갖고 유명해지고자 하는 자신의 야망에 흠칫 놀랐다. 그러나 글을 쓰고자 하는 충동은 사라지지 않을 것이었다. 게쎄마니에 도착한 바로 그날부터 일기를 쓰지 않고 곧이어 시 쓰는 것도 억제했다.

『칠층산』 마지막 쪽을 보면 머튼은 자신의 작가로서의 자아를 봉쇄 구역까지 따라들어온 그림자임과 동시에 토마스 머튼이라는 이름을 가진 적으로 언급하고 있다. "우리 중에 하나가 죽어야 한다는 것을 아무도 이해하는 것 같지 않다."[154] 그의 순명 서원의 가장 어려운 시험 중 하나는 어떤 문제들에 관하여 자기 자신의 생각을 옆으로 접어두는 일이었다. 글을 쓰지 않고자 하는 시험이 한층 더 어려웠는지도 모른다. 자신과의 어려운 싸움에서 작가 쪽이 꾸준히 승리했다. 그러나 하느님께서는 애초부터 작가를 의중에 두셨음에 틀림없다.

머튼은 트라피스트 수사들은 지성적 작업을 미심쩍어하지만 제본업자 겸 출판업자의 아들인 돔 프레드릭 원장신부는 책을 사랑해서 노 수사인 레이몬드 신부의 출판물을 진즉 정리해 놓았다는 것을 알고 있었다. 돔 프레드릭은 저술에 대한 격정이 혼재되어 있는 수련자를 알아보자 머튼에게 시를

---

153. SJ 18.   154. SSM 410.

계속해서 써 보라고 격려하고 여러
가지 저술 계획을 잡아주기 시작했
다. 머튼은 때때로 글 쓰기를 거부
하고 한번은 기회를 얻어 수도회 총
원장에게 호소했다. 그러나 그것은
허사였다. 그의 고백신부가 그에게
시를 쓰는 걸 중단하라고 명한 짧막
한 시기가 있었는데 원장신부는 다
른 결정을 했다. 그의 장상들은 머
튼이 하느님께 받은 재능이 공동체
에 유익하다고 믿었고, 공동체를 육
성하는 데 도움이 되는 책무로 인식
했다.

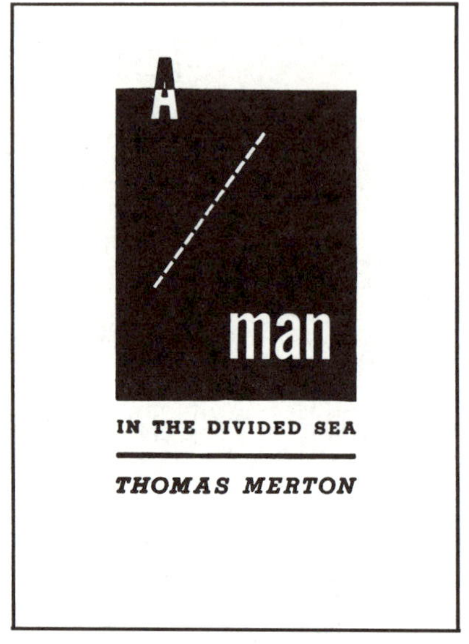

　1942년 그의 시 가운데 한 편이 『뉴욕 시민』에 실리고 『시집』에 네 편이
실렸다. 그의 첫 책 『30편 시집』은 1944년 뉴 디렉션의 제임스 레플린에 의
해 출판되었고 두번째 『갈라진 바다 속의 한 남자』는 2년 후에 선을 보였
다. 일곱 권이 넘는 모음집이 나오고 마지막으로 성서 크기의 『시 모음집』
이 머튼 사후에 출판되었다. 『갈라진 바다 속의 한 남자』를 준비하는 동안
머튼은 그의 책에 자신의 세속명만 표기하고 저자 사진이 나오는 것은 묵인
되어서는 안된다는 명령을 받았다. 그의 나머지 생애 동안 내내 그 규칙이
지켜졌다. 오랜 세월 동안 독자들은 머튼이 어떻게 생겼는지 상상도 못했다.
　수련기 동안 머튼은 자신의 생활 이야기를 쓰고 싶은 유혹을 털어놓자 그
의 고백신부가 웃음을 터뜨렸다. 1946년 3월 돔 프레드릭은 머튼에게 자서
전을 써보라고 격려했다. 제임스 레플린에게 보낸 편지를 보면 머튼은 자신
의 책이 "단테의 연옥과 카프카가 혼재되어 있으며 중세의 모방극"[155]과도

---

155. James Laughlin에게 보낸 편지, 1945년 3월 1일; Mott 226 참조.

비슷하다고 설명했다. 이미 마음속으로는 책 제목을 단테의 연옥의 이미지에서 따와 『칠층산』으로 붙였다. 1946년 5월, 머튼은 돔 프레드릭에게 다음 몇 년 동안 쓸 준비를 하고 있던 여러 가지 책 목록을 적고 수도회의 축복을 구하기 위한 비망록(수도회 참사회에 돌리기 위한 것, 삼인칭으로 씌어졌다)을 주었다. 트라피스트의 역사, 시토 수도회 수사 성인들의 전기집, 묵상에 관한 책, 수도 공동체 생활에 관한 책, 고대 시토 수도회 전례 연구 등이 그 책 목록이다. 세 쪽에 달하는 목록 가운데 마지막 항목은 "유럽에서 태어나 예수님의 자비로운 사랑에 의해 수도원으로 인도받기 전에 공산주의에 깊숙히 빠졌으며 현대적 대학 생활을 체험한 예술가의 아들인 게쎄마니의 한 수사의 … 전기집"[156]이었다.

창작 생활을 잠시 포기할지 여부 결정을 유보하고 돔 프레드릭의 후원으로 머튼은 자서전에 상당한 힘을 쏟았다. 카프카, 모방극, 단테까지 모두 직설적인 표현을 선호하는 경향이 있었다. 그러나 책의 제목에 걸맞게 원고는 산더미만해 갔다. 머튼은 9월경 "나는 타자기로 쳐서 650쪽을 밑돌게 쓸 수가 없다"고 레플린에게 편지를 썼다.[157]

1946년 10월말경, 머튼은 원고를 자신의 대행인 나오미 버튼에게 보냈다. 나오미 버튼은 원고를 읽는 데 수주간이 걸렸다. 12월쯤 버튼은 로버트 기록스에게 원고를 주었다. 기록스는 콜럼비아 대학에서 해군에 입대했다가 지금은 하코트의 편집장이고 브레이스는 뉴욕에 있다. 책이 적자는 보지 않을 것 같다는 기록스의 보장으로 출판사는 머튼과 계약을 맺기로 동의했다. 기록스는 머튼에게 전보를 보냈다. "원고 수락, 즐거운 새해가 되길."

좋은 소식 뒤에 나쁜 소식이 따라왔다. 1947년 봄에 수도회의 검열관 중의 한 명이 출판을 거의 막다시피 했다. 그는 무엇보다도 원전에서 성욕과 음주에 관한 내용을 마음에 들어하지 않았는데, 산문 형식에 짜증을 냈다.

---

156. Chrysogonus Waddell, *The Merton Annual,* volume 2, 1989, 69.

157. Mott 227 참조.

그는 머튼에게 또 다른 책을 쓰기 시작하기 전에 영문법 통신교육 강의를 받아보는 게 어떻겠느냐고 제안했다. 차례차례 삭제하고 고쳐 써서 머튼의 초기 생활에서 더 큰 논쟁의 여지가 있는 사건들은 숨기고 때마침 1948년 아씨시의 성 프란치스꼬 축일인 10월 4일까지 연기하라는 요구를 받았다.

　기록스는 "그 책은 나나 그 누구에게도 확실해 보이지 않았는데, 그것은 국내적인 현상이었다. 다만 그 책이 '전적으로 옳아' 보였다."[158] 초판은 7,500부를 찍었다. 재판이 나오기 전에 벌써 주문 부수 20,847부가 팔려나갈 것으로 예상되었다. 재판 20,000부는 발행일에 앞서 필요했다. 10월에는 5,900부 이상 주문을 받고 11월에는 13,000부, 12월에는 31,000부의 주문을 받았다. 하루에 10,000부의 주문을 받은 기록을 세우기도 했다. 1949년 5월, 기록스는 저자 선물용으로 특별히 가죽 장정을 입혀 십만 부를 직접 전달했다. 헝겊 장정을 한 『칠층산』의 원판은 육만 부 이상이 팔려나간 한편, 보급판은 수백만 부를 육박해 갔다. 책은 1948년 이래 계속해서 인쇄를 거듭해 갔다. 에블린 워프가 서문을 쓰고 편집한 영국판 『선택된 침묵』이 뒤이어 나왔다. 급기야는 16개 국어로 번역되어 출간되었다. 머튼은 게리 쿠퍼가 주인공이 될지 어떨지 혹 책이 헐리우드에서 영화화되지 않을까 하는 생각이 들었다.[159] (사실 영화 상영은 결국 책 판매에 기여했지만 원장신부와 머튼은 영화 상영을 거절하는 게 어떨까 하는 생각을 했다.)

　그 책의 놀라운 인기도는 어디에 있는가? 얼마간은 찰리 파어커가 색소폰을 연주하듯 자유롭게 언어를 구사하는 작가에 의해 구술되는 뛰어난 이야기가 갖는 장점에 있다. 한편으로는 시의적절했다는 데 있다. 독자들은 머튼이, 불과 몇 년 전만 해도 죽이고 죽는 것이 가치있어 보였던, 사회 질서를 철저히 비판하는 소리를 기꺼이 들을 자세가 되어 있었다. 연합국에 의해 자행된 폭격은 도시들을 쓸어 없애고 수백만의 민간인 사상자를 냈다.

---

158. Robert Giroux: *Merton by Those Who Knew Him Best*, Paul Wilkes 편 (New York: Harper & Row 1984) 20.

159. SJ 110.

독일인과 일본인들에게만 죄가 있는
것은 아니었다. 기록스에 의하면 "가
공할 전쟁으로 만사가 변화되었어야
했으나 1947년까지는 전혀 아무것도
바뀌지 않았음이 분명해졌다. 사실상
도처에서 다시 전쟁이 발발하기 시작
했던 것이다."[160]

그보다 한층 중요한 요인은 머튼의
감화되기 쉬운 신앙생활에 대한 열성,
스스로 선택한 가난, 고행 그리고 기
도와 하느님의 자비에 대한 열렬한 고
백이었다. 『칠층산』은 인간의 행복이
주로 적당한 음식, 좋은 일자리, 안락
한 집, 그리고 활발한 성생활에 있다
는 생각에 이의를 제기하는 감동적인
책이었다.

『칠층산』에도 몇 가지 결함은 있었다. 즉, 가톨릭 신자가 아닌 사람들을
빈정대려는 시도, 트라피스트회보다 덜 엄격한 가톨릭 수도회를 묘사함에
있어 비하하는 태도, 정말 영적 순결이라는 높은 수준에 다다르고자 하는
사람들은 결국 수사가 된다는 암시 등이 그것이다. 만년에 머튼은 자신이
했던 판단과 자신이 얼마나 편협했던가에 놀랐다. 그러나 그 책이 가지고
있는 강점은 그 책의 결점을 쉬이 메우기에 충분했다. 『칠층산』은 여태 씌
어진 이야기 중에 가장 마음을 끄는 개종 이야기 가운데 하나로 남아 있다.

『칠층산』의 독자들에게 그 책이 갖는 중요성은 판매로만 나타난 건 아니
었다. 답장을 다 보낼 수 없을 정도로 엄청난 편지가 머튼 앞으로 답지했

---

160. Robert Giroux, *Merton by Those Who Knew Him Best*, 20.

다. 하는 수 없어 수도원 인쇄기로 인쇄한 서신으로 답장을 보낼 수밖에 없었다. 명성이 그를 괴롭혔고 글을 쓴다는 것이 권장할 만한 것인지 깊은 의문을 들게 했다.

그러나 계속해서 글을 써갔다. 새 시집 『요한 묵시록의 숫자』가 1947년에 출간되어 좋은 호응을 받았지만, 마더 베르크만스의 전기 『유배생활이 영광 중에 끝나다』는 다행히도 빨리 잊혀졌다. 트라피스트의 역사 『실로에의 바다』는 1949년에 출판되어 좋은 읽을 거리로 남아 있다. 같은 해 또 하나의 시집 『눈먼 사자의 눈물』과 많은 출판물과 번역물로 나간 짤막한 묵상들을 모아놓은 명상집 『묵상의 씨앗』이 출판되었다. 성 루타가르데의 전기 『이 상처는 무엇인가』는 1950년에 출간되었다. 머튼이 수련 기간 동안 썼던 이 책은 신물나는 사탕발림의 가톨릭적 신심서의 표본이다.

그의 책들은 잘 팔려 나갔으며 어떤 책들은 몇 년씩 검사를 거쳤지만 머튼은 모든 책 하나하나에서 문제를 발견했다. "어디에서 내가 그런 신심깊은 수사적 표현을 다 얻었을까?" 머튼은 식사중에 『유배생활이 영광중에 끝나다』를 모두 함께 읽으면서 자신이 고통을 겪어야만 했을 때 왜 그 고통을 겪어야 했는지 어리둥절했다. "(그 책은) 우리 교구 사제관에서 대접받은 적이 있었던 정말 맛없는 치즈 가운데 하나였다."[161] 상당히 더 나은 책 『묵상의 씨앗』까지 그를 괴롭혔다. 머튼은 자신의 일기에 "이 책은 인간의 애정과 따뜻함이 담겨 있지 않다"고 적었다.[162] 또한 『실로에의 바다』 대부분이 "주제넘다"고

---

161. SJ 109.　　　162. SJ 165.

생각했다.[163] 『요한 묵시록의 숫자』를 교정한 정오표를 적은 쪽은 머튼으로
하여금 자신에게 넌더리를 내게 했다.[164]

"하느님의 사랑을 제대로 표현하지 못한 서툰 책은 탐탁치 못한 책으로
남아 있다"[165]고 그는 자신을 꾸짖었다.

---

163. SJ 14.　　　　164. SJ 72.　　　　165. SJ 59.

서 원

하느님은
그리스인의 부엌에서 냄비를 닦던
사도들과 더불어
온 세계를 발효시켰다.

대체적으로 수도자 생활 일반과 특히 트라피스트 수도자 생활을 최선을 다해 가능한 한 상세하게 소개한 자서전을 쓰고 일단 그 책이 마무리되자 머튼은 성가대에서 노래할 때 심란해서 어쩔 줄 모르고 하느님의 현존에 대한 모든 감각을 상실해 갔다. 과다한 작업량으로 괴로워하던 어느 날 자기 일기에 자신이 쓰기로 마음먹은 열두 권의 책과 소책자 목록을 적었다. 불면증에 시달리는데다 자신이 정말 트라피스트회에 소속될지 안될지 점차 커져가는 의문으로 괴로워했다.

그는 카르투시안회 ─ 개인의 사생활을 고도로 보장해 주는 수도생활의 한 방식이며 카르투시안 수사들은 공동체 내에서 사는 은수자들이다 ─ 를 자주 머리에 떠올렸다. 머튼이 보기에 트라피스트회 수사들은 실제로 사생활을 버리고 대부분 관상생활의 분위기에 휩싸여 살고 있었다. 수도회 검사관으로 인한 어려움이 따르자 일순간 화가 나서 그는 땀나게 하는 트라피스트회의 윤리에 화살을 퍼부었다. "트라피스트회 수사들은 그들이 희생을 치른 모든 것이 하느님의 뜻이라고 믿는다. 수사들에게 고통을 겪게 하는 모든 것이 하느님의 뜻이다. 땀을 흐르게 하는 것이 있다면 그것도 하느님의 뜻이다. 그러나 우리는 육체적인 힘을 전혀 들이지 않는 일에 대해서는 심각한 의문을 가지고 있다. … 우리는 우리가 녹초가 되었다고 해서 크나큰

일을 했다고 생각한다."[166] 더욱 울적한 순간에는 머튼은 자신이 "우정의 집"
과 "게쎄마니" 사이에서 한쪽을 선택하려 했을 때 카르투시안회를 알지 못
했던 걸 유감으로 생각했다.

한편 자신의 내면에서 꿈틀거리며 되살아나는 방랑벽을 해소하기 위해 고
심하는 문제가 있었다. 그는 1949년초에 이렇게 적고 있다. "나에게 천성적
으로 방랑생활을 하는 꿈을 꾸게 하는 무엇인가가 있다." 그는 성 베네딕도
조세프 라브레처럼 몸에 벼룩이 기거할 만큼 떠도는 고결한 방랑자들을 동
경했다. 자신이 "명성은 있으나 비참하다"[167]는 생각이 들었다. 자신이 "닭장
에 갇힌 오리"[168] 같다는 느낌이 들었다.

머튼의 원장신부와 고백신부 모두 하느님께서 그를 게쎄마니로 데려와 여
기에 머물도록 의도하셨다고 역설했고 머튼은 그때마다 매번 그 말에 동의
했다. 머튼은 1947년 1월 종신서원을 하기 바로 직전 다음과 같이 적었다.

> 내가 카르투시안 수도회로 도망치고 싶은 유혹을 받는 것은 정말 불합리하
> 다. … 하느님께서는 내가 항상 날마다 기도에 전념하는 데 많은 시간을 보낼
> 수 있는 곳에 나를 있게 하셨다. 언제나 그 선을 넘어서 하느님과의 단순한
> 관상적 합일에로 들어갈 기회가 있다. … 나는 어떤 다른 상황에서는 극도로
> 빠르게 기도에 정진할 수 있을지 모른다고 상상할 정도로 어리석었다. … 〔하
> 느님〕께서는 이곳에 나를 있게 하셨고 … 그분이 나를 다른 어떤 다른 곳에
> 있게 하고자 하신다면 당신은 누가 그렇게 하고 있는지 의심할 여지 없는 그
> 런 방식으로 하실 것이다.[169]

"중요한 것은 관상을 위해 사는 것이 아니라 하느님을 위해 사는 데 있다"
고 스스로 다짐했다. "여러분은 여행을 멈추는 즉시 도착한다."[170]

---

166. SJ 41.   167. SJ 154.   168. SJ 89.
169. SJ 22.   170. SJ 28.

1947년 3월 19일, 성 요셉 축일에 머튼은 가난, 정결, 순명, 끊임없는 회개, 정착된 생활, 게쎄마니의 수도원장과 관련된 모든 것에 평생을 걸겠노라는 서약을 했다. 서원은 마음깊이 느끼고 숙고한 것이지만 의문은 떨쳐 버리지 못했다. 종신서원을 한 몇 달 후 머튼은 도서관에서 동료 수사가 찾아낸 지난 세기말에 있었던 모든 (카르투시안회) 수도원 사진을 보고 몹시 기뻤지만 도서관 안에서 동료 수도자에게 들켜서 '뜨거운 죄책감으로' 어쩔 줄을 몰랐다."[171] 유명한 베네딕도 수사가 카르투시안회 수사가 되었다는 소식은 머튼을 부러움으로 가득 차게 했지만 그는 자신이 카르투시안회 수도원에 열중하는 것은 진심에서 우러난 것이 아니라는 걸 깨달았다.

머튼이 수도원 공동 침실에서는 거의 잠들지 못한다는 것을 눈치챈 돔 프레드릭은 계단 위의 작은 방을 사용하게 해줌으로써 그가 점점 더 끈질기게 추구하던 고독을 조금이나마 맛보게 해 주었다. 건강이 머튼을 방해했지만 그는 병에도 축복 — 묵상할 수 있는 여가가 양호실에서 요양할 수 있는 환자가 됨과 동시에 생긴다 — 이 있다는 것을 알았다. 그는 요양소에 있으면서 일기에 "혼자 작은 방으로 들어서자마자 나는 다른 사람이 되었다"고 썼다. "기도는 의당 있어야 하는 것이 되었다. … 여러분 자신을 하느님께 내맡기는 일 이외에 하는 일이 전혀 없을 때 … 시간은 충분해진다. 원고도 없고 타자기도 없고, 교회를 부랴부랴 왔다갔다하지 않아도 되고 필사실도 가지 않아도 되고 다음번 일이 생기기 전에 일들을 해치우기 위해 힘껏 노력하지 않아도 된다."[172]

죽음이 머튼에게서 그의 양친을 빼앗아 갔었고 게쎄마니에서 7년째 되던 해에 죽음은 또다시 영적 아버지를 데려갔다. 돔 프레드릭은 『칠층산』의 초고를 머튼에게 건네 줄 만큼 오래 살기는 했지만 1948년 8월 4일 세상을 떠났다. 프레드릭은 마지막으로 머튼에게 "사람들이 영성생활을 사랑하게끔"[173] 저술 활동을 계속해 나가라고 권했다. 머튼은 자기에게 프레드릭보다

---

171. SJ 60.　　　172. SJ 95 97.　　　173. SJ 113.

더 친절했던 사람을 그 누구도 기억해낼 수 없었다. 원장신부의 인내는 놀랄 만했다.

머튼이 돔 프레드릭 원장신부에게 그가 아직 살아 있는 동안 불평하고 있던 문제점들이 수도원장이 죽은 다음에는 수그러들었다. 마치 그 늙은 수도자가 자기와 더불어 천당으로 가져간 것처럼. 1948년 9월, 머튼은 수도원에서 느끼는 깊은 희열감과 편안함을 이렇게 묘사했다. "사랑은 집을 돌아 나에게 향해해 온다. 나는 땅에 두 발자국을 내딛고 허공에 네 발자국을 내딛는다. 이것이 사랑이다. 이것이 위안이다. … 사랑은 수도원 도처에 나를 밀어넣고 있다. 사랑은 내가 당신에게 말한 징마냥 여기저기 온통 나에게 부딪쳐 온다, 사랑만이 내가 계속해서 움직이도록 해주는 유일한 원동력이다."[174]

기쁨은 오래 가지 않았다. 다음 2월경 머튼은 자기 내면의 무엇인가가 메말라 보이고 글을 거의 쓸 수가 없다는 것을 알았다. 혼란에 빠지는 느낌이었다.[175] "나는 힘겹게 타자기로 원고 50쪽을 완성했지만 원고를 모두 찢어버리고 다시 쓰기 시작했다."[176] 그가 고심해서 쓴 책은 마침내 1951년에 『진리에 오르기』라는 이름으로 출판되었으며 십자가의 성 요한의 영성을 소개하는 글이었다. 머튼이 좋아하는 신비론자인 십자가의 성 요한과 마찬가지로 머튼은 어두운 길을 걸었다. 머튼은 그 책에서 가장 강렬한 힘이 담겨 있는 한 절에서 "우리는 줄곧 어둠 속에서 걸어가야 한다." "우리는 침묵 속에 여행을 해야만 한다. 우리는 밤에 날아야만 한다." 그러나 『진리에 오르기』는 책을 쓴 많은 시간 동안 작가의 상황을 나타내 주었다. 그 책은 고심한 흔적이 엿보이는 단조로운 이론서이다.

다가오는 서품식에 관한 집념은 머튼의 부동성에 일조를 했다. 그에게 때로 카르투시안회에 대한 매력이 불처럼 일어날 때면 자주 게쎄마니에서의 생활에 짜증이 났다. 그가 이미 써놓은 책이 자신을 쥐어짜는 듯한 기분이

---

174. SJ 120.　　　　175. SJ 157.　　　　176. SJ 125.

드는데다 자신의 명성 때문에 당혹스럽고 때로는 화가 나기도 했다. 그는 자기 앞으로 온 편지들을 잘 처리하려고 늘 애쓰고 있었다. 편지 중에는 이미 인쇄된 카드 대신 직접 답장을 해주기를 바라는 편지들이 많았다. 저명한 방문객들은 그에게 시간과 정력을 요하는 요구를 하기도 하는데 에블린 워프는 머튼에게 구두법을 향상시키고 그의 작품을 훨씬 더 엄격하게 손질해야만 한다고 말했다. 무엇보다도 머튼은 시인으로서 자신의 작품에 대단히 낙담하여 한동안 시 쓰는 걸 포기하기도 했다. 일기 쓰는 일만이 쉽게 되어가는 것 같았다. 아마도 그것은 출판을 목적으로 하지 않아서였을 것이다. 1949년 1월 마지막 날, 그는 작가로서의 활동을 끝낼 것을 고려해 보았다. "창작 활동을 그만두어야겠다는 생각은 나를 괴롭히기는커녕 즐겁게 해주었다."[177]

머튼의 생애에서 가끔씩 불확실성을 더해주는 또 하나의 요인은 새 원장 신부 돔 제임스 팍스였다. 선거로 선출된 돔 제임스는 이백 명의 수사를 보살피고 먹여살리며, 매우 큰 공동체를 수용할 좀더 나은 공간의 확대, 거의 버려지다시피 한 건물 손질 등의 책임자가 되었다. 수도원의 수입은 주로 미사 예물과 기부금인데 그것으로는 태부족이었다. 돔 제임스는 수익이 좋은 농사를 짓고 수도원이 지불능력을 갖출 수 있는 다른 방법을 찾기로 마음먹었다. 하바드 경영대학 졸업생이면서 「월가 저널」의 출자자이기도 한 그는 업무 준비는 잘 했지만 머튼과 같은 사람에게는 쉽게 호의를 보이지 않았다. 원장신부의 실무적인 관리 체제는 머튼을 짜증나게 하는 한편 시끄러운 농기계에 대한 의존도가 높아감으로써 그의 귀를 아프게 했다. 머튼은 공장과 같은 소음을 뒤로 하고 게쎄마니에서 언제 달아날까 궁리했다.

머튼의 사제직 임명식이 두 번이나 연기되었다. 한번은 돔 프레드릭 원장 신부의 죽음 때문이었는데 자신의 고백신부의 제안에 의해 연기되었다. 돔 제임스 수도원장은 사제 서품식을 집전할 준비가 되었지만 먼저 머튼에게

---

177. SJ 151-2.

카르투시안회 수사가 되고자 하는 마음이 없다는 공식 선언을 하고 약속해 줄 것을 요구했다. 돔 제임스는 수도원의 희귀본들을 보관해 둔 방을 머튼 의 새로운 작업실로 쓰도록 배려함으로써 머튼의 기운을 차리게 해 주었다.

1949년 3월 19일 성 요셉 축일에 머튼은 부제 서품을 받았다. 그는 다음 날 성찬식을 거행하면서 어찌할 바를 몰랐지만 매우 행복한 기분이 들었다. "내게 생각나는 것은 오로지 성체를 들어올리는 것밖에 없었다. 내가 과거 에 지내온 생활 때문에 내 머리 위로 교회가 왕창 내려앉지는 않을지 두려 웠다."[178] 그가 곧 성찬식을 집전하게 될 날이 다가오면서 그의 공포감은 날 이 갈수록 깊어갔다. 머튼은 5월 8일자 일기에 "나는 다음 2주 반을 졸도하 지 않고 살 수 있을 것 같지 않다"고 썼다.[179]

그리스도의 승천 대축일인 5월 26일, 머튼은 루이스 수사에서 루이스 신

나무하는 수련자들

178. SJ 170.   179. SJ 186.

부가 되었다. 머튼은 수도원 성당에서 돌 바닥에 엎드려 있으면서 눈물을 참는 것이 아니라 마치 "이와 같은 일을 위해 나 같은 사람을 선택하시다니 얼마나 우스운 하느님인가!"라고 말하는 것 같아 웃음을 꾹꾹 참았다.

머튼은 테레스 랜트폴 자매에게 보낸 편지에서 "내 과거의 죄까지도 하느님의 높고 위로가 되는 엄청난 자비 속으로 던져짐으로써 그림처럼 사라졌다"[180]고 술회했다. 마크 반 도렌 교수에게는 사제직이 자기가 항상 피하려고 노력해 온 완전히 사회적인 기능을 안겨 줄 것이라고 말했다. "현실적으로 순환의 이 종점에서 그 속으로 빠져들어갔고, 그것은 내가 항상 염원하던 대로 나를 만들고 있다."[181]

후에 서품식 동안 초조해했는지 묻자 머튼은 트라피스트회 수사들이 사용하는 손짓으로, 엄지와 둘째 손가락으로 동그라미를 만들고 나서 왼손 둘째 손가락을 사용해 중심점을 만들어 대답했다. 그 뜻은 마침내 자신이 오랫동안 추구해 왔던 모든 것의 중심지에 있다는 침묵의 선언이었다.

---

180. Road 193.　　181. Road 23.

머튼의 서품식이 끝나고 사흘간의 동창회 축제가 벌어졌다. 수년 동안 만나지 못했던 친구들 — 밥 랙스, 에드 라이스, 댄 월쉬, 밥 기룩스, 제임스 레플린, 시 프리지우드 — 이 서품식에서 기쁨을 함께 나누고 그의 첫미사에 참석하기 위해 수도원에 모였다. "마지막에 나는 나를 보러 온 모든 사람들이 찬미가와 전언과 예언을 가지고 혀로 말하고 죽은 자들을 일으켜세울 태세로 우주의 사방에 흩어져 있다는 인상을 받았다."[182]

머튼은 "내가 창작 활동에 대해 비탄에 잠겼던 것은 어리석은 일이었다"고 7월 일기에 썼다. "집필은 다소 참다운 침묵과 고독에 가깝게 해주는 한 가지 방법이다. 게다가 또 집필은 내가 기도를 하는 데 도움이 된다는 것을 알았다. 왜냐하면 나의 일을 잠시 멈추고 있을 때면 내 안의 거울이 놀랍도록 깊이있고 맑고 잔잔해지는데, 그 거울에 하느님이 비치며 마치 그분이 내가 글을 쓰고 있는 동안 내게 가까이 오셨지만 당신이 오시는 것을 목격하지 못하기라도 한 것마냥 두리번거리지도 않고 하느님을 뵐 수 있기 때문이다."[183] 6개월이 지난 뒤 그는 "그 중에서도 유달리 내가 여기 게쎄마니에서 홀로 있으면서 명상에 잠기도록 도와 주는 것이 바로 글 쓰는 일이기에 나의 (글 쓰는) 일은 나의 은수처이다."[184]

---

182. SJ 193.　　　183. SJ 207.　　　184. SJ 269.

고래의 배 속에서

하느님은
당신이 투명하게 꿰뚫고 계시는 세상 안에 계시지만
뭐라고 말로 표현할 수 없을 정도로
성스럽고 너무나 신성해서 뵐 수가 없다.
나의 바다에 있는 크고 깊은 고기는 자줏빛이다.

"미소지은 얼굴로 마리아를 통하여, 만사를 예수님을 위해." 이것은 돔 제임스의 좌우명이지 머튼의 좌우명은 아니다. 머튼은 언제나 표어 중에서도 유달리 종교적인 표어에서 자유로웠다. 그는 돔 제임스의 씁쓸한 웃음을 발견하고 때때로 수도원장인 그의 설교에 짜증스러워했다. "예수님은 우리의 진정한 친구, 가장 친한 단짝이어야만 합니다"[185]고 돔 제임스는 수사들에게 말했다. 머튼이 매료당한 그리스도는, 사귈 수 있는 친구이기는커녕, 성화 속의 그리스도, 즉 변모하신 그리스도였다.

그러나 머튼은 돔 제임스가 필요하다는 점을 거듭 인정했다. 장상과 수도자들 사이의 신학과 인격상의 차이, 그리고 가족적인 모든 불협화음에도 불구하고 상호 깊은 존경심이 있었다. 서로 다른 목소리로 자신들을 표현하면서도 양자가 다 교회와 수도생활에 깊이 투신하고 그것들을 고정 관념으로 바라보지 않았다. 머튼은 돔 제임스를 진정한 목자로 여겼다. 돔 제임스는 수사들이 역할을 서로 바꿀 수 있다고 보지 않았다. 그리고 각 사람을 독창적인 인격으로 알고 독특한 책임과 관심을 요구했다(꽃을 좋아하는 공동체

---

185. 일기, 1957년 3월 30일.

일원을 위해 돔 제임스는 웨이사이드 성당 주임 자리를 만들어 주었다).

돔 제임스의 견해에 따르면 머튼의 불안함과 불안정은 그 근저에 가족 중에 강건하고 애정어린 독실한 가톨릭 신자가 한 명도 없어서 유년시절이 메말랐기 때문이라는 것이다. 그러나 머튼을 위한 제임스 수도원장의 한없는 배려는, 작가로서의 성소가 있다고 머튼을 격려했을 뿐 아니라 그에게 공동체 생활 속에서 핵심적인 사목 자리를 준 사실에서 나타난다. 머튼은 또한 돔 제임스의 고백신부였다.

수도원장은 머튼이 강요하다시피 하는 요구를 충족시켜 주었다. 일기에서 줄곧 불평하고 있듯이, 스스로 거절하는 말을 하기 싫어하는 머튼은 돔 제임스에게 대신 거절을 해주도록 의지했다. 그러나 조만간 위안과 감사하는 마음을 표할 것이었다. 돔 제임스는 머튼이 자기 소명을 파기해 버릴지도 모를 충동을 막아주는 브레이크 역할을 해주었다. 머튼이 수도원장의 과보호 때문에 자주 마찰을 빚었지만 실은 그를 가장 괴롭힌 것은 과보호를 하는 수도원장이 필요하다는 데 있었다.

머튼은 자기 자신의 일과 돔 제임스의 일을 모두 도맡아 했다. 1949년말이 가까워질 때쯤 머튼은 기진맥진했다. "나는 과로로 금방이라도 무너질 것 같은 명상가다"고 그는 12월 20일자 일기에 기록했다:

> 생각건대, 이것이 죄이며 죄의 벌이지만 지금 나는 그것을 유익한 것으로 바꾸고 어떻게 해서든지 성인이 되어야겠다. … 일전에 높다란 새 제대가 봉헌되고 있는 동안 차례차례 환상에서 벗어나고 있는 스스로를 발견했다. 그곳에 있으면서 눈을 감고 앉아 내가 왜 그렇게나 많은 책을 읽고 썼는지, 왜 그토록 많은 말을 했는지, 외면적 생활에만 영향을 준 여러 가지에 왜 그렇게 흥분했는지 생각해 보았다. — 나는 8년 전에 이곳에 왔고 내가 언제 도착했는지를 이미 너무나 잘 알고 있었다.[186]

---

186. SJ 251-2.

그가 지친 요인 중 하나는 수도생활 속에서 새로운 책임을 맡은 데 있었다. 수도원장은 작가로서의 머튼의 재능을 인정하고서는 그에게 수업 준비를 시켰다. 1949년 12월경, 돔 제임스는 수련자들에게 신학을 소개하고 지도하는 수업을 머튼에게 맡겼다. 이때부터 머튼은 수도회에서 6년 동안을 가르쳤는데, 그 수업이 자기가 가르친 수련자들뿐만 아니라 그에게도 응분의 보답을 가져다 주었지만, 그 직분은 많은 시간과 정력을 요했다. 머튼은 4년 동안 수학하던 때보다 수련생을 가르치는 3개월 동안에 신학을 더 많이 알게 되었다.[187]

피로는 병을 불러왔다. 1950년 사순절 마지막 며칠을 요양소에서 보냈다. 9월경에는 루이스빌에 있는 병원에 입원한 결과 다음달에 쉬라는 지시를 받고 수도원으로 돌아왔다. 11월에는 코 수술과 대장염 치료를 받기 위해 병원에 입원해 있었다. 그러다가 12월에 게쎄마니로 돌아와 회복되어 다시 집필을 시작하는 데 열중했다. 3개월도 못되어 성체에 관한 책 『광야에서의 빵』과 『진리에 오르기』를 완성했다. 그는 하코트 브레이스와 책 네 권의 계약을 맺었다.

공중에서 내려다본 게쎄마니 수도원

---

187. **SJ 273.**

돔 제임스 팍스는 게쎄마니의 재정적 자립을 갈망한 실업가였을 뿐만 아니라 수도원 생활에 변화와 개혁의 문을 열어놓았다. 수도원장으로 선출되고 얼마 안되어 그는 서원한 수도회 구성원들에게 울타리에 둘러싸인 땅 — 그들이 일하는 데 필요하지 않으면 수사들에게는 제한되었던 조그만 공간 — 을 넘어 수도원의 사유지를 이용하도록 허락하기 시작했다. 본관 동쪽 첫번째 뜰은 산책과 독서와 명상 장소로 사용되었다. 그런데 1951년 출입이 자유로운 지역이 주요 도로에서 수도원 쪽에 있는 모든 소유지를 포함하여 목초지, 작은 연못들, 숲을 포함한 광활한 지역으로 넓혀졌다. 수련자들은 울타리가 쳐진 동쪽 담을 넘어 울창한 숲까지 접근할 수 있었다. 수도원장은 한걸음 더 나아가 머튼에게 손님을 초대해 수도원 소유지 어디서나 산책할 수 있도록 허락했다. 그 특권은 나중에 다른 수사들에게도 베풀어졌다.

머튼이 맨 앞장을 서기는 했지만 수도자들의 세계가 넓어져 갔으며 수도원 담 안에서 "수도자들은 가끔씩 자신들이 바다 속에서 살고 있는 것 같은 기분이 들어했으니" 시의적절한 조처였다고 당시 수련자였던 돔 존 유데스 뱀버거는 회상한다.[188] 거기에 50여 명이 살고 있었다. 그러나 한때 70명이 산 적이 있는 그 건물들에 거의 300명이 들어차 있었다(그러나 수련자들 가운데 마음을 바꾸어 먹는 수련자의 비율이 높았다. 수도원에서 지내지 못하겠다고 결정한 사람들의 출발은 왕왕 연극 같기도 했다. 어느 날 밤 짚을 간 잠자리 위에 누워 담배를 피우고 있는 것이 발각된 수련자처럼. 그 수련자는 아침에 떠났다).

1951년 6월, 게쎄마니에서 십 년째 되던 해에 머튼은 자신이 얼마나 변했는지를 깨달았다. 즉, "예전의 나와는 상당히 달라졌다. 이 일기를 쓰기 시작했던 이는 죽고 이 일기를 쓰기 시작하여 『칠층산』을 완성한 이 역시 죽었다. 『칠층산』에서 주인공이었던 이는 더군다나 거듭거듭 죽었다. … 『칠층산』은 내가 들어보지조차 못한 사람의 작품이다."[189]

---

188. 저자와의 대화.　　　　　189. SJ 328.

국적 없이 지낸 36년을 마감하고 미국 시민이 되었다. 그 조처는 형식적인 것 이상의 의미가 있었다. 머튼은 미국에 대해 비판하고 시민권을 받기 전에 읽어야 했던, "애기들이 잘 돌아가지 않는 말로 유치하게 써놓은 듯한 시민권에 관한 책" 때문에 짜증스러워했음에도 불구하고 프랑스나 영국에서는 전혀 경험해 보지 못했던 방식으로 미국과 맺어지는 느낌이 들었다. 역설적이게도 수도자가 되면서 그가 떠났던 사회와 덜 소원해지는 것 같았다. 그는 "나는 세상에서 내 자리를 발견하기 위해 수도원에 왔고 만일 세상에서 내 자리를 발견하지 못했다면 수도원에서 나의 시간을 허비했을 것이다"[190] 하고 3월 일기에 쓰고 있다. 루이스빌에 있는 연방 법원에서 6월 22일 그는 국적 취득을 기념하는 의식에 자신이 참여한 사실을 증거한 보고서를 발견했다. 그는 자신의 일기에서 이렇게 설명했다. "이 별난 세상에서, 많은 무리 중에서 보고서에 대해 유일하게 걱정한 사람은 세상을 떠난 트라피스트 수도자다." 엄밀히 말하면 속세를 떠난 한 수도자가 그런 세속적인

스콜라 신학도들 (앞줄 가운데가 머튼)

---

190. SJ 322.

예식에 참석했다는 놀라움이 화제거리가 되었다. 또한 깃발이 휘날리는 50
개 주 분위기와 잘 어울리는 이야기거리였다.

동시에 머튼은 스콜라 신학을 공부하는 학생들 — 사제 서품을 위해 준비
하고 있는 수도자들 — 의 학장으로 임명되었다. 학장 임명은 그를 멀찍이
고독에서 한걸음 떼어놓은 반면 학생들과의 관계는 전혀 예상하지 못한 황
야에로 그를 안내했다. "나의 새로운 황무지는 무엇일까" 하고 그는 자문했
다. "그 이름은 연민이다. 연민의 황야처럼 그렇게 무서우면서 아름답고 그
토록 빈약하면서 풍성한 황야는 없다."[191]

1951년 10월 돔 제임스는 삼림관 일을 만듦으로써 머튼에게 삼림지대에
접근해서 더 많은 고독을 안겨줄 길을 찾아냈다. 그가 하는 일은 수련자들
이 베어놓은 나무를 골라내고 새로운 나무의 조림을 체계화하는 일이었다.
숲을 접하면서 머튼은 위안과 자유를 얻었다. "나는 마치 다른 나라에 와
있는 듯했다"라고 그는 1950년초에 적었다.

새 직함을 달고 머튼은 목재소에 있으면서 전에 한번도 본 적이 없던 수
도원 부지의 여러 지역을 탐사했다. 그가 발견한 한 멋진 언덕을 엘리야가
커다란 소리가 아니라 속삭이는 하느님의 소리를 들은 산 이름을 본따서
"가르멜 산"이라 했다. "가르멜 산"은 12세기에 설립된 "가르멜 명상 수도
회"가 있는 산이다.

"그 산은 온갖 언덕 중에서도 제일 멋진 산이었다"라고 머튼은 1952년 1
월에 자기 일기에 썼다. "그 산은 호수 뒷쪽 남북으로 뻗어 있다. 요정처럼
밝은 나무들이 있는 꼭대기에서 수도자들은 나무가 북서쪽으로 수마일 뒤덮
인 켄터키 이 지역을 모두 굽어볼 수 있다." 그 지역은 은수처로 딱 알맞아
보였다. "나무들이 자기네 침묵으로 나를 도야시켜, 하루종일 그리고 심지
어 성가대에서 노래하며 미사에 참례하고 있을 때조차 내가 숲속에 있는 것
같다."[192]

---

191. SJ 334.　　　　192. SJ 337.

　1952년 2월, 큰 나무 아래 삼나무를 자른 통나무 위에 앉아, 저 멀리 연푸른 언덕들을 바라보며 머튼은 자신의 진정한 자아가, 메마른 육지 세계를 소문으로만 알고 있는 바다 굴 속에 사는 일종의 바다 생물과 같다고 느꼈다. 그가 계획과 연구 ― 괴로운 표면에 닿아 있는 바다의 첫번째 층 ― 에서 자유를 얻고 나자 두번째 층, 소용돌이가 미치지 못하는 저 깊은 바다 속에서 살았는데 그곳에는 "평화, 평화, 평화 … 가 있었다. 우리는 물고기들 가운데서 살랑살랑 물결치듯 그 속에서 기도한다. … 생각건대, 말씀은 이 두번째 층에서 솟아나지 않는다. 말씀은 그곳에서 흠뻑 잠기도록 되어 있을 뿐이다. 사회화에 관한 의문은 이들 바다에 관심을 기울이지 않는다. 말씀은 누구의 전유물도 아니다. … 설사 말씀이라는 성스러운 식물을 혼란시킨다 하더라도 전혀 의문의 여지가 없다. 중립 지역에 다름 아니다. 사람의 바다는 아니다. 나는 하느님께서 나에게 이 두번째 층에 관해 쓰도록 의도하셨다고 생각한다." 더 한층 깊이 내려간 머튼은 더 이상 물처럼 흐리지 않고 공기처럼 순수한 짙은 어둠 속에서 물질하는 세번째 층을 인식했다.

　　별빛, 넌 그 별빛이 어디에서 오는 건지 모른다. 달빛은 이 기도 속에서 고요하게 구세주를 기다리고 있다. … 어두운 밤일지라도 온갖 것에 지성이 담겨 있다. 여기에 사변은 전혀 없다. 깨어 있을 따름이다. … 모든 것은 영이다. 여기에서 하느님은 흠숭을 받으신다. 사람들은 하느님의 오심을 알아차린다. 기대하는 순간 하느님을 받아들일 수 있다. 기대하기 때문에 받아들일 수 있다. 그러나 하느님은 도착하신 것보다 빨리 지나가셨다. 그분은 오시기도 전에 떠나셨다. 하느님은 영원히 되돌아오셨다. 그분은 아직 지나가시지 않았고 이미 그분은 영원히 없어지셨다. 하느님이시면서 하느님이 아니다. 모든 것이면서 동시에 아무것도 아니다. 빛도 아니고 어둠도 아니며, 높지도 낮지도 않고 이쪽도 저쪽도 아니다. 영원히, 영원토록. 하느님이 지나가시는 바람 속에 천사들이 "그리스도께서 가버리셨다"고 외친다. 그리하여 나는 천사들의 날개가 일으키는 미풍 속에 죽은 채 누워 있다. … 네 안에, 네 저변 그리고 네 위, 네 사방에서 하늘을 찾기 위해 흔들어 깨우는 기묘한 것이 있다. 너의 정신은 하늘과 함께 있는 정신이며 모든 것은 분명한 밤이다.[193]

지능 발달이 늦은 아이들이 자기네 방식대로 머튼에게 그려준 몇 장의 그림 중에 많은 그림은 바다에서 올라왔던 고래 속의 예언자 요나를 그린 것들이 었다. 머튼은 그 그림들을 자기가 게쎄마니에 도착한 이래 본 유일한 진짜 예술 작품으로 바라보면서 요나를 진정한 자아의 상(像)이라고 생각했다. 요나가 자기의 참된 정체를 충분히 실현하는 방법은 모두 자신이 그 속에 묻힌 고래였다. "그리스도 안에서 세례를 받은 … 많은 이들이 요나와 고래 사이의 차이를 간파하는 데 어려움 없이 심연에서 올라왔다. 그 고래는 우리가 사랑하는 고래이다. 요나는 바다 한가운데 버려져서 헤엄쳤다. … 우리는 고래로부터 요나를 얻어내야만 한다."[194]

---

193. SJ 338-9.   194. SJ 340-1.

타임 광장의 은수자

성인과 명상가는 매를 연구해야 한다.
왜냐하면 매는 자기가 할 일을 알고 있으니까.
매가 자기 할 일을 알고 있는 것처럼
나도 나의 일을 알고자 한다.[195]

1953년에 출판된 『요나의 기적』 서문에서 머튼은 이렇게 쓰고 있다.

> 예수님께서 당신을 이해하지 못한 세대에게 약속하신 표지는 "예언자 요나의
> 기적", 즉 당신 부활의 표지였다. … 우리 모든 그리스도 신자는 그리스도 부
> 활의 위력에 의해 살고 있기에 우리 모두는 요나의 기적에 의해 표지를 받는
> 다. 그러나 내 자신의 삶은 특히나 세례, 수도자 신분, 사제 서품이 내 존재
> 의 뿌리에까지 각인된 커다란 표지로 봉인되었다는 생각이 든다. 바로 요나
> 처럼 내가 역설이라는 배 속에서 나의 운명을 향해 여행을 하고 있는 자신을
> 발견하기 때문이다.[196]

게쎄마니는 역설적인 곳이다. 수도원 생활에는 연민이라는 황무지와 전쟁터
가 모두 함께 있다.

전선(戰線)에서 머튼은 수도원이 돈을 벌 수 있는 방법을 궁리하고 있는
자기 자신을 이따금씩 발견한다. 수도원을 빚에서 벗어나게 하기 위해 돔
제임스 수도원장이 생각해낸 사업 중 하나가 게쎄마니의 농작물이었는데,

---

195. SJ 275.　　　　196. SJ 11.

수도원에서 만든 치즈를 살펴보는 수도자

치즈, 베이컨, 훈제 햄 그리고 부르봉 맛이 나는 과일 케이크 등을 만들어 판매하도록 수도자 한 명을 두었다. 생산품은 관리소에 딸린 가게와 우편 주문에 의해 방문객들과 주문한 사람들에게 팔았다. 수도원 부지에 목초를 재배했고 게다가 한동안은 담배도 재배했다. 수도자들이 "작은 피츠버그"라는 별명을 붙인 수도원 공장에서 둥글게 뭉쳐 만든 사료로 칠면조와 경주마들을 길렀다. 그런데 그 사료를 먹지 않은 말 중에 켄터키 더비 대경마장에서 우승한 말이 있었다. 수익을 올리기 위한 사업은 수도원 공장에서 노동력을 훨씬 더 집약적으로 활용하고 장시간 노동을 하는 것을 의미했다. 9월부터 12월 중순까지 수도회는 치즈와 과일 케이크 생산에 수도회의 물적 힘을 온통 집중시켰다. 때때로 머튼은 자기가 수도원 사업을 하나 더 하는 것이 당연하다는 느낌이 들었다. 『칠층산』이 중판이 거듭된 처음 몇 년 동안 받은 인세가 수도원이 빚에서 벗어나는 데 정말 도움이 되었다. 그로부터 몇 년 동안 머튼이 쓴 책에서 들어오는 수도회 수입은 일 년에 평균 이만 달러에서 삼만 달러 정도 되었다.

머튼은 수도원의 자본주의적 운영에 단호히 반대하지 않았지만 밭에서 사용되고 있는 유독성 비료, 기계가 내는 소음, 그리고 미국 회사를 모방하고 있다는 생각 등으로 어려움을 겪었다. 들에는 새들이 죽어 있고 머튼이 생각지도 못한 질병으로 진료소에 아파 누워 있는 수도자들이 농약을 살포하기 전 며칠 동안 수도원을 방문했었다. 그는 표지의 언어가 강력한 힘을 발휘했을 공동체에 자기 견해를 이해시켰다. 아직은 땅, 건강, 공동체 생활에 그다지 많은 해를 입히기 전이었다 하더라도 당시 기계와 화학 제품에 대한 그의 우려가 심각하게 받아들여졌다.

머튼은 『요나의 기적』서문에 "변하지 않겠다는 맹세를 함으로써 수도자는 '완벽한 수도원'을 찾아 헤매는 부질없는 희망을 버린다"고 썼다. 완벽한 수도원이란 머튼이 결코 도달하지 못한 이상이었다. 제임스 수도원장과 머튼 사이에 계속되는 언쟁은 대부분 머튼이 마음 속에 끊임없이 그려보는, 더욱 푸르른 수도원 목초에 대한 매력 때문이었다.

1952년경 『요나의 기적』에 대한 수도회 총장과의 검열을 둘러싼 갈등의 와중에서 머튼은 18세기 아펜니노 산맥 골짜기에 세워진 수도원 가말돌리회에 들어가도 좋다는 허락을 소망하기 시작했다. 그렇게 하는 것이 카르투시안으로 있는 것보다 자신의 필요에 더 적합한 것으로 여겨졌다. 모든 카르투시안회 회원들은 수도원 안에 각자 자기 방을 가지고 있지만 가말돌리 수도회에서는 각자 따로 떨어진 자신의 은수처가 있었다. 가말돌리 수도회는 교회 주변에서 살아가는 은둔자 공동체였다. 그들이 유일하게 함께하는 것은 전례와 기도뿐이었다. 『침묵의 생활』에서 머튼은 "그런 생활에서 얻을 수 있는 독특한 이점은 진정한 고독과 단순함을 누릴 수 있는 순수한 관상생활을 가능하게 해준다는 데에 있었다. 그 생활은 실로 형식주의에 사로잡히지 않고 경직되고 융통성이 없는 사소한 규정에 얽매임이 없이, 그러면서도 영신적인 통제와 종교적 순명에 의해 철저하게 지켜졌다"고 썼다.[197] 머튼이 가말돌리회 전임 총장에게 보낸 편지는 따뜻하게 받아들여졌고 그 수도원에 들어가겠다는 그의 관심은 격려를 받았다. 그러나 가말돌리회에 들어가는 것은 머튼이 게쎄마니에서 행한 종신서원으로부터 벗어날 때에만 가능했다.

돔 제임스는 머튼의 종신서원을 풀어주지 않았다. 그는 머튼과 그의 사람들의 구원은 게쎄마니에 머물러 있는 데 달려 있다고 확신했다. 머튼의 친

---

197. Thomas Merton, *The Silent Life* (New York: Farrar Straus & Cudahy 1957) 153-54.

구이자 조언자 중의 한 사람이면서 성서학자인 바르나바스 아헤른 신부는 게쎄마니에서 나오는 것이 악표를 낳고 수도회 안에 분란을 일으키며 트라피스트 회원들을 믿지 못하게 하고 심지어 명상생활에 대한 비판을 부추길 것이라고 역설했다.

그 문제에 대한 머튼의 견해는 나날이 바뀌어갔다. 1952년 가을부터 쓴 일기는 그가 계속해서 되돌아가곤 한 자각에 대해 묘사하고 있다.

> 그것이 단순히 나 자신의 욕망과 열망을 만족시키기 위한 문제라면 나는 십분도 못되서 당장 가말돌리회를 향해 떠났을 것이다. 그러나 그것은 단순히 나 자신의 욕망을 채우는 문제는 아니다. 오히려 나를 게쎄마니에 잡아두는 것이 하나 있다. 그것은 바로 십자가이다. 무엇인가 하느님 지혜의 신비가 결국 게쎄마니가 내가 있을 곳임을 가르쳐 주었다. 그것은 바로 내가 게쎄마니에 적합치 못하기 때문이고 또 여기에서 내 이상이 실제로 모두 좌절되었기 때문이다.[198]

두 주 후에 그는 자신이 아직 은수처로 가는 길을 깨끗이 치워주는 공동 수련 과정을 마치지 못했다고 적었다. "나는 어떤 식으로도 자신을 수도자(공동체 내에서 생활하는 수도자)라고 증명할 길이 없다. 나는 헛수고만 해왔다."[199] 헛수고를 하는 과정에 머튼은 수도자로서 장차 무슨 일이 있어도 수도원장은 되지 않겠다고 결심했다. 돔 제임스가 증언한 바에 의하면 1952년 10월 8일, 그는 수도원장의 직무를 받아들이지 않기로 개인 서약을 했다.

자신이 늘 하던 대로 돔 제임스 수도원장은 다시 머튼이 고독 안으로 한 걸음 더 나아가도록 도와 주었다. 텅 빈 연장 창고가 "무시무시한 숲" 끝으로 옮겨졌는데, 그 숲은 수도원 건물 안에 들여놓을 자리가 없어 비에 마모된 성상들로 유명했다. 머튼은 날마다 정해진 몇 시간 동안 창고를 활용할

---

198. 일기, 1952년 10월 10일. 199. 일기, 1952년 10월 22일.

수 있었다. 자신이 몇 시간씩 지내는 은수처를 마리아의 어머니 이름을 따 "성 안나의 집"이라고 불렀다. 『그 누구도 섬이 아니다』와 『광야에서의 빵』의 저작 일부를 "성 안나의 집"에서 착상해 냈다. 그의 성소 안에서 헤아릴 수 없는 기쁨의 시간과 함께 대체로 평온한 시기가 있었다. 한편, 1952년초 『요나의 기적』의 출판 문제로 머튼이 성소에 갈등을 겪고 고독을 강조하는 수도회에 매력을 느낀 사실이 공공연히 알려지게 되었다.

그러나 1955년 봄, 그의 방랑벽이 다시 한번 강렬히 타올랐다. 그는 카르투시안으로 돌아가고 싶어했다. 몇 년 후까지 그는 "나에게 위기가 있었던 1955년 동안"[200] 테다 소나무를 심으면서 자기가 느꼈던 고뇌를 여전히 기억하고 있었다. 돔 제임스는 머튼에게 주소를 바꾸지 않고 그런 수도생활을 해갈 수 있는 가능성을 더해 주기 위해 자기가 전파해 왔던 모든 것을 머튼에게 제공하는 것으로 답했다. 돔 제임스는 기꺼이 머튼이 학장직에서 물러나 은수자로서 전념하여 살아가도록 해주었다. 은수처는 그해 여름 수도원 부지 비냐드 언덕 꼭대기에 새로 지은 화재 감시탑이었다. 머튼은 진작부터 이 외딴 곳을 즐겨 방문했었다. 그는 처음으로 매우 기뻐했다. 그러나 미사를 위해 수도원을 왔다갔다하고 날마다 따뜻한 식사를 놓치곤 하는 실제적인 문제가 만만찮은 걸림돌이 되

화재 감시탑

---

200. 일기, 1959년 12월 20일.

었다. 화재 감시탑은 수도원에서 상당히 걸어 올라가야 있었다. 지프를 운전하려던 머튼의 시도는 손짓 언어로가 아니라 공동체의 규약에 따라 맹세하는 것으로 끝났다. 머튼은 라디에이터를 부숴버렸다.

아마도 머튼은 그 사건을 자신이 잘못된 방향으로 나아가고 있다는 표시로 알아들은 것 같다. 화재 감시탑을 뒤로 하고 머튼은 수도원장에게 자기가 최근 공석중인 수련장을 맡는 게 어떻겠는가 건의했다. 돔 제임스에게는, 그의 얼굴 표정 그대로, 놀라운 제안이었지만 환영할 만한 것이었다. 머튼에게 수도원에서 가장 중요한 직책 중의 하나인 수련장직이 주어졌다.

그러나 머튼의 장래 문제가 결코 해결된 것은 아니었다. 다른 수도회에 들어가게 해달라는 그의 호소는 바티칸까지 미쳤다. 돔 제임스는 몬티니 추기경(후일 교황 바오로 6세로 됨)에게 편지를 보냈다. 몬티니 추기경은 교계에서 머튼의 진가를 가장 깊이 인식하고 있는 독자 중의 한 사람이자 머튼이 고독에 역점을 두는 수도회에 매료된 데 공감을 가지고 있을 법한 신부였다. 머튼이 몬티니 추기경에게 쓴 편지는 "주관적인 문제점에 너무 치우치고" 자기가 수도회 내에서나 외부 세계에서나 널리 알려진 인물이라는 사실을 깨닫지 못하고 있음을 드러내고 있었다고 제임스는 술회한다. 또한 머튼은 자기가 게쎄마니를 떠남으로써 있을 충격을 가늠하지 못했다. "추기경님, 하느님 앞에서 말씀드리건대 저는 최후의 심판에서 이 결정을 맡길 준비가 갖추어져 있습니다. 저는 루이스 신부의 변화에 대한 열망에서 하느님의 손길을 볼 수 없습니다." 그 편지는 설득력이 있었음에 틀림없다. 그러나 머튼은 축복을 받지도 못했고, 수도회를 옮기고 싶어하는 것에 대해서도 격려를 받지 못했다.

정신 분석에 대한 머튼의 점증하는 관심은, 부분적으로는 자기 수련자들에게 더 많은 유익을 가져다주려는 열망에 의하여 점화된 것이지만, 그해에 자기 자신의 정신적 균형에 관하여 의심하게 만든 주목할 만한 한 사건을 낳았다. 1956년 7월, 돔 존 유데스 뱀버거 신부와 더불어 머튼은 정신의학과 수도생활에의 적용에 관한 2주간의 세미나에 참석하기 위해 미네소타 주에 자리한 성 요한 대학까지 비행기를 타고 갔다. 돔 제임스는 2주 동안 그들과 합류할 계획이었다. 회의 주재는 최근에 가톨릭 신자로 개종한 그레고리 질보그 박사가 했는데, 그가 쓴 책들이 머튼과도 계약을 맺고 있는 출판사 중의 한 곳에서 출간되었다.

질보그 박사는 머튼에 대해 『요나의 기적』을 읽고 난 판단에 주로 근거한 선입관을 갖고 회합에 참석했다. 사석에서 질보그 박사는 머튼에게 그가 바라는 바를 얻을 때까지 장상들에게 계속해서 대꾸를 해대는 귀찮은 존재일 뿐만 아니라 "뒤틀린 형태로 반쯤 미친 협잡꾼"이라고 말했다.[201] 명성에 마음을 빼앗겨 과대망상과 자기도취에 사로잡혀 있다는 것이었다. 어느 날 월가에서 사람을 살해하고 다음날 말 위에 태워 갖다 없애버리는 "선동자형"의 인물이라는 것이었다. 머튼의 저작물은 "수사만 너절하고" "은둔 경향"은 병적이라는 것이었다. 머튼은 그 말을 들으면서 질보그가 스탈린을 많이 닮았다고 생각지 않을 수 없었다. 그러나 질보그가 말한 것은 머튼이 한동안 음울했던 여러 순간에 일기에 썼던 것보다 더 나쁜 내용은 아니었다.

다음날 돔 제임스 수도원장이 도착하자 질보그는 수도원장과 머튼이 함께 참석한 회합을 마친 다음, 더 큰 고독을 바라는 머튼의 열망은 대중의 관심을 끌려는 욕망이 한 가닥 표출되어 나온 것이라고 단언했다. 머튼이 "'나는 은수자요'라는 큰 표지판을 걸고 있는" 타임 광장의 은수자가 되고 싶어 한다고 했다. 머튼에게는 너무도 가혹한 혹평이었다. 수모와 유린을 당했다. 머튼은 눈물을 흘리며 앉아서 "스탈린, 스탈린" 하고 중얼거렸다. 머튼에 대한 돔 제임스의 불안과 자기 스스로에 대한 머튼의 불안이 유명한 정신 분석 학자에 의해 입증되는 것 같았다.

머튼은 정신 분석을 받기 위해 질보그와 함께 뉴욕으로 가려던 계획을 바꾸어 루이스빌에 있는 심리학자인 제임스 위갈 박사를 보러 가기로 했다. 질보그 박사가 12월 수도원에 왔을 때는 머튼에 대한 또 다른 생각을 갖게

---

201. 머튼과 **Zilboorg**와의 만남과 그 결과에 대한 더욱 상세한 설명은 **Mott** 290-9 참조.

되었다. 요컨대 머튼의 상태가 그다지 나쁘지 않았던 것이다. 머튼은 그해가 저물어갈 무렵, 나오미 버튼에게 "내가 바보나 미치광이가 되는 한이 있더라도 정신 분석을 받을 필요는 없다"고 편지를 썼다. 그뒤 몇 달 후 일기에 머튼은 질보그 박사의 분석에 통찰력이 있을지 모르지만,[202] 자기 영혼은 질보그의 "연극"에 전혀 어울리지 않는다고 기록했다. 그 연극에 맞추려고 하면 "비극과 엉망진창인 연극"[203]이 되고 말리라는 것이었다.

1956년 몽고메리에서 흑인들이 인종을 차별하는 버스를 타지 않고, 마르틴 루터 킹 2세가 신문의 머릿기사에 오르기 시작할 즈음 머튼은 간디를 읽고 있었다. 지금은 과거 학급 친구들 중에서 급진적인 입장을 취했을 때보다 더 혁신적 입장에 있다 하더라도, 간디의 책은 오캄을 다니던 학생시절로 거슬러올라가는 흥미를 안겨 주었다. 그때 머튼은 비그리스도 신자 명상가들과 관련을 맺기 시작한 초기 단계에 있었을 뿐만 아니라 복음의 사회적 의미를 연구하는 과정에 있었다.

또한 그해 봄은 눈에 띄게 러시아 문학 및 종교물 연구에 몰두하기 시작했다. 시의적절한 관심이었다. 그해 가을에는 소련이 첫번째 스푸트니크 인공위성을 쏘아올렸다. 그러나 머튼이 보기에는 러시아가 제공해야 하는 것은 우주 여행이 아니라 심원한 영적 전통이었다. 머튼은 교회 내에서 통일성을 회복하는 일은 자기 본인 내부에서 통일성을 회복하는 것과 함께 시작된다고 확신했다. 1957년 4월에 썼던 일기 내용이 결국에 『죄스런 방관자의 추측』의 일부가 되었다.

> 나 자신 안에서 동서 그리스도교 세계, 그리스 교부들와 라틴 교부들, 스페인의 영성을 가진 러시아인들의 사상과 신심이 통일될 수 있다면, 나 자신 안에서 분열된 그리스도 신자들의 재결합을 준비할 수 있다. 내 안에서 이루어낸 그런 은밀하고 입 밖에 내지 않은 통일로부터 마침내 모든 그리스도 신자들

---

202. Mott 196-7.　　　203. Mott 298.

의 가시적이고 명백한 통일이 도래할 수 있다. 우리가 분열된 것들을 결합시
키려 해도 나뉘어진 한 부분을 또 다른 부분 위에 올려놓음으로써는 소기의
목적을 이룰 수 없다. 우리가 그렇게 한다 하더라도, 그 결합은 그리스도교적
인 것이 아니다. 그것은 정치적인 결합이고 더욱 심한 갈등을 겪을 수밖에 없
는 결합이다. 우리는 분열되어 있는 세계를 모두 우리네 자신 안에 수용하고
그리스도 안에서 초월해야만 한다.[204]

머튼은 러시아 작가를 연구하기
위해 서방에 가장 잘 알려진 작가
가운데 한 사람인 보리스 파스테
르나크의 소설 『닥터 지바고』를
읽었다. 파스테르나크의 작품이
보여 주는 "두드러지고도 순수한
그리스도교적 요소들"로 깜짝 놀
라, 1958년 8월 노벨상 위원회가
문학상을 발표하기 두 달 전에 파
스테르나크에게 편지를 보냈다.

우리가 아주 멀리 그리고 더 큰 장벽으로 떨어져 있다 하더라도, 오히려 그
점이 비슷한 영혼을 지녔다는 느낌을 가진 자로서 당신에게 이야기하는 기쁨
을 줍니다. 마치 그 속에서는 개인들이 분리된 존재가 아닌 생명의 더 깊은
차원에서 우리가 만나기라도 한 것 같습니다. 가톨릭 수도자로서 나에게 친
숙한 언어로 말하자면 그것은 마치 우리가 하느님 안에서 서로를 알고 있는
듯하다는 것이지요. 이 말은 매우 단순하고 나로서는 지극히 일상적이고 정
상적인 어떤 것에 대한 분명한 표현입니다. … 나는 당신이 나를 완전히 이해

---

204. Thomas Merton, *Conjectures of a Guilty Bystander* (New York: Doubleday & Co., 1966)
12; Mott 306도 참조.

하리라 믿습니다. 사람은 늘 한 개인으로 남아 있을 뿐이며 다른 모든 사람과 철저히 독립되고 떨어져 있다는 것은 사실입니다. 그러나 각각의 인간은 다른 사람들과 함께 개별성을 초월한 이해와 통일을 이루도록 운명지어졌다는 것도 똑같은 진실입니다. 러시아의 전통은 이 점을, 우리 서방에서는 완벽하게 그 뜻을 담고 있지 못한 개념, 즉 오보르노스트(융화, 즉 성령 안에서의 결합)로 설명하고 있습니다.

머튼은 파스테르나크에게 "원서로 러시아 문학을 이해해 보고 … 러시아 문학 가운데서도 당신의 작품을 많이 읽고 싶어" 러시아어를 공부할 계획중에 있다고 말했다.

기적적으로 모스크바 바로 근교의 페레델키노에 있는 파스테르나크의 시골집으로 편지가 도착했다. 답장은 11월초 게쎄마니로 배달되었다. 1960년 5월, 파스테르나크가 죽기 전까지 여섯 통의 편지를 주고받았다. 인위적으로 만들어 놓은 정치의 국경과 교회의 분리를 가져온 인위적 국경을 초월한 일체성에 대한 놀랄 만한 체험이었다. 소련 작가 협회에서 축출된 뒤 바로 얼마 후에 파스테르나크는 존 헤리스에게 머튼의 "뛰어난 감각과 기도가 나의 삶을 구원해 주었다"고 말했다.[205]

---

205. Boris Pasternak and Thomas Merton, *Six Letters,* intro. Lydia Pasternak Slater (Lexington, Kentucky: The King Library Press 1973). Thoma Merton, "The Pasternak Affair", *Disputed Questions* (New York: Farrar Straus & Cudahy 1960); *The Literary Essays of Thomas Merton*도 참조.

수도원 마당 헛간에서 집필하는 머튼

꿈에서 깨어나다

그리스도 신자 생활은 …
새롭고 예기치 않은 곳에서 끊임없이
그리스도를 발견하는 일이다.

머튼은 보리스 파스테르나크에게 보낸 편지 가운데 한 통에서 1958년 2월에 체험했던 꿈을 털어놓았다. "열네 살이나 열다섯 살 가량 되어보이는 아주 어린 유태인 소녀와 함께 앉아 있는데, 소녀가 불현듯 매우 깊고 순수한 애정을 표시하고는 껴안아, 난 내 영혼 깊숙히까지 감동을 받은 꿈을 꾸었다. 소녀의 이름은 '프라버브'라고 들었다. 아주 소박하고 아름다운 이름이라고 여겨졌다. 그리고 또 생각했다. '소녀는 성녀 안나와 한 민족이리라.' 그애에게 자기 이름에 대해 말했는데 그애는 자기 이름을 자랑스러워하지 않는 듯했다. 다른 꼬마 여자애들이 이름 때문에 그애를 놀려서였던 것 같다. 그러나 난 그애에게 아주 아름다운 이름이라고 말해 주었다. 그리고 꿈은 끝이 났다. … 그리하여 당신은 한 소녀 그것도 유대 소녀와 사랑에 빠진 한 수도자의 악표가 되는 비밀을 전해 들었다. 사람들은 요즈음 수도자에게서 많은 것을 기대할 수 없다. 과거의 영웅적인 고행생활은 더 이상 없다." 꿈은 마음 속으로 이어져 몇 주 후 3월 18일에 일어난 체험으로 계속되었다. 편집 일로 루이스빌에 있으면서 "사람들이 붐비는 거리를 혼자 걷고 있는데 갑자기 모든 사람들이 프라버브로 보였다. 그들 모두에게서 프라버브의 뛰어난 아름다움과 순수함 그리고 수줍음이 빛났다. 그들이 자기네가 누구인지 모르고, 이름 때문에 놀림을 당하기에 자기네 이름을 부끄럽게 여긴다 하더라도 말이다. 그리고 그네들이 태어나기 전부터 하느님께 아주 사랑스러운 어린아이로서 항상 하느님의 시야 안에서 움직이고 있고 세상 안에서 움직이고 있는 자기네 참 자아를 몰랐다."[206]

머튼이 파스테르나크와 나눈 체험은 애초에 그 일이 일어난 다음날 일기에 수록되어 있다. 일기에서 골격을 이룬 본문 안에 있는 내용이 『죄스런 방관자의 추측』의 일부가 되었다.

> 루이스빌에 있는 4번가와 월넛 가가 만나는 모퉁이, 쇼핑 구역 한가운데에서 내가 저 모든 사람을 사랑했다는 자각으로 별안간 어쩔 줄을 몰랐다. 즉, 그들은 나의 것이며 나는 그들의 것이다. 우리 모두가 전혀 낯선 사람일지라도 서로에게서 소원해질 수 없다. 외딴 곳에 떨어져 있고 싶은 꿈과, 특수한 세계, 모든 것을 버렸다고 상상하면서 가상적 성스런 세계 안에 안주하는 거짓된 자기 고립의 꿈에서 깨어난 것 같았다. 따로 떨어져 성스럽게 존재하겠다는 온갖 환상은 꿈이다. … 실체가 없는 차이로부터 벗어난 이런 자유로운 느낌은 늘 큰 소리로 웃을 수 있을 만큼 나에게 아주 큰 위안과 기쁨이 되었다. 그것은 많은 어리석은 짓에 전념하고 많은 가공할 과오를 저지르는 인류라 하더라도, 하느님 당신이 인류의 한 성원이 되심을 기뻐하신 인류의 일원이 되는 것은 매우 영광스러운 운명이다. 인류의 한 일원! 그런 평범한 깨달음을 얻은 것이 돌연히 우주적인 도박에서 … 이길 수 있는 티켓을 쥐고 있다는 소식처럼 보였다. 낯선 사람은 하나도 없다. … 우리가 서로 (실제로 우리처럼) 내내 볼 수만 있다면 더 이상 전쟁도 증오도 그리고 잔혹함과 탐욕도 없을 텐데. … 나는 우리가 서로를 쓰러뜨리고 숭배하는 것이 큰 문제라고 생각한다. … 하늘나라로 가는 문은 곳곳에 있다.[207]

머튼의 생애에서 놀랄 만한 것 가운데 하나, 적어도 초기의 책들을 통해 그를 알게 된 사람들에게 크게 놀라운 것은 머튼이 수도원 생활 후반기에 세

---

206. *Six Letters*, 1958년 10월 23일.   207. *Conjectures of a Guilty Bystander* 140-2.

상과 맺었던 관계였다. 그는 한편으로는 고독에 매료되고 또 한편으로는 수도원에서 멀리 떨어져 있는 사람들의 문제와 사건에 항상 깊숙이 몰입했다.

머튼은 1958년 포쓰와 월넛에서 수도원 생활을 하는 처음 17년 동안 계속 살아 남은 중요한 환상 가운데 하나를 발견했다. 즉, 성덕은 "모든 것을 버렸다고 상상하는 가상적 세계" 속으로 철저하게 고립될 것을 요구한다는 생각이 그 환상이었다. 그 체험은 수도 성소나 은수자가 되고자 하는 열망을 버려야만 한다고 암시하지 않았고, 수도자가 된다는 것이 무엇을 의미하는지에 대한 이해가 그 체험으로 말미암아 변형되었다. 즉, 진짜 고독은 현존하지 않음과 현존해 있음, 참여하지 않음과 투신, 숨어 있음과 환대, 사라짐과 도착이 공존하는 곳에 있을 것이다. 쌍방은 새가 두 날개를 필요로 하듯 서로를 필요로 한다.

『사랑이라는 보이지 않는 토양』을 편집하면서, 머튼의 편지 편집장 윌리엄 쉐논 몬시뇰은 머튼의 서신 왕래가 "포쓰와 월넛에서 그런 일이 있고 난 뒤 시작되었다"는 것을 알아냈다.[208] 머튼은 점점 더 수도원 너머에 있는 사람들과 접촉과 대화의 통로를 열어놓기 시작했다.

그가 편지를 보내기 시작한 사람들 중의 한 사람은 가톨릭 노동운동의 창설자 도로시 데이였다. 성 보나벤뚜라 대학에서 학생들을 가르치고 있던 시절, 그 대학에 연설을 하러 온 도로시 데이를 만난 적이 있었지만 그들 사이에 더 이상의 만남은 없었다. 당시에 머튼이 세상을 등진 가톨릭의 대표적인 상징적 인물이었다면, 자주 투옥된 이 여인은 가톨릭이 세상사에 전심전력한 대표적인 인물이었다. 도로시 데이는 누구의 간섭도 받지 않고 평신도가 주간하는 신문 「가톨릭 노동자」를 발행했다. 「가톨릭 노동자」는 가톨릭 교회 내부에서 유일한 반전 출판물이었다. 「가톨릭 노동자」를 지지하고 환대하는 집들은 가장 가난한 도시 변두리 지역에 있었다. 그렇게 많은 빈민과 상처받고 버림당한 사람을 양산하는 경제 제도에 대한 도로시 데이의

---

208. 필자가 직접 들은 이야기.

비판을 보고, 머튼처럼 그 이외 다른 일을 위해서도 활동했음에도 불구하고, 많은 가톨릭 신자들이 그녀를 공산주의자로 생각했다. 도로시 데이는 아씨시의 성 프란치스꼬가 했던 것처럼 타협하지 않고 복음을 생활화한 보기 드문 사람 가운데 하나였다. 머튼은 1959년 7월에 보낸 편지에서 자기가 받은 인상에 대해 써보냈다.

> 평화를 위한 당신의 증거에 깊은 감명을 받았습니다(공습 훈련 동안 대피소에 있기를 거부함으로써 뉴욕 시티 홀 파크에서 당한 최근의 체포). 당신이 무저항 불복종 운동(문자 그대로 "진리의 힘", 비폭력을 표현한 간디의 말)의 노선에 따라 그 일을 시작한 것은 아주 합당한 것입니다. 나는 물론 문제를 보는 여러 가지 관점이 모두 명료하지 않다 하더라도 다른 어떤 방법도 찾을 수가 없습니다. 따라서 나는 몇 가지 입장과 행동을 취하는 데 있어 분명 당신과 일치하고 있습니다. 요즈음은 더 이상 누가 옳은지 묻지 않고 최소한 누가 범죄자가 아닌지 물어야 합니다. 우리 중에 누군가 그 점을 말할 수 있다면 말이지요. 그러니 온갖 사람들의 책에 따라 당신이 모든 점에서 철저하게 다 옳은지 여부를 걱정하지 마십시오. 충분히 명백하고 중요한 진리를 위해 투쟁하는 한 그리고 그 길을 갈 수 있는 한 당신은 하느님 앞에서 옳습니다. 어떤 사람이 그 이상 무엇을 할 수 있겠습니까? … 세상이 길을 잃고 진정한 가치를 알아볼 수 없는 지금보다 더 진실이 전무한 때는 없었습니다. 계속해서 서로를 위해 기도합시다.[209]

도로시 데이

---

209. HGL 136-7.

그런 기도가 시급히 추구되었다. 당시에 머튼은 더 큰 고독뿐만 아니라 도로시 데이가 껴안았던 그런 정말 가난한 상황에서 수도생활을 하고 싶은 열망으로 고군분투했다. 머튼은 좋은 건물과 값비싼 기계, 너무나 많은 고정자산, 군국주의 국가와 더불어 게쎄마니를 발견했었다. 멕시코에 있는 베네딕도 수도원장이 수도원 부근에 은수처를 세우기 위해 머튼을 초청했다. 산후안 주교가 영국 서인도의 토르톨라 섬에 있는 은수처를 제공했다. 그리고 게쎄마니의 선배 수련자이고 니카라과에 실험적인 수도생활 공동체를 세운 시인 에르네스토 카르데날 신부로부터도 초대가 있었다. 머튼은 다시 수도회 내부와 로마에서 장상들에게 그런 여행을 하는 것이 그를 위한 하느님의 뜻이 아닌지 물었다.

11월 중순, 돔 제임스 수도원장은 게쎄마니에 머물고 있는 머튼의 문제를 논의하려고 서둘러 로마로 떠났다. 그때까지도 머튼은 떠나려는 사람의 눈으로 게쎄마니를 바라보고 있는 자기 자신을 발견했다. 루이스빌에 있는 동안 그는 여행사에 들러 라틴아메리카로 가는 표를 알아보았다.

12월 17일, 로마에서 온 편지를 수련소 성당 안에 있는 성체 앞에서 무릎을 꿇고 읽었다. 바티칸 수도자 성성의 라로나와 발레리 추기경은, 머튼이 트라피스트 성소가 최선의 성소여서가 아니라 "나를 위해 하느님께서 의도하신 것이기 때문에"[210] 트라피스트 성소를 확언했던 『그 누구도 섬이 아니다』에서 한 구절을 인용했다(역설적이게도 하느님께서 다른 무엇인가를 의도하셨다면 자기는 "즉각 그것을 착수할 것이다" 하고 적었던 원서의 일부가 도착하기 전에 찢어본 편지에 있던 인용). 그들 추기경은 머튼이 게쎄마니를 떠남으로써 퍼지게 될 추문에 대해 언급했다.

바티칸에서 온 편지가 머튼이 바라고 기도했던 대답은 없었지만 그들 추기경이 보낸 "통과시켜 주지" 않은 거절은 번민을 덜어 주었다. 머튼은 산책을 나갔다. "돌아와, (나는) 숲과 수도원의 한 모퉁이를 돌아서 걸어가자

---

210. Thomas Merton, *No Man Is an Island* (New York: Harcourt Brace 1955) 138.

시야가 트였다. 웃음이 터져나왔다. 게쎄마니가 더 이상 예전과 같은 곳도 아니고 힘겹지도 않았다. 나는 그곳에서 자유로웠다."[211]

이틀 후에 제임스 수도원장 앞에 나아가 복종할 것을 단언하고 양심의 권리에 관한 선언을 했다. 머튼은 수도회를 떠나는 것이 "전혀 더 이상의 긍정적인 발걸음을 내딛는 것이 아니고" 또 장상들이나 책임을 가진 사람들에게 자기 생각을 나타내는 것 외에 아무런 압력도 주지 않겠다고 했다. 돔 제임스에게 머튼은 모든 수도자가 자기가 선택한 영적 지도자로부터 자유로이 조언을 받을 수 있다는 것을 상기시켜 주었다. "원장님의 시책은 수하에 있는 모든 사람의 영적 완덕에서 최종적인 의미를 나타내고 그 외에 다른 길을 취하는 사람은 누구나 완덕의 길에서 떠나고 있음을 나타내고 있다고 추정하려는 경향을 가지고 계시지 않습니까?" … 저는 수도원 밖의 지도자들로부터서도 간섭을 받음이 없이 편지로 자문을 받을 권리를 호소합니다. 그것은 나의 이 문제가 정돈될 수 있기 위해서입니다. 저는 다만 교회가 자기에게 속한 사람들이 그 어떠한 비이성적인 제약도 받음이 없이 갖기를 바라는 것을 청하고 있을 따름입니다."[212]

수도회와 교회 안에서 양심과 자유에 대한 배려가 없어 머튼은 점점 더 심한 비탄에 잠겼다. 머튼이 서신 왕래는 양심의 문제를 포함하고 있노라고 호소했음에도 불구하고 돔 제임스는 카르데날에게서 온 편지를 차단하고 있었다. 머튼이 자기 수도원 및 수도원장에게 분개했던 것처럼 저작물에 관한 검열관 및 장상과도 계속 갈등을 겪었다.

그해 후반기 동안은 일기를 계속 쓰는 것 외 저술 활동은 거의 정지 상태에 있었다. 머튼의 주요한 저술 활동은 그리스 정교회와 황량한 수도생활뿐만 아니라 파스테르나크에 관한 수필을 담고 있는 「논의해 볼 만한 여러 의문점」, 이름과 제목, 업적 그리고 환상 밑에 숨겨져 있는 하느님을 닮은 참자아의 추구에 역점을 둔 「새로운 인간」을 개작하고 편집하는 일이었다.

---

211. 일기, 1959년 12월 17일.　　212. Mott 340-1.

　1959년이 저물어 갈 무렵 머튼은 돔 제임스의 축복으로 루이스빌에 있는 제임스 위갈 박사와 함께 정신 분석을 시작할 때라고 결심했다. 그 생각은 원래 그레고리 질보그 박사가 머튼에게 타임 광장의 은수자라고 부르던 때 떠오른 것이었다. 그것은 건강한 정신을 위협할 병적인 충동이 있지 않나 걱정스러워서가 아니라 스스로와 자기 주변 사람들을 참신하고 균형잡힌 관점으로 바라보도록 도와 줄 수 있는, 교육을 받아 객관적으로 주의깊게 들어줄 사람이 있는 것이 좋겠다고 여겨서였다. 그 결심은 도움이 되었다. 위갈 박사는 정신적 억압에 대처해 나가도록 도와 주었을 뿐 수년 동안 정신 분석은 전혀 하지 않은 것 같았다. 동시에 위갈 박사와 우정이 싹트고 이후 머튼의 생애 내내 그 우정은 계속되었다.

요한 23세가 머튼에게 선물한
교황 대관식 때의 영대

148 지혜로운 삶

축 복

하느님께서는 …
새를 새장에 가둬놓을 필요가 없으시다.

1960년초, 게쎄마니 외에 어디에서도 은수처를 찾는다는 것은 확실히 불가능했다. 머튼의 희망은 게쎄마니에 있는 은수처에 초점이 맞추어졌다. 제임스 수도원장과 대화를 나누는 속에서 교회 일치 회합 센터로서 기능하고 그리고 머튼이 몇 시간씩 은둔할 곳으로서 사용할 수 있는, 수도원 건물들이 보이지 않는 집을 찾아야겠다는 데로 생각이 발전했다.

3월 31일, 수도원 내에 작고 조용한 방을 받았다. 한켠 창 밖으로는 로한의 언덕과 성 십자가의 멋진 광경이 바라다보였다. 머튼은 일기에 "멋진 은수처"라고 적었다. 5월초, 여전히 기쁨에 넘쳐 "하늘가에" 자리한 그 작은 방에 있는 동안 가졌던 느낌을 썼다. 머튼은 의자 하나와 필사할 수 있는 낡은 책상, 침대, 성화 셋, 에르네스토 카르데날이 만든 작은 그리스도 십자가상을 가지고 있었다. "이곳에서의 독서는, 마치 사방 벽의 침묵이 모든 것을 커다란 의미로 모든 것을 풍요롭게 하기라도 하는 양, 여기 은수처가 아닌 그 어느 곳에서도 느껴보지 못한 전혀 다른 체험이 되었다. 혼자서 누구의 눈치도 살필 필요도 없이 아주 편안하게 있으면서 책을 읽어도 머리에 쏙쏙 들어왔다. 부근 일대에 네 벽과 침묵만이 있기에 살갗의 모든 모공으로 … 들을 수 있고 네 존재의 모든 기관을 통해 진리에 몰두할 수 있게 해준다. 멕시코에서보다 나은 상태에 있지나 않은지 생각된다."[213]

---

213. 일기, 1960년 5월 8일.

새로운 휘장이 올라가는 또 다른 표시는 교황과의 직접적인 접촉을 가리
킨다. 1958년 머튼은 교황과의 그런 직접적인 접촉을 희망했다. 그해에 요
한 23세가 선출된 몇 주 후 머튼은 어떤 수도원에 관한 자기 견해를 적은
편지를 교황에게 보냈다. 그 수도원은 아마 라틴아메리카에 있는 수도원으
로서 특수 집단들 — 특히 문필가들과 지성인들이 — 피정과 토론을 하기
위해 몰려들었던 곳이었을 것이다.[214]

14개월이 지난 1960년 2월 11일, 머튼은 바티칸에서 수련자들에게 보내
온 축복이 담겼을 뿐만 아니라 교황 요한 23세가 사인한 초상화 사진이 든
소포를 받았다. 소포를 받은 날 답장을 쓰면서 머튼은 자기가 프로테스탄트
와 가톨릭 신학자, 정신과 의사, 작가, 예술가를 대상으로 하는 소규모의
피정 계획 — 요한 23세에게 전에 라틴아메리카에서보다 오히려 게쎄마니에
서 보낸 편지에서 묘사한 노선과 같은 피정 계획 — 을 매우 신중하게 시작
해도 좋다는 허락을 받았다고 교황 요한 23세에게 말했다. "우리의 목적은
어떤 견지에서든 영성생활에 관심이 있고 비공식적인 접촉을 통해서 그리고
가톨릭 명상가들과의 영적이고 문화적인 담화를 통해서 도움이 될 수 있고
자기네 분야에서 아주 인정받고 있는 이들의 다양한 집단을 … 모으는 것입
니다."[215]

교황이 개인적으로 아는 친구인 베니스풍 건축가 로렌조 바르바또의 도착
과 함께 게쎄마니로 말로 형용할 수 없는 회답이 왔다. 바르바또는 머튼에
게 교황 요한 23세가 사용해 왔던 전례 의복과 영대를 가져다주었다. 교황
요한은 그것을 받아주길 바랐다. 전혀 생각지도 못했던 선물은 머튼에 대한
교황의 애정과 존경을 보여 주는 놀라운 표시였다.[216]

바르바또의 귀띔을 받고서 머튼은 특히 존경하고 있는 초대교회의 광야의

---

214. HGL 483-4, 교황 요한에게 보낸 1958년 11월 10일자 편지; 머튼은 러시아에 대한 그
     의 관심을 표명했다.

215. HGL 484-5.

216. 루이스빌의 벨라르민 대학 소속 토마스 머튼 연구소에 전시된 영대.

은둔자인 사막의 교부들의 어록과 이야기를 엮어 놓은 최근의 책 『사막의 지혜』를 한 부 교황에게 보냈다. 동봉한 편지에서 그는 교회 일치 사업의 진전에 대하여 말했다. "며칠 전에 우리 수도원에서 50명 이상이나 되는 개신교 신학교 학생들과 목사들에게 연설하는 기쁨을 누렸습니다. 그네들은 놀랄 만한 선의를 보여 주었고 … 나는 한 형제로서 … 그들에게 말했습니다"(당시 가톨릭 신자와 개신교 신자들 사이의 차디찬 분위기가 어떠했는지 또 그런 대화가 얼마나 놀라운 것이었는지 30년 후에 상기시키기란 쉽지 않다). 교황 요한이 그리스 정교회에 특별한 관심을 가지고 있음을 알고 머튼은 파리에 있는 그리스 정교회 신부와 가졌던 만남에 대해 계속 언급했다.

2주 후에 제임스 수도원장은 바티칸 국무성성 타르디니 추기경에게서 온 편지 한 통을 받았는데, 교황 요한이 머튼이 게쎄마니의 성모 성당에서 준비하고 있는 개신교 신자들과의 피정에 특별한 관심을 가지고 있다는 뜻을 나타냈다. 제2차 바티칸 공의회 계획이 1959년에 선포되었고 교황 요한은 개신교와 그리스 정교회 신자들도 역시 공의회에 참관할 수 있다는 결정을 했다. 머튼이 게쎄마니에서 시작한 교회 일치적 대화보다 더 시의적절한 대화가 있을 수 없었다.

4월말, 머튼은 올리벳 산, 양 우리 뒤켠 산꼭대기, 수도원에서 일 마일도 채 되지 않는 수도원 종소리가 들리는 곳에 스키테(수도하는 작은 집)를 짓자는 건의를 했다. 제임스 수도원장의 허가가 내렸다. 5월 18일, 머튼은 "올리벳 산 피정 센터"를 위한 방을 만들기 위해 베어낸 나무에 표시를 했다. 10월, 청부업자가 건물 부지를 측량하기 위해 도착했을 때 머튼은 회의 장소가 아니라 "솔직히 말하자면 은수처"[217]로 사용될 곳이라고 말했다.

그 달 말경, 건축이 진행되면서 시멘트 블록 건물의 실제 이름을 그의 성소의 보호 성인의 이름을 따서 "가르멜의 성녀 마리아 은수처"라고 붙였다. 마리아는 "모든 세대가 끝날 때까지 나의 여왕이었다".[218]

---

217. 일기, 1960년 10월 3일.　　　218. 일기, 1960년 12월 26일, 라틴어 원문.

　12월 2일, 벽난로에서 처음 불길이 활활 타올랐다. 11일 후 성직 지망자로 받아들여진 19주년째 되던 날, 비록 제임스 수도원장이 매일 몇 시간씩만 사용하도록 허락했을 뿐이지만 은수처를 갖게 되었다. "어둠이 내릴 녘이면 촛불을 켜놓는다"고 기쁨에 넘쳐 12월 26일자 일기에 적었다. "여행이 끝났다는 그런 느낌, 방황이 끝났다는 느낌이 들었다. 내 생애 처음으로 방황하는 배회가 끝나 집에 와 있다는 실감이 났다."

거룩한 지혜

··· 마치 성모 마리아 당신처럼,
지혜처럼 날 깨우쳐 주었다.

1961년초, 머튼은 비록 온종일은 아닐지라도 마침내 가정에 정착하듯 할 수 있었다. 은수처에서 책을 읽는 동안 신비가들의 글에 몰두했다. 14세기 영국인 은수자 노르위취의 성 줄리앙을 흠모하게 된 것도 이 시기부터였다. 성 줄리앙은 십자가의 성 요한까지 밀어내고 그의 애정 안에 자리잡았다. 성 줄리앙은 "모든 그리스도교 목소리 가운데서 가장 경탄할 만한 사람 가운데 하나임에 틀림없다"[219]고 여겼다. 줄리앙은 "우리의 어머니 예수"와 "어머니 예수"라는 글에서 머튼이 하느님의 여성적 면모에 천착할 수 있도록 문을 활짝 여는 데 도움을 주었다. 그와 동시에 줄리앙은 프라버브에 대한 꿈을 거룩한 지혜와 연관시킬 수 있도록 도와 주었다.

몇 년 동안 머튼은 「거룩한 지혜」, 즉 성령의 지혜에 대해 생각해 왔다. 이 그리스어 표현은 1957년에 그의 마음에 새겨졌다. 그해에는 잠언에 나오는 대목에 매료된 러시아 신비주의자들의 글을 읽고 있었다. 잠언 안에서는 "지혜가 창조주 하느님의 면전에 '세상 안에서 작용하고' 있다." 그는 자기 일기에 교회는 거룩한 지혜를 마리아와 교회 안에서 드러나고 실현되는 존재로 간주한다고 적었다.[220]

---

219. *Seeds of Destruction* (New York: Farrar Straus & Giroux 1964) 274-5에 실린 **Madeleva** 수녀에게 보내는 날짜 없는 편지; **Julian of Norwich**의 글에 관해서는 *Showings* (Ramsey, New Jersey: Paulist Press 1978) 참조.

220. 일기, 1957년 4월 25일.

　　1958년, 머튼은 보리스 파스테르나크에게 열정적이지만 순결한 포옹으로
자기를 깊이 감동시킨 유태 소녀 프라버브에 대한 자기 꿈을 적어보냈다.
머튼은 그 만남이 거룩한 지혜와의 만남이었음을 깨달았다. 그 꿈이 너무나
인상적이어서 며칠 후에 프라버브에게 그녀의 사랑에 대해 감사의 뜻을 전
하는 편지를 썼다. "깡그리 잃어버렸다고 생각했던 어떤 것, 오래 전에 기
억에서 사라졌다고 생각한 어떤 사람 … 나는 너의 이름, 그 신비, 그 단순
함, 그 비밀을 사랑한다."[221] 2주 후에 소녀에게 다시 편지를 썼다. 전날 3
월 18일, 루이스빌에 있는 포쓰와 월넛 가의 사람들 가운데서 느꼈던 것처
럼 다시 프라버브를 볼 때까지 그녀에 대해 말하지 않겠다고 한 약속을 지
키고 있음을 확인하는 글이었다. "어제의 우리 만남을 결코 잊지 않을 것이
다. 네 손이 닿아 나는 다른 사람이 되었다. 너와 함께 있는 것은 안식이며
진리이다. 하느님이 보내신 사랑스런 아이야, 너와 함께 있을 때만이 만사
가 확연하게 드러나는구나."[222]

　　머튼은 1959년 4월, 켄터키 렉싱턴에 있는 해머의 집에 들렀을 때 빅토
르 해머가 그린 그림 속에서 다시 그 소녀를 얼핏 보았다. 꿈속에서 본 것
처럼 그녀는 젊은 셈족 여인이었다. 그 여인은 마리아를 그린 것이라고 해
머는 설명했다. 그림 속의 여인은 그리스도의 머리 위에 왕관을 씌어 주고
있었다. 5월, 머튼은 그 그림이 자기 내부에서 불태우는 불길에 대해 해머
에게 쓰면서 "우주 안의 여성적 원리는 (하느님)의 영광을 창조적으로 실현
하는 무진장한 원천이다"[223]고 썼다.

　　엑스레이를 찍기 위해 루이스빌에 있는 병원에 있었던 1960년 7월 2일,
성모 마리아의 영보 축일에 프라버브와 유사한 꿈을 꾸었는데, "간호원의
부드러운 목소리에 잠을 깼다. 삶의 온갖 꿈에서 마치 성모 마리아 자신이,
지혜가 나를 깨워 일으키는 것마냥 처음 깨어나는 것 같았다."[224] 머튼이 알

---

221. 일기, 1958년 3월 4일.　　222. 일기, 1958년 3월 19일.
223. Victor Hammer에게 보내는 편지, 1959년 5월 14일.
224. 일기, 1960년 7월 2일.

기로는 꿈속에서 들었던 상냥한 목소리는 성스런 지혜의 목소리였다.

수련자들을 위해 10월에 그림을 모아 전시하는 친치나띠 박물관과 그의 은수처를 견학하면서 "신발을 벗은 채 서류 캐비닛 위에 걸터앉아 있는 유태인 소녀"[225]와 마주치자 살아 숨쉬는 프라버브를 만났다는 생각이 들었다.

차츰 산문시「거룩한 지혜」가 모양을 잡아갔다.

완성된 작품은 이렇게 시작했다. "모든 가시적인 것들 속에 보이지 않는 결실성, 흐릿한 빛, 부드러운 무명성, 감춰진 온전함이 들어 있다. 그 신비한 단일성과 온전함은 모든 것의 어머니, 본질 중의 본질,[226] 지혜이다." 만물 안에는 다 길어낼 수 없는 감미로움과 순결, 그리고 활동과 기쁨의 샘인 침묵이 있다. 그것은 이루 다 형언할 수 없는 상냥함 속에 올라오고 창조된 만물의 보이지 않는 근저에서부터 솟아나와 나를 친절하게 맞아준다."[227]

머튼은 병원에서 잠을 깬 자신을 온 인류이면서 동시에 아담으로서 묘사하는 한편 자기를 깨운 여인은 이브만이 아니라 마리아이고 창조주 앞에서 뛰노는 여자 아이로 묘사했다. 그녀는 창조주와 피조물 사이의 합일체이며, 아버지일 뿐 아니라 어머니이신 하느님, 하느님의 본질, 하느님의 자비하심과 어지심, 하느님의 지혜, 거룩한 지혜이다.

이 시는 하느님의 여성적 차원을 발견한 것을 기념하는 시였다. 마침, 빅토르 해머는『거룩한 지혜』를 맨 처음 출간한 사람이었다. 그는 중세 수도원의 서예에서 영감을 받아 자신이 직접 고안한 서체인 미국 언셜체로 쓰여진 매우 아름다운 수서본을 만들어냈다.

그 시기에 쓴 다른 글들에는 머튼의 신비적인 측면과 나란히 흐르고 있는 정치적 측면이 드러나 있다.

---

225. 일기, 1960년 10월 29일.

226. "Natura naturans": Saint Thomas Aquinas, *Summa*, I.2, 85 nr 6 참조.

227. *Hagia Sophia*는 *Emblems of a Season of Fury* (New York: New Directions 1961) 61-9에 발표되었는데, 후일 *Thomas Merton Reader*, T. P. McDonnell 편, 개정판 (New York: Doubleday-Image 1974)과 *The Collected Poems of Thomas Merton* 363-71에도 수록되었다.

머튼은 자기가 "반국가 범죄를 시인한 자백에서, 소나무 아래 앉아 전혀 아무 일도 하지 않았음을" 시인한다. 그는 한 시간 동안 아무런 일도 하지 않았고 계속해서 아무것도 하지 않으려 했다. "나는 앵무새 소리를 듣고 있었음을 고백한다. 맞다. 그것은 앵무새였다. … 분명 나는 또 다른 순간에 존재할 가치가 없다."[228]

머튼은 윌리엄 쉬러의 『제3 제국의 흥망』을 읽으면서 「난롯가에서 부르던 노래」라는 시의 영감을 받았다. 그 시는 유태인 대학살의 집행에 대해 단조로운 목소리로 쓴 으스스한 시였다. 그 대학살에서 개혁은 더욱 효과적인 방법으로 사람들을 살해하는 것을 의미했다. 그리고 목숨을 부지하려 하는 사람들은 떳떳하지 못한 죄인들이었다. 화자인 지휘관은 전쟁 범죄를 저지르기 전에는 "전적으로 복종하던 동안 내내" 자기 희생적인 사람이었으며 그가 한 일은 양심적이고 한 점 잘못도 없었다고 말하고 있다. 그는 히틀러가 저지른 유태인 대학살뿐만 아니라 나치를 패배시킨 자들이 준비하고 있던 핵에 의한 대학살을 지지하고 있다. "네가 행한 짓을 보지도 않은 채 장거리 미사일로 친구와 적을 한꺼번에 태워버렸으니 스스로 더 낫다고 생각해서는 안된다."[229] 미국의 지원을 받아 피그만 쿠바 침공이 있고, 소련을 등에 업고 베를린 장벽이 세워진 그해는 핵 대학살이 점차 벌어질 수 있는 일로 보였다.

이와 같은 시기에 머튼은 「원자탄」을 썼다. 이 제목은 1945년 8월 6일 히로시마에 투하된 폭탄에 붙여진 일본어 표현을 그대로 옮겨놓은 것이다.[230]

이 시는 사전 경고 없이 폭탄을 사용해서는 안 된다는 제작자의 호소에도 아랑곳하지 않고 핵무기를 개발하고 처음으로 사용한 데 대한 얼마 안되는 간결한 문장으로 씌어진 짧은 역사시이다. 그럼에도 불구하고 폭탄은 군사적인 중요도가 별로 없다고 보여지는 도시에 투하되었다. "폭탄이 투하된

---

228. Thomas Merton, *The Behavior of Titans* (New York: New Directions 1961) 65-71.

229. 원래 *The Catholic Worker*에 발표, *Collected Poems* 345-9에 수록.

230. New Directions에서 1962년 3월 출판, *Collected Poems* 293에 수록.

중심 부근에 있던 사람들은 형체도 없이 사라져 버렸다. 도시 전체가 산산이 파괴되고 파편들이 즉시 도처에 떨어져 불길이 기세좋게 솟아올랐다. 칠만 명이 바로 그 자리에서 죽거나 몇시간 안에 죽어 갔다. 바로 죽지 않은 사람들은 참혹한 고통을 겪어야 했다. 그들 가운데 군인은 별로 없었다." 머튼은 폭탄과 관련된 사람들이 종교 용어를 사용한 묘한 방식을 지적했다. 이 최초의 핵무기 실험은 삼위일체라고 불리었다. 히로시마에 폭탄을 투하하는 사명은 결국 교황에게 귀속된 것처럼 되었다. 그것이 티니안에 붙여진 암호명이었다.

나가사키 원폭 생존자

가장 훌륭한 몇몇 글을 쓰는 동안 머튼은 자기 일에 대한 회의로 가득 차 있었다. 그는 "나의 글들에 더욱더 회의적으로 되어갔습니다"라고 도로시 데이에게 말했다. "좋은 것은 얼마 없으되 탐탁지 못한 것들은 많았다. 나는 거의 정직하지도 분명하지도 못했다. 나를 괴롭히는 문제는 내가 너무나 쉽게 기만적인 체제 일반의 일부가 될 수 있다는 데 있었다. 나 자신이 점점 더 세상을 비웃는 경향을 보이고 어쩌면 아주 혼돈과 부조리와 일종의 그리스도교 무정부주의적인 패배주의자의 입장으로 빠져들고 있다는 걸 깨달았다."[231]

---

231. Dorothy Day에게 보낸 편지, 1961년 7월 23일: HGL 139.

머튼은 항상 자기가 말을 건네고자 하는 사람들에게 적절한 단어들을 찾아내는 재능을 가지고 있었다. 도로시 데이에게는 무정부주의자란 그녀 자신과 같은 사람을 의미하는 것이었다. 그들에게 무정부주의자란 지배자나 국가나 제도에 복종하는 것이 아니라 복음에 복종하는 사람을 가리켰다. 그로부터 몇 주 지나지 않아 보낸 편지에서 그는 이렇게 말했다. "내가 이런 시기에 양심적으로 묵상과 같은 소재에 관하여 계속 써갈 수 없다고 느낍니다. 아주 많은 사소하고 부차적인 수도생활 연구에 골몰할 수는 없습니다. 나는 큰 문제, 즉 생사가 걸린 문제를 정면으로 다루어야 한다고 생각합니다. 그리고 이것은 모든 사람이 두려워하는 것이다."[232]

1961년 9월, 머튼은 전쟁에 대한 자기 생각을 기꺼이 공개했는데 『묵상의 씨앗』에서 짤막한 하나의 장을 이루고 있는 「전쟁의 뿌리는 공포다」라는 에세이로 밝히고 있다. 그리고 그 에세이를 수정 보완하여 『새로운 묵상의 씨앗』이라는 이름으로 출간했다. 그러나 도로시 데이에게 보낸 설명에는 특별히 「가톨릭 노동자」 신문을 위해 쓴 문장이 상당히 포함되었다.

현재의 전쟁 위기는 전적으로 우리 스스로 자발적으로 만들어낸 것이다. 실제로는 전쟁이 일어날 만한 하등의 논리적 이유도 없다. 그러나 전세계는 가공할 파괴 속으로 곤두박질하고 있으며 그것도 전쟁을 피한다는 명목으로 곤두박질하고 있는 것이다. … 이는 진짜 전쟁에 미쳐 있는 상태이며 전세계를 맹렬하게 그리고 은밀하게 감염시키면서 확산되어 가는 마음과 정신의 병이다. 병을 앓고 있는 모든 나라 가운데 미국이 아마 가장 심각하게 병들어 있을 것이다. 사방에서 사람들이 폭탄을 피할 대피소를 짓고 있다. 그러나 핵전쟁이 벌어질 경우 그들은 순식간에 타죽거나 폭파되는 섬광 속에 소멸되어 버리는 대신 대피소에서 서서히 타 죽을 것이다. 그리고 그들은 그 대피소에 자기네 이웃들이 들어오지 못하도록 막아줄 기관총을 설치할 자세가 되어 있

---

232. Dorothy Day에게 보낸 편지, 1961년 8월 23일: HGL 139-40.

다. 자유와 다른 정신적인 가치와 더불어 종교적 진리를 위해 싸우고 있다고 주장하는 나라에서 그런 일이 벌어질 것이다. 진정 우리는 복수심을 가지고 "후기 그리스도교 시대"에 들어섰다. 우리가 파멸을 겪든 살아 남든 미래는 생각만 해도 끔찍하다.

그 모든 현상 속에 그리스도 신자가 있어야 할 자리는 어디인가? 단순히 팔짱을 끼고 최악의 경우에 자기 자신을 내맡기는 것을 피할 수 없는 하느님의 뜻으로 받아들여 안도의 한숨을 쉬면서 하느님 나라로 들어갈 준비를 할 것인가? 묵시록을 펴놓고 거리로 뛰쳐나가 모든 사람들에게 무슨 일이 벌어질지 자기 생각을 말할 것인가? 아니면 더 나쁘게는 완고하고 "실리적인" 태도를 취하고 전쟁을 일으키는 사람들의 광기에 휩싸여, 어떻게 하면 "첫 일격"으로 서방의 영예로운 그리스도 신자들이 무신론을 주장하는 공산주의를 영원히 일소하고 지복 천 년을 알릴 것인지를 헤아려야 할 것인가? 나는 예언자도 점장이도 아니지만 이 마지막 관점이 가장 악마적인 환상일 수 있다고, 부유해지고 안일해지고 자기의 부에 안주한 그리스도교 세계가 당할 커다랗고 확실한 유혹일 수 있다고 본다.

우리는 무엇을 해야 하는가? 이 위기에서 그리스도 신자들이 해야 할 임무는 하느님께서 오늘날 세상에 살고 있는 우리에게 부여하신 한 가지 책무를 다 하기 위해 자기의 온갖 힘과 지식으로, 그리스도를 믿는 신앙과 희망으로, 그리고 하느님과 인간에 대한 사랑으로 싸우는 것이다. 그 책무는 완전히 전쟁을 폐지하는 일이다. 전쟁이 없어지지 않는다면 세상은 끊임없이 정신 착란과 절망 상태 속에 있을 것이다. 왜냐하면 현대 무기의 막강한 파괴력 때문에 대재난의 위험이 임박해 있고 재난이 언제 어디서나 일어날 수 있기 때문이다. 우리가 개인적으로나 정치 집단이나 종교 집단 속에서 모두 즉시 이 책무에 착수하지 않는다면 가차없이 전쟁을 일으킬 파괴력에 협력할 극한적인 소극성과 숙명론에 빠지기 쉽다. 그것은 무서울 만큼 복잡하고 광범위한 문제이다. 그 문제에 대하여 교회 혼자서는 명확하고 결정적인 해결책을 충분히 찾을 수 없다. 그러나 교회는 여러 가지 어려운 일들을 비폭력적으로 해결하는 길로 통하는 방법을 이끌어내야 한다. 그리고 국가간의 분쟁이나 국내 분쟁을 해결하는 방법으로 전쟁을 점차적으로 없애가는 방향으로 이끌어가야 한다. 그리스도 신자들은 모든 가능한 방법에서 적극적이어야 하고 전쟁을 반대하는 그들의 모든 투쟁 수단을 동원해야만 한다.

무엇보다도 알아야 할 것이 많다. 평화를 설교하고 비폭력을 실제적인 방법으로 설명해야 하며, 스스로를 과시하고 싶은 미치광이들을 위한 분출구인 양 그것을 비웃음거리가 되도록 방치해서는 안된다. 기도와 희생은 전쟁을 반대하는 전쟁에서 가장 효과적인 영성적인 무기로서 사용되어야 하고, 모든 무기들처럼 신중하게 목적 의식을 가지고 사용되어야 한다. 즉, 단지 평화와 안전에 대한 명확치 않은 열망으로가 아니라 폭력과 전쟁을 반대하는 것으로 사용되어야 하는 것이다. 이것은 우리가 기꺼이 다른 사람들과의 관계 속에서 폭력적이고 공격적인 자기 본능을 자제하고 희생하는 일도 포함하고 있다. 우리가 이 운동에서 성공을 거두지 못할지도 모르지만 성공을 하든 못하든 우리 임무임에는 명백하다.[233]

---

233. *The Catholic Worker,* 1961년 10월.

머튼은 『칠층산』을 아끼는 많은 사람들이 미국이 행하고 있는 일들에 그토록 비판적으로 생각하는 경향 때문에 고민하고 얼마간 화도 나 있다는 것을 알아챘다. 1961년 1월, 존 F. 케네디가 대통령으로 취임함으로써 압도적인 가톨릭의 지지를 입고 있는 한 가톨릭 신자가 미국 정부를 이끌게 되었다. 이와는 별도로 미국의 정책은 전통적으로 미국 가톨릭 인구와 교계 제도의 확고한 지지를 받고 있었다. 머튼은 10월 23일 에세이를 출간한 직후 일기에 이렇게 썼다.

어쩌면 나의 영성생활이 전환점에 와 있는 것 같다. 아마 성숙해지고 여러 가지 의문점들이 풀리며 두려움이 사라지는 지경에 다가가는 것 같다. 익히 알려진 결정적인 전투 속으로 걸어 들어가는 것 같다. 하느님, 이 전투에서 부디 저를 보호하소서. 「가톨릭 노동자」 신문에서 많은 반발을 불러올지도 모를 내 기사에 대한 보도 자료를 보내 왔다. … 나는 이 나라에서 전쟁 폐지와, 국가간의 갈등을 해결하는 데 비폭력적인 수단의 사용을 위해 철저하게 비타협적인 투쟁을 벌여온 것으로 뚜렷이 드러난 몇 안되는 가톨릭 신부들 중 한 사람이다. 따라서 함축적으로 폭탄, 핵실험, 폴라리스 군 잠수함뿐만 아니라 모든 폭력에 반대한다. 바로 이 점을 멀지 않아 필히 명확하게 밝혀야 할 것이다. 비폭력적 행동은 단지 무저항을 의미하는 것은 아니다. 짤막한 기사조차 수도회 검열을 거치는 데 최소한 2개월은 걸릴 때 나 자신을 어떻게 설명하고 어떻게 시의적절한 방식으로 명확한 입장을 변호해야 할지는 해답을 찾으려고 시도조차 할 수 없는 문제이다.

침 묵

> 수도자는 만물의 내적인 영적 차원에
> 조율되어 있다고 가정되는 사람이다.
> 만일 수도자가 아무것도 듣지 못하고
> 아무것도 말하지 못하면 전체의 쇄신은
> 위험에 처하게 될 것이고
> 완전히 쓸모없어질지도 모른다.

「전쟁의 뿌리는 공포다」를 뒤따라 곧바로 「가톨릭 노동자」 신문과 그외 간행물들에서 같은 주제로 더 많은 에세이가 나왔다. 모든 교회를 망라하는 반전 조직체, 즉 화해의 단체의 잡지인 「동료애」가 그런 간행물 가운데 하나였다. 머튼은 전쟁에 참여하거나 전투를 준비하는 데 어떤 식으로든 절대로 협조하지 않겠다는 맹세가 담긴 성명서에 서명함으로써, 1961년 11월 화해의 단체에 가입했다.

교황 요한 23세에게 보낸 편지에서 머튼은 많은 미국인들이 무지 및 선동의 영향으로 공산주의에 대한 자기네 반대 입장을 소련을 파괴하는 데 미국 핵 무기고를 사용해도 좋다는 식으로 흔연히 연결짓는 방식에 대해 경종을 울렸다. 가톨릭 신자들은 교회에 대한 충성의 표지로 강경한 입장을 취함으로써 비타협적인 사람들 가운데서도 가장 앞서 있었다. 그는 계속해서 경제 자체가 점차 전쟁 준비에 매임으로써 군비 축소는 경제의 위협으로 비쳐지고 있다고 밝혔다. 머튼은 "개신교 신자와 가톨릭 신자를 연대하게 해주는 아주 작은 평화운동이 미국에서 일어나고 있다"고 교황에게 말했다. "저는 여기 수도원에서 기도와 저술을 통해 그리고 이곳을 찾아온 사람들과 나누는 이야기를 통해 가능한 한 이 운동의 일부를 담당하고자 노력하고 있습니다."[234]

1961년도 저물어갈 무렵 머튼이 쓰고 있었던 주제들을 트라피스트회 총장 돔 가브리엘 소르테이스는 좋아하지 않았고 대부분의 수도회 검열관들 또한 그런 논쟁적인 글을 수도자에게 걸맞은 글로 보지 않았다. 1961년말 머튼은 나에게(「가톨릭 노동자」편집진 중의 한 사람) 자신이 부딪친 검열제도가 "전혀 실수를 없애려는 목적에서가 아니라 다만 순전히 '좋게 보이지 않는' 내용에 대한 출판을 막기 위해 고의적으로 완벽하게 방해"하고 있다고 말했다. 그리고 좋게 보이지 않는다는 건 어찌됐든 검열관의 취향이나 감정에 어울리지 않거나 짜증스럽게 하는 것을 의미했다.[235]

검열관 이외에도 많은 독자들이 짜증스러워했다. 1962년 3월, 「워싱턴 가톨릭 스탠다드」의 한 편집자가 머튼을 "무조건적 반전론자"로 묘사하고 "권위있는 가톨릭의 말을 무시하고 우리 정부의 계획에 군비 축소를 지향해야 한다는 부당한 훈계를 한다"고 비난했다.

그런 비판이 급등함에 따라 머튼은 "새로운 방향"을 위해 착상하고 모아온 군비 확장 경쟁에 관한 에세이를 엮은 책『평화의 돌파구』의 편집자로서의 자기 이름을 빼야 했지만 적어도 그 계획 자체가 무산되지는 않았다.[236]

빠져나가기 어려운 검열의 미로를 통과하지 않고서도 사회 문제와 정치 문제의 종교적 중요성에 대한 자기 생각을 전파할 수 있는 길을 찾기 위해 머튼은 최근의 편지들을 엮어 책 크기만 하게 등사한 「냉전 편지」를 제작했다. 자기와 편지를 주고받는 몇 사람의 도움을 받아 책을 보급시켰다. 「냉

---

234. 교황 요한에게 보낸 편지 1961년 11월 11일: HGL 486. 교황의 개인 비서인 Capovilla, 몬시뇰은 이 편지가 교황에게 깊은 인상을 주었다고 상기한다. "그 편지는『지상의 평화』를 쓰는 데에 어떤 영향을 미쳤다"고 William Shannon 몬시뇰은 말한다.

235. Jim Forest에게 보낸 편지, 1962년 1월 5일; HGL 261 (여기 사용된 편지의 어떤 부분은 HGL에는 수록되지 않았다).

236. 1962년 9월에 출간된 책 표지에 새겨진 머튼의 이름은 편집자로서가 아니라 오히려 서문 저자로서였다.

COLD WAR LETTERS: PREFACE

These copies of letters written over a period of little more than one year pre-
ceding the Cuban Crisis of 1962, have been made for friends who might be expected
to understand something of the writer's viewpoint, even when they might not agree
with all he has said, still less with all that he may have unconsciously implied.

As a matter of fact, the letters themselves have been copied practically without
change, except that the more irrelevant parts have been cut out. There have been
none of the careful corrections, qualifications, and omissions which would be re-
quired before such a book could possibly be considered for general circulation, or
even for any but the most limited and private reading. As it stands, it lies open
to all kinds of misinterpretation, and malevolence will not find it difficult to
read into these pages the most sinister of attitudes. A few words in a preface may
then serve to deny in advance the possible allegations of witch hunters.

전 편지」는 머튼의 책이 처음으로 사미즈닷(지하 출판물에 붙여진 러시아어)의 형태로 읽혀지는 체험을 하게 한 책이었다. 그래서 파스테르나크와 같은 소련 작가와 또 다른 연계를 맺고 있다는 뜬소문이 나돌았다. 그러나 적어도 머튼은 한정적이나마 수도원장으로부터 지원을 받았다. 돔 제임스 수도원장은 일반인들에게 영향을 미칠 가능성이 있는 내용만 검열이 요구된다고 보고 등사판으로 머튼의 글을 보급하는 데 동의했다.

그가 바랐던, 총장과 검열관들의 검열을 통과할 만큼 온건한 책, 즉 『후기 그리스도교 시대의 평화』를 쓰는 데 많은 시간이 소요되었다. 그런 글을 쓸 계획을 모두 포기하라고 지시한 편지가 도착한 바로 그때 원고가 완성되었다.

1962년 4월 29일, 머튼은 "바로 지금 퇴짜를 당했습니다"고 나에게 편지를 보냈다. "나는 오랫동안 고위 장상들과의 갈등을 예견해 왔었는데 지금 그 문제가 터졌습니다. 수도회는 나에게 더 이상 평화에 대한 글을 쓰지 말라는 지시를 했습니다. … 사실상 나는 전쟁과 평화에 관한 주제에 대해 입을 다물고 있어야 했습니다."

머튼의 말에 따르면, 그 결정은 "종교적 측면에서 현재의 위기의 심각성에 대한 놀라울 정도의 몰이해를 반영하고 있다. 다시 말해 그런 결정은 그리스도교와 교회의 가치에 대한 무감각을 반영하고 수도원의 소명에 대한 참 의미를 느끼지 못하고 있음을 말해 준다. 그런 결정을 내리게 된 이유는 그 일이 수도자에게는 합당한 일이 아니며 '수도원의 메시지'를 왜곡한다는 것이었다. 상상해 보자. 즉, 수도자가 군비 확대 경쟁에 항의를 표명하기 위해 핵전쟁 문제에 깊숙히 관여해야 한다는 관념이 수도원 생활에 불명예를 가져다준다고 생각한다고. 요컨대 나는 많은 사람들이 철저히 죽어 있다고 여기는 제도가 누릴 수 있는 평판의 마지막 편린을 바로 그로 인하여 구할 수 있으리라고 판단하고 있다. … 그것은 정말 전체 상황의 가장 모순된 측면이다. 그들은 고집스럽게 자기네 자신의 무덤을 파고 있으며 그 위에 가장 기념비적인 묘비를 세우고 있다."

머튼과 총장 사이의 표면적인 의견 차이의 근저에는 교회의 정체와 사명에 관한 서로 다른 개념이 자리잡고 있었다. 그가 쓴 편지에서 "교회의 활력은 바로 중단되지 않고 계속되는 깊은 영성의 쇄신에 달려 있다. 분명 이 쇄신은 역사적 맥락에서 표현되고, 역사적 위기를 정말 영성적으로 이해할 것을 요구한다. 그리고 쇄신을 역사의 내적 중요성에 의해, 인간을 성장하게 하고 인간 세상에서 진리를 향상시킨다는 견지에서 역사적 위기를 평가할 것을 요구한다. 다시 말하자면 '하느님 나라'의 건설을 의미한다. 수도자는 만물의 내적인 영적 차원에 조율되어 있다고 가정되는 사람이다. 만일 수도자가 아무것도 듣지 못하고 아무것도 말하지 못하면 전체의 쇄신은 위험에 처하게 될 것이고 완전히 쓸모없어질지도 모른다."

그는 격노해서 계속, 자기에게 침묵을 강요한 사람들은 수도자를 새로운 것을 보거나 듣기로 약속한 사람이 아니라 세상 사람들이 규정해 놓은 기존의 관점을 지지하기로 약속한 사람으로 생각하고 있다고 말했다. "수도자는 앞장을 서는 대신 군용 수화물 뒤에 있으면서 … 공직자들이 저질러 놓은 온갖 것을 추인해 준다. 수도자에게는 아마도 청원을 받아 기도하는 일, 즉 교회 관료 제도의 목적과 목표를 위해 기도하는 일말고는 그외 다른 역할은 전혀 없다. 수도자는 어떤 사건이나 어떤 상황하에서도 어떤 형식으로든 자발성과 독창성 있는 역할을 떠맡아서는 안된다. 수도자는 그에게 보라고 조심스럽게 선택해 준 것 외에 아무것도 보아서는 안되는 눈을 가져야만 한다. 지배자에게 유리한 것말고는 아무것도 듣지 않는 귀를 가져야 한다. 우리는 그리스도께서 그런 귀와 눈에 대하여 말씀하신 바를 알고 있다.”

머튼은 자기가 “바로 모든 것을 완전히 발가벗겨 폭로하고 비난하거나 혹은 나가버리거나 혹은 그들에게 호수 속으로 뛰어들라고 말해야 하지 않을까?” 자문했다. 그토록 분명히 부당한 명령에 복종하지 않는 것이 정당한 것은 아닌가? 결국, 그가 지적했던 것처럼, 순명은 사랑이라는 말에 다름 아니다. 그러나 불복종이나 공적인 거절을 상상에서 나온 허구라기보다는 오히려 교회의 현실 속에서 나온 평화와 교회의 진실에 대한 증거로서 보아야 하지 않을까? 그러한 행동이 오히려 자기 동료 수도자들에게 소수의 관점을 간과하고 있다는 비난으로 보이지 않을까? 그리고 외부인들에게 교회가 개인의 양심을 귀히 여기지 않았다는 새로운 증거로 여겨야 하지 않을까? 어느 쪽의 마음이 바뀌길 바라야 하는가?

머튼은 “특별히 내 경우에” 공개적인 저항과 불복종은 “예상과 다른 결과를 초래하고 효과가 없었다”고 결론지었다. “내 저항과 불복종은 평화운동을 거스르는 증거로 이해되고 그들로 하여금 편견과 자기 만족의 심연 속에서 마음을 굳어지게 했을지도 모른다. 공개적인 저항과 불복종은 가능한 모든 방법으로 자기들이 논란의 여지 없이 옳다고 자신하게 하고 또한 그들이 그 주제에 대해 더 이상 새로운 빛을 보지 못하게 만들 것이다. 어떤 경우든 나는 그저 불만을 터뜨릴 기회만을 찾고 있는 것이 아니다. 나는 그렇게 하지 않고서도 내 할일을 해 나갈 수 있다.”

“내가 있는 곳에 나는 있다. 이 상황을 자유롭게 선택했고 있을 수 있는 변화에 대한 의구심이 일어날 때 자유롭게 선택하여 그 의구심 안에 머물렀다. 내가 불안을 가져오는 요소라 해도 괜찮다. 내가 반드시 그런 존재라는 것은 아니지만 나는 내 자신의 이익을 추구하지 않은 채 단순히 나의 양심이 이야기하고 양심이 명하는 바를 말할 뿐이다. 이것은 권위가 나에게 가할지도 모르는 그런 제한을 받아들이는 것을 의미한다. 그런 자세는 제한이 가해진 표면적인 이유에 내가 동의하거나 동의하지 않아서가 아니라 나 자신이 그 순간에 보거나 이해할 수 없는 목적을 성취하기 위해 이런 것들을 사용하고 계시는 하느님에 대한 사랑에서 나온다. 나는 하느님이 당신이 정하신 때가 오면 부당하게 혹은 어리석게 제한을 가한 사람들을 잘 처리할 수 있고 결국 처리하실 것을 알고 있다. 그것은 하느님의 일이며 내가 할 일이 아니다. 이런 차원에서 나는 사랑과 순명 사이에 모순을 발견하지 못한다. 사실 그렇게 보는 것이 빗나간 명령의 한계와 방종을 극복하는 유일하고 확실한 방법이다."[237]

몇 주간 동안 침묵을 지킨 뒤 머튼은 자기가 "공산주의자들의 통제를 받는 한 간행물" ―「가톨릭 노동자」 신문을 어떤 반대자들은 그렇게 불렀다 ― 에 기고를 해왔다는 비난을 받았다고 썼다.[238]

5월 중순경, 머튼은 돔 가브리엘 총장으로부터 교육을 담당하는 수도회와 기도를 주로 하는 수도회 사이의 차이점을 강조한 편지를 한 통 받았다. 총장은 "나는 그대에게 세상의 운명에 무관심한 채 있으라고 요구하지는 않는다. 그러나 그대가 글보다는 기도와 하느님 안에 깊숙히 들어가 있는 삶에 의하여 세상에 영향을 줄 수 있다고 믿는다. 이 점이 바로 당신이 완성시킨 책을 출간할 생각을 포기하고 지금부터는 핵전쟁, 전쟁 준비 등에 관한 주제에 관한 저술을 삼가라고 내가 요구할 때 그대가 스스로를 옹호한 데 대해 상처를 입히지 않았다고 생각하는 이유이다"[239]라고 말했다.

머튼은 한정된 방식으로나마 순명했다. 출판업자에게 출판을 부탁하지 않았다. 그래서 그 책은 일반적으로 알려지지 않았다. 그러나 아주 알려지지

---

237. Jim Forest에게 보낸 편지: HGL 266-8.

238. Jim Forest에게 보낸 편지, 1962년 6월 14일: HGL 268-9.

239. Mott 379와 주석 228번 623 참조.

않은 것은 아니었다. 머튼은 자기 견해를 전달하는 방법으로 사미즈닷 방식을 다시 채택했다. 수도원장의 허락으로『후기 그리스도교 시대의 평화』수백 부를 등사해 친구들에게 우편으로 보냈고 그 친구들은 다른 사람들과 돌려 보았다.[240] 그 책은 다른 책과 달리 아주 몇 명 되지 않은 독자들 손에 들어갔지만 그 책을 받은 사람들은 그 책을 더욱 주의깊게 연구했다.[241] 머튼은 그렇게 벌인 일에 대해 전혀 유감스럽게 생각하지 않았다. 그는 겸열을 받지 않고도 자기 생각을 전할 수 있는 통로를 이용할 수 있음을 알고 즐거워했다. 그는 "은밀한 장소에서 인쇄하거나 등사한 이색적인 에세이의 위력을 확고하게 믿는 사람"[242]이 되었다.

『후기 그리스도교 시대의 평화』가 가지고 있는 문제점 중의 하나는 공식적인 통로를 통하여 출판이 허용될지도 모른다는 시각으로 씌어졌다는 데 있었다. 머튼은 "겸열을 통과하면서도 동시에 무엇인가를 말해 줄 책을 쓰려고 노력하면서 얼마나 곤궁에 빠졌던가"라고 7월 나에게 써 보냈었다. "모든 문장을 완곡하게 표현하기 위해 갖가지로 마음을 기울이고 균형을 잃지 않도록 무진 애를 쓰고 … (그와 동시에) 내 양심이 말하고자 하는 진리를 밝히려고 노력했다."[243]

등사기와 얇은 유인물에 의존하면서, 또 때때로 검열 없이 머튼은 익명이나 가명으로 출판된 글을 통하여 더 많은 독자들에게 말을 건넸다. 「가톨릭 노동자」 신문의 얇은 겉장 아래 한 곳에다 베네딕도회 수도자라고 서명했

---

240. 머튼의 또 한 책은 간행된 적이 없는데, 검열 때문이 아니라 출판사가 머튼의 견해를 너무 구식이라고 생각했기 때문이다. *Art and Worship*이 1959년에 이미 출간될 것이었는데, 적어도 그 원고의 한 독자인 Eloise Spaeth가 머튼의 "'성화가'가 소름끼치는 성화들을 가지고 계속 기어드는" 것을 참을 수 없었던 것이다. 불행히도 이 책은 등사본으로 나온 적조차 없지만, 몇 장은 잡지 기사로 발표되었다. 미간행서의 종합 소개 참조: Donna Kristoff, "Light That Is Not Light", *The Merton Annual,* volume 2, 1989, 93-7.

241. Bob Grip이 나에게 머튼이 로마에 있는 바티칸 북미 대학 도서관의 창턱에서 *Peace in the Post-Christian Era* 염가본을 우연히 발견했다고 말해 주었다.

242. 시인이자 출판인인 John Beecher에게 보낸 편지, 1963년 7월 9일.

243. Jim Forest에게 보낸 편지, 1962년 7월 7일: HGL 269.

제2차 바티칸 공의회

다. 그리고 유머 감각이 있는 머튼의 마르크스 형제들과 아는 사이인 사람들에게 머튼은 자신을 마르코 J. 프리스비라고 서명해야 했을까?

검열이 가지고 있는 문제점에도 불구하고 머튼은 교황 요한 23세와 그가 영감을 불어넣은 교회 쇄신 과정을 보고 희망에 부풀게 되었다. 제1차 바티칸 공의회가 열린 지 거의 백 년 만에 제2차 바티칸 공의회가 1959년 1월 교황에 의해 선포되고 1962년 10월에 시작되었다. 첫번째 회기에는 주로 전례 개정을 하는 데 소요되었을지라도 다음 계속되는 회기에는 현대 세계에서 교회의 역할과 같은 문제가 깊이있게 다루어졌다. 1962년 12월 머튼은 국제 화해 단체 간사들인 힐데가르드와 장 고스 메이르에게 전쟁과 평화에 관해 쓴 글들을 모조리 보냈다. 두 간사는 돔 가브리엘 소르테이스에게 허락을 얻어 교회의 사회적 사명에 관해 문건을 기초하는 신학자들과 주교들에게 평화에 대한 머튼의 에세이를 보급했다.

1963년 4월, 교황 요한은 죽기 두 달 전에, 가장 광범위하게 논의되고 있는 현대 교황 회칙, 즉 『빠쳄 인 떼리스』(지상의 평화)를 출간했다. 요한

170 지혜로운 삶

23세 교황은 가장 기본적인 인권은 생명에 대한 권리임을 강조하고 군비 확
장 경쟁과 같은 생명에 위협이 되는 것들을 거리낌없이 격렬하게 비난했다.
전쟁은 더 이상 침해된 권리를 지키는 적당한 수단이 될 수 없다고 말하고
양심적 병역 거부자들을 합법적으로 보호하도록 호소했다. 교황은 결코 당
국자들에 대한 맹목적인 복종에 찬성하지 않고 생명을 보호하고 도덕을 유
지하는 개인의 책임을 강조했다. "만일 민간 당국자들이 하느님의 뜻에 반
하는 어떤 것을 법제화하거나 허용하는 경우, 제정된 법률 및 그 법률이 부
여한 권위가 시민의 양심을 얽맬 수 없다. 왜냐하면 하느님이 인간보다 더
복종을 받으실 권리가 있으시기 때문이다"(51항).

그 회칙이 발표된 며칠 후에 머튼은 총장에게 보내는 편지에서 "교황 요
한 23세의 회칙이 우리 검열을 거칠 필요가 없었던 것이 다행한 일이라고,
그리고 '나는 이제 다시 글을 쓸 수 있겠지요?'라고 말했다."[244] 특히 그는
돔 가브리엘에게 『후기 그리스도교 시대의 평화』에 대한 작업을 다시 착수
하여 출판할 수 있게끔 허락해 달라고 요청했다. 요지부동인 돔 가브리엘은
다시 한번 금지를 시켰다. 머튼은 일기에 "(돔 가브리엘은) 내심으로 (돔
가브리엘의 고국인) 프랑스가 필요하다면 폭탄을 보유하고 사용해야 한다는
굳은 확신이 서 있는 것 같다"고 설명했다. "돔 가브리엘은 회칙 『빠쳄 인
떼리스』(지상의 평화)는 한 나라가 자국의 방어를 위해 핵무기를 보유한 무
기 자체에 대해서는 아무런 변화를 강요할 수 없다고 말했다."[245]

1963년 여름, 침묵을 지키던 머튼은 가톨릭이 사회를 바라보는 시각을 바
꾸어 놓은 『지상의 평화』가 나오기 전에 그가 애써 출판해 냈던 책들로 말
미암아 존경을 받았다. 「가톨릭 노동자」와 관련을 맺고 있는 가톨릭 평화
단체인 "평화"로부터 메달을 수여받게 되자 머튼은 수락의 편지를 썼다. 편
지에서 그는 "수도원은 달팽이 껍질도 아닐 뿐더러 종교의 신앙 역시 묵시

---

244. Jim Forest에게 보낸 편지, 1963년 4월 26일: HGL 274.
245. 일기, 1963년 5월 10일; Mott 386.

시대의 범죄의 현실을 피해 뛰어들 수 있는 영적 방사능 낙진 대피소와 같은 것이 아니다"고 설명했다. 수도자도 그외 사람들처럼 "생명을 증진시키는 결정 혹은 생명을 거스르는 결정"을 내려야만 한다. 사실 그것은 하느님을 따르느냐 아니면 하느님을 반대하느냐를 결정하는 것이다. "과거에 나는 기회가 닿는 대로 이 점에 대해 말하고자 했지만, 지금은 내가 바라는 만큼 그런 기회가 허용되지 않고 있다. 그러나 내가 인정해야만 하는 한 가지 사실은 나에게 이런 것들이 이성적인 존재라면 누구에게나 하는 아주 단순한 의무로 보인다는 것이다. 그와 같은 태도에 어떠한 영웅주의도, 뛰어난 통찰력이나 특별한 도덕성도, 유별난 지식도 필요하지 않다. … 이들 제안은 … 대낮처럼 … 분명한 것이다. 『지상의 평화』가 발표되기 전에 내가 그 점에 대해 말했다 하더라도 내 이야기가 여전히 정말 독창적인 것은 아니다. 즉, 똑같은 내용을 교황 요한 이전의 역대 교황들, 신학자들, 교부들, 성서 자체가 이미 말했다." 그는 옛 진실을 되풀이 반복한 사람에게 메달까지 수여할 필요는 없다고 말했다.[246]

1963년 11월, 돔 가브리엘 소르테이스 총장은 세상을 떠났다. 신임 총장 돔 이냐시오 길렛은 머튼이 평화에 관해 쓴 글에 더 개방적이라는 사실이 때가 지남에 따라 입증되었다.

---

246. *The Nonviolent Alternative,* "In Acceptance of the Pax Medal, 1963", 257-8.

평화를 위하여 일하는 사람들의 목자

우리 임무는 다른 사람들을,
그들이 가치있는 사람인지 아닌지를 묻지 않고,
끊임없이 사랑하는 일이다.
그것은 우리의 사업 같은 것이 아니다.
우리가 실천하도록 요청받고 있는 것은
사랑하는 것이다.
이 사랑은 가능한 대로
우리네 자신뿐만 아니라 우리 이웃 형제까지도
가치있는 자로 만들어 줄 것이다.

머튼은 평화 단체의 회원이었음에도 불구하고 자기 방어를 위해 물리력에 의지한 사람들을 전혀 비난하지 않았다. 그는 정의의 전쟁이 전쟁 과학 기술이 필연적으로 전투 요원이 아닌 일반 시민 가운데 수많은 사상자를 내지 않았던 옛날에도 일어났고 현대 상황에서도 억눌린 민중이 자유와 해방을 위해 투쟁하는 경우에도 일어날 수 있다는 가능성을 받아들였다. 그러나 1962년 도로시 데이에게 썼던 것처럼 정의의 전쟁 문제는 "순수한 이론에 지나지 않습니다. … 실제로 (일어나는) 모든 전쟁은 시종 죄, 허위, 불의, 죄로 인하여 발발합니다. 그래서 투쟁이 계속되는 '원인들' 가운데 여기저기에서 발견될 수 있는 여러 가지 진리를 어렵사리 가려낼 수 있을 따름입니다."[247]

---

247. **Dorothy Day**에게 보낸 편지, 1962년 6월 16일: **HGL** 145.

머튼은 그리스도인은 양심적 병역 거부자가 되어야만 한다고 주장하지는 않는다. 그러나 그는 그리스도 제자의 최고 형태는 폭력을 거절하기를 요구한다는 확신을 가지고 있었다. 즉, "그리스도인은 싸울 필요가 없고 사실 하느님과 주 예수 그리스도를 따르는 한, 그리고 메시아의 왕국이 도래함을 선포하고 신비 속에 심지어 세상의 갈등과 혼란 속에서조차 키리오스 팬토크라톨(창조주)의 현존을 증언하는 한, 싸우지 않는 것이 훨씬 낫다."[248] 정의의 전쟁이라는 전통에서 평가할 만한 점은 악을 적극적으로 반대해야만 한다는 주장에 있다. 이 점이 바로 그가 간디와 도로시 데이, 그리고 "가톨릭 노동자"와 "화해의 단체"와 같은 사회 정의를 위해 활발하게 비폭력 투쟁을 전개하는 단체에 마음이 끌리는 이유이다.

성소가 머튼으로 하여금 평화운동에서 적극적인 역할을 할 수 없게 했지만, 서간과 간혹 얼굴을 마주 대하는 방문객들을 통해 평화를 위하여 일하는 활동가들 사이에서 목자로서의 역할을 했다. 그런 역할이 아마 그가 공적인 일을 하거나 저술가로서 활동을 하는 일보다 더 중요한 일이었는지도 모른다. 그런 일을 할 때에는 과거처럼 자기가 쓴 글을 검열받아야 한다는 걱정이 없이 자기 생각과 의사를 자유스럽게 전달할 수가 있었다. 실제 일어나고 있는 사건으로부터 고립되어 있고 저항 활동의 중심부에서 멀리 떨어져 있음에도 불구하고 그는 콜럼비아 학생 시절부터 벌여온 그와 동일한 활동을 생생하게 기억하고 있었다. 1963년초 머튼은 "나는 난파된 30년대의 생존자라는 느낌이 든다"고 하면서 "현재의 세계가 생기기 전 자기의 원래 모습을 간직한 몇 안 되는 사람 중에 한 사람"[249]이라고 적었다.

30년대의 저항운동에서 흔히 간과되어 오고 60년대의 유사한 운동에서도 거의 남아 있지 않은 것은 동정심이다. 저항운동에 참여하는 사람들은 자기네가 불의와 폭력에 책임이 있는 자로 보는 사람들과 기존 상태를 옹호하는

---

248. *Seeds of Destruction* 129.
249. Jim Forest에게 보낸 편지, 1963년 1월 17일: HGL 273.

사람들에게까지도 몹시 분노하는 경향이 있다. 그러나 머튼이 지적했듯이 그들에 대한 동정심이 없이는 저항운동가는 점점 더 분노에 휩싸이게 되고 타인들의 태도를 바꾸는 데 아마 걸림돌이 될지도 모른다.

"사람들의 공포심, 우리를 미워하거나 비난하는 사람들이 가지고 있는 불안감과 분별없는 광증에 대해 참을성있는 깊은 연민을 가지고 있어야만 한다. (결국 이들은) 보통 인간이며 전쟁을 원하지 않는 보통 사람, 큰 타격을 받은 사람들, 정말 전쟁과 굶주림이 없는 훌륭한 새 세상을 건설하고자 하는 평범한 사람들이다."[250]

머튼이 지적했다시피 대부분의 사람들은 객관적으로 보아 자기들을 위험에 빠뜨릴 군국주의, 핵무기, 사회 불의와 같은 것에 저항할 때조차 그러한 운동 때문에 짜증을 내거나 두려워한다. "(사람들은) … 폭탄에는 전혀 위협을 느끼지 않지만 플래카드를 들고 다니는 몇몇 … 학생들에게는 몹시 위협을 느낀다."[251]

머튼은 사랑 없이, 특히 뜻이 같지 않은 사람들과 적들에 대한 사랑 없이는 깊은 인간적인 변모나 사회적인 변화를 가져올 수 없다고 역설했다.

머튼은 1961년 도로시 데이에게 다음과 같이 써 보냈다.

> 우리는 사람들을 지식만으로 혹은 원칙만을 보고 알 수 있는 것이 아니라 오직 사랑에 의해서만 알 수 있습니다. 우리가 타인과 적을 사랑할 때 비로소 하느님으로부터 그 타인과 적이 누구이고 우리는 누구인지 이해할 수 있는 열쇠를 얻게 됩니다. 이 자각만이 우리에게 우리네 의무와 올바른 행동의 본질적인 참 모습을 활짝 열어보일 수 있습니다. 사람에게 마음의 문을 닫고 그를 한 인간으로, 그 사람 자체로 보지 않으면 우리는 감정이 없는 "법률", 추상적인 "본질"에 의지하는 셈이 됩니다. 즉, 우리가 타인의 실체에 벽을 쌓고

---

250. Jim Forest에게 보낸 편지, 1962년 1월 29일: HGL 261-3.
251. Jim Forest에게 보낸 편지, 1962년 1월 29일: HGL 262.

우리네 본성과 타인의 본성 사이의 교감을 차단하고 우리 자신의 본성만이 올바르다고 주장하고 또 그렇게 인정하도록 요구하게 됩니다. 타인이 더 이상 형제가 아니고 적대자일 뿐이며 비난의 대상으로 간주하면서 우리 형제에게 저지른 악을 정당화합니다. 우리가 타인과의 교류를 회복하고 타인과 공유한 인간 본질의 단일성을 이해하며 타인의 인권과 성실성과 그의 사랑의 진가를 존중하기 위해서는 우리 자신이 … 그와 함께 비슷한 비난을 받아 마땅하며, 그와 마찬가지로 구원받기 위해서는 형언할 수 없는 은총과 자비의 선물이 필요하다는 것을 이해해야만 합니다. 그럴 때 타인을 궁지에 빠뜨리거나 우리 스스로를 위해 그의 손을 디딤돌로 사용해 올라가려고 애쓰는 대신 그가 올라서도록 도움으로써 우리 자신도 올라오도록 돕습니다. 구렁텅이에 빠진 적에게 우리 손을 내밀 때 우리 모두에게 하느님께서 손을 뻗어 오십니다. 왜냐하면 무엇보다도 먼저 적에게 우리 손을 내미는 분이 하느님이시기 때문입니다. 적 안에서 "그 자신을 구원하시고" 우리 적 안에서 당신의 모습인 얼마 안 되는 잃어버린 가치를 회복하기 위해 우리를 이용하시는 분이 바로 하느님이십니다.[252]

연민과 사랑이 없으면 표면상으로는 비폭력적으로 행동한다 하더라도 깊은 적개심과 경멸 그리고 적대자에게 굴욕감을 갖게 하고 패배를 안겨주고 싶은 욕망을 숨기고 있기 쉽다. 머튼은 자신의 가장 깊은 통찰력이 반영된 편지에 이렇게 썼다.

머튼의 샌들

<hr>

252. **Dorothy Day**에게 보낸 편지 1961년 12월 20일: HGL 140-3.

비폭력에 관해 다루기 힘든 문제 중의 하나는 우리가 불가피하게 은밀히 공격 심리와 흥분에 휩싸인다는 데 있다. 생각건대 이 점은 영적으로 발전이 안 된 요소들이 … 있을 때 특히 그렇다. 이는 아주 미묘한 문제이지만 우리는 도발적인 측면에서 비폭력이 사람들에게 반대 성향을 굳어지게 하고 자기들만이 올바르다고 맹목적으로 내세우는 경향을 심어줄 수 있다는 사실을 염두에 두어야 한다. 심지어 어떤 경우에는 비폭력이 사람들을 분열시키고 우리에게서 멀어지고 평화와는 동떨어진 어긋난 방향으로 몰고갈지도 모른다. 물론 이것이 (실상 예언자들에게서 그랬던 것처럼) 하느님 계획의 일부일지도 모른다. 적대자들과는 분명하게 선을 그어야 한다. … (그러나 우리는) 늘 사람들이 진실에 눈을 뜰 수 있는 방향으로 우리 행동을 돌려야만 하고 그들이 맹목적이라면 우리는 특별히 그들을 맹목적이 되게 하는 어떤 일도 하지 않았음을 분명히 하도록 노력해야만 한다.

그렇지만 거기에도 위험은 있다. 즉, 우리는 가족 및 수도 공동체와 같은 짜임새있는 집단 안에서조차 그런 위험을 희미하게 엿볼 수 있다. 인권 회복을 위한 순교를 때때로 감행하여 박해자들이 저지른 잘못의 흉측한 몰골을 뭇사람 눈에 뚜렷이 드러나게 만드는 그런 집단 안에서조차 그렇다는 말이다. 사실 그런 집단은 박해자들로 하여금 필사적으로 오류에 매달리게 하고 오류에서 피난처를 찾고 폭력에서 탈출구를 찾도록 내몰 수가 있다. … 우리가 상처를 받을 수 있다는 사실을 받아들임으로써 … 우리는 (적대자의 죄책에다) 그런 작용을 한다. 그보다 더 멋진 고문은 없다. 이것은 우리 시대의 엄청난 문제 가운데 하나다. … 이 모든 죄책, 그에 대하여 할 일은 아무것도 없다. 종국적으로는 증오, 종족에 대한 증오, 정치적 증오, 전쟁의 증오 안에서 그 모든 죄책을 폭파시키고 꺼지게 하는 일 외에는 할 일이 전무하다. 그런 상황에서 옳은 일을 지향하는 우리는 위험스런 인물들이다. … 진리가 무기로 사용될 때 우리는 그 진리의 무서운 날카로움을 깨닫게 된다. 진리는 가장 치명적인 무기가 될 수 있다. 그래서 우리는 진리라는 무기로 거짓을 죽이는 이상으로 상상을 하지 않도록 주의해야 한다. 사실상 우리는 진리를 "사용하는 방법"을 놓고 세심한 주의를 기울여야 한다. 왜냐하면 우리 자신이 이상적인 진리의 도구이며 우리 자신이 개입하지 않고서는 그와 다른 길이 없기 때문이다.[253]

머튼은 평화운동이 가끔 특정한 정치 집단 및 이념과 너무 많이 동일시되는 경향이 있다고 보았다. 이상적으로 말해서 평화운동은, 다른 사람들이 폭력적 구조에 갇혀 있을지라도, 그들을 해방시킬 수 있다는 가능성을 전달해 주어야 한다. 1962년말 머튼은 이렇게 썼다.

내가 보기에 기본적인 문제는 정치적인 것이 아니라 비정치적이고 인간적인 것이다. 우리가 행해야 할 가장 중요한 일 가운데 한 가지는 정치적 노선의 장벽을 필사적으로 끊어내는 것이다. 그리고 광범위하게 조작이 이루어지고 있다는 사실, 또한 정치적 가공과는 전적으로 반대되는 또 다른 차원, 참된 실재, 즉 정치가 전적으로 (자신에게) 귀속시켰다고 자부하는 인간적 차원이 존재한다는 사실을 강조하는 것이다. … 이 작업은 정화하고 인간화하고 정치를 약간이나마 조명해 가는 … 먼 여정을 가는 데 필요한 첫걸음이다.[254]

머튼은 평화를 구축하는 일은 영적 생활에 뿌리를 두고 있다고 말했다.

우리는 온 세계의 정신이 철저히 전면적으로 변화되도록 기도해야 한다. 우리가 과거에 그리스도교 보속이라고 알고 있는 것은 충분히 철저한 개념이 못 된다. 만일 그 개념으로 현 시대의 특수한 문제 및 위험을 이해할 수 없다면 말이다. 육체의 고행이 해로운 것은 아닐지라도 고행자가 입는 마포로 짠 내의가 속임수의 구실은 하지 못할 것이다 그보다 훨씬 중요한 일은 마음을

---

253. Jim Forest에게 보낸 편지, 1962년 2월 6일: HGL 263-4.
254. Jim Forest에게 보낸 편지, 1962년 12월 8일: HGL 272.

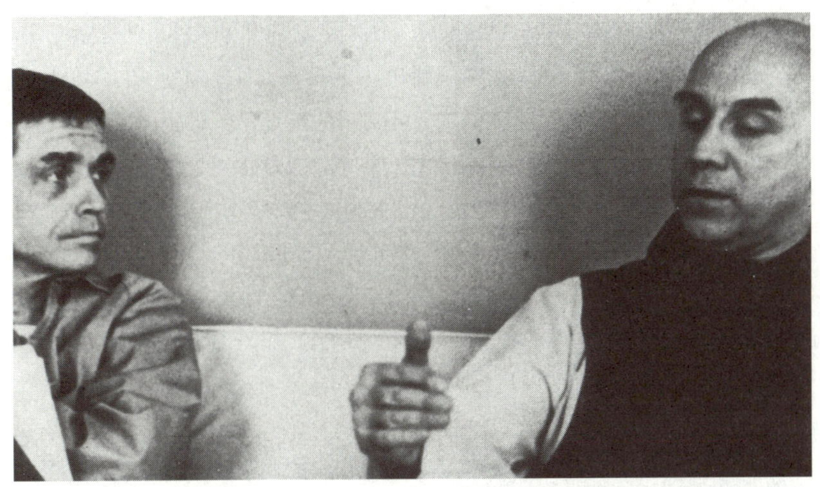

"가톨릭 평화 우애회" 창설자인 다니엘 베리건 신부와 이야기하는 머튼

완전히 변화시키는 것이고 인간 세계에 대한 전적으로 새로운 시각을 갖는
것이다. … 커다란 문제는 내적 변화다. … (그 어떠한 평화운동도) 영신적
힘의 적용 … 으로 간주되어야 하고 단순한 정치적 압력으로 행사되어서는
안된다. 우리 모두는 영혼을 정화해야 하는 깊은 필요, 다시 말하면 우리 안
에 성령을 모시고, 성령에 사로잡힐 깊은 필요를 깨달아야 할 커다란 의무를
가지고 있다. 이 일이 그 어떤 일보다 앞선다.[255]

머튼은 투신은 이탈에 힘입어 더욱 강해져야 한다고 확신했다. 이탈은 결과
에 대한 무관심과 혼동되어서는 안 된다. 이탈이란 훌륭한 행위는 그 어떤
것이든 직접적인 결과가 기대에 사뭇 못 미칠지라도 무위로 돌아가지는 않
음을 아는 것을 뜻한다.

이 주제에 관한 기다란 편지에서 머튼은 이렇게 권고했다.

---

255. Jim Forest에게 보낸 편지, 1962년 1월 29일: HGL 262.

머튼의 은수처의 화덕

결과에 대한 기대에 얽매이지 마십시오. 그대가 … 사도직 사업을 행할 때, 그대의 사업이 명백하게 별볼일 없고 심지어 결과를 조금도 낳지 못하고 어쩌면 기대한 것과는 반대되는 결과를 낳기도 하리라는 사실에 직면할지도 모릅니다. 이 생각에 길들여지면 그대는 점점 더 결과가 아니라 사업 자체의 가치, 올바름, 진실됨에 집중하기 시작하게 됩니다. 그대가 점차로 관념을 위해서는 점점 더 적게 그리고 특정한 사람들을 위해서는 점점 더 많이 투쟁할 때, 그대는 커다란 일을 하는 셈이 됩니다. 그럴 경우 주변이 점차 좁아질지 모르지만 알맹이는 더욱 많아집니다. … 이것이 모든 것을 구원하는 인격적 관계의 실재인 것입니다. …

관념과 표어와 미신에 몰두하기는 너무 쉽습니다. 그러다가는 마지막에 가서 우리는 빈 가방만 들고 있는 꼴이 되고 의미있는 흔적은 그 안에 아무것도 남지 않게 됩니다. 그리고 그때에는 다시금 마술로 의미가 거기에 머물도록 하기 위하여 그 어느 때보다도 더 큰 소리로 외치고 싶은 유혹이 따릅니다. … 큰 의미는 그대의 손에도 없고 내 손에도 없지만, 그 의미는 갑작스럽게 생겨날 수 있고 우리는 그 의미를 나누어 받을 수 있습니다. 그러나 그런 개인적 만족 위에 우리 삶을 세워야 할 이유는 없습니다. 그런 짓은 우리를 부인할지도 모르고 또 결국 중요하지도 않습니다. … 결국, 중요한 것은 살아가는 것이지 미신에 인생을 쏟아붓는 것이 아닙니다. 즉, 최선의 것들을 미신으로 변화시키는 것이 아닙니다. 그대가 인과 관계의 지배로부터 자유로울 수 있고 바로 그리스도의 진리를 위해서만 헌신한다면, 더 많은 일을 할 수 있을 것이며 불가피한 실망에 덜 짓눌릴 것입니다. … 진정한 희망은 … 우리가 할 수 있다고 생각하는 어떤 것에 있지 않고 우리가 볼 수 없는 어떤 모양으로 좋은 것을 끄집어내시는 하느님께 달려 있습니다. 만일 우리가 하느님의 뜻을 행할 수 있다면, 우리는 그 과정에서 도움을 받을 것입니다. 그러나 우리는 그것에 관하여 사전에 꼭 알고 있으란 법은 없을 것입니다.[256]

---

256. Jim Forest에게 보낸 편지, 1966년 2월 21일: HGL 294-7.

폭우 속의 수도자

그대가 할 수 있는 어떤 방법으로라도 따뜻해지십시오.
그리고 하느님을 사랑하고 기도하십시오.

머튼이 무화(無化)를 향하여 줄달음치고 있는 듯이 보인 세계를 위한 자기 책임을 규정하려고 고투하고 있을 때, 자기 참 모습에 점점 더 가까이 다가가고 있는 전쟁은 계속 숙어지지 않고 있었다.

머튼의 건강은 가끔 짐이 되었다. 1963년말 그는 왼쪽 어깨와 목이 아파서 기차를 타고 루이스빌에 있는 성 요셉 병원으로 가야 했다. 의사들은 식이요법을 시키는 한편 약물치료를 했다. 머튼은 특별한 식이요법을 실천해야 했다.

세계의 건강은 더욱더 악화되고 있었다. 인종차별 정책의 짐을 지고 냉전 체제에서 군비 확장으로 치닫고 있는 미국은 다른 사람들을 죽일 태세가 갖추어져 있는 사람들로 가득 차 있는 듯이 보였다. 버밍감에 있는 흑인 교회가 폭격을 당해 네 명의 어린이가 죽자 폭력에 희생된 사람들과의 동질감이 머튼의 깊은 데 자리잡았다. 머튼은 그 어린이 가운데 한 명인 열한 살 먹은 캐롤 대니스 맥닐의 사진을 일기장에 끼워넣었다. 사냥철 동안 숲은 총기 발사의 파열음으로 메아리쳤다. 날마다 B-52 폭격기들이 핵무기를 탑재한 채 머리 위 고공을 비행하고 있었고 포트 녹스로부터 수십 마일 떨어진 곳에서 대포를 발사하는 소리가 우르르거렸다. 베트남 전투는 전면전으로 치닫기 시작하고 있었다. 1963년 11월, 존 F. 케네디가 달라스에서 저격을 당하고 그 다음 여름에는 할렘에서는 폭동이 일어나고 미시시피에서는 시민권을 옹호하던 사람들이 살해되었다.

60년대 교회와 세계 속에서의 소요는 체험이 많은 어떤 수도자들을 게쎄마니로부터 떠나도록 했다. 그 가운데 머튼의 고백신부인 십자가의 요한도 끼어 있었다. 그것을 보고 어둠 속에 방치된 어린아이처럼 머튼은 마음아파했고 돔 제임스가 점점 더 많은 시간을 보내도록 자기에게 허용해 주고 배려해 준 외진 은수처에 혼자 머물러 있는 동안 특히 그랬다. 가을이 시작되자 머튼은 매일 밤 그곳에서 잠을 잤다.

1962년 전임 총장이 머튼에게 강요했던 출판 제한은 1964년 후임 총장에 의하여 철회되었다. 그리하여 머튼이 등사본 형태로만 돌리던 자료의 일부가 그해 가을 『파괴의 씨앗』이라는 책으로 엮어졌다.

머튼은 1965년 『간디와 비폭력』이라는 제목으로 출간된 소책자를 통하여 간디에 관하여 읽었다. 그 소책자의 서론격으로 씌어진 수필에서 머튼은 성(聖)과 속(俗)의 단일성을 꿰뚫어보는 간디의 능력, 그 자신의 삶 속에 관상적 요소와 활동적 요소를 결합시키는 그의 능력을 보고 경탄했다. 머튼은 간디를 요한 23세 교황과 연관지었다. 그 두 사람은 "인간으로 하여금 자기의 '올바른 정신과 마음'으로 돌아오게 하는 내적 변화가 없이는 지상의 평화를 이룩할 수 없음"[257]을 깨달았다는 것이다.

한나 아렌트가 쓴 책을 읽고서 머튼은 유태인 대학살을 자행한 주요 간부를 알게 되었다. 그로부터 「아돌프 아히만을 기념하는 경건한 묵상」이라는 수필이 나왔다. 정신과 의사들의 정밀한 검진 결과 건강하다고 판정을 받은

---

257. Thomas Merton, *Gandhi on Nonviolence* (New York: New Directions 1965) 20.

아히만이 머튼에게는 효과적인 새로운 살인 기술을 완벽하게 발휘한 전형으로 보였다. 그런 사람들에게는 권력을 가진 사람이 그런 방법을 요구하는 것으로 충분했다. 머튼은 이렇게 썼다.

> 아히만의 건강은 우리를 혼란에 빠뜨린다. 우리는 건강을 정의감, 인간미, 현명함, 다른 사람들을 이해하고 사랑할 수 있는 능력과 동일시한다. 우리는 그런 건강을 야만성, 광기, 파괴로부터 보호하고 보존하기 위하여 세계의 건강한 사람들의 힘에 의존한다. 그런데 이제 어두운 그림자가 우리 위에 드리운다. 가장 위험스러운 자들이 바로 건강한 사람들인 것이다. 이제 건강한 사람들, 적응력이 좋은 사람들이 아무런 거리낌이나 가책 없이 그리고 불쾌한 느낌이 조금도 없이 건강한 자기들이 준비한 미사일 발사 단추를 눌러 파괴의 대축제를 시작할 수 있다. … 그 누구도 건강한 사람들을 의심하지 않고, 건강한 사람들은 미사일에 불을 당기기 위해 완전히 그럴싸한 논리적으로 잘 짜맞추어진 이유를 댈 것이다. 그들은 명령 계통에 따라 내려온 건전한 명령에 순종할 것이다.[258]

저술가 머튼이 예술가 머튼과 결합해 가고 있었다. 1964년 가을에 사진을 찍는 "보람있는 일"을 시작했다. 코닥 사진기를 빌려가지고 시작하여 머튼은 흑백 필름으로 나무, 나무 그루터기, 페인트 통, 낡은 목조 건물의 젖은 찬장 등을 찍었다. 그리고 검정 잉크로 흰 종이에 일본 붓을 사용하여 "서예품"을 만들었다. 가끔 추상적 모습을 한 그 서예품은 그의 사진과 더불어 독특하고 신선하고 조용한 감을 주었다. 머튼의 사진과 서예품의 심상은 "침묵에서 나온 단어들"이었다. 맨 첫 서예품 전시회가 11월에 열렸고 곧 뒤이어 다른 전시회도 열렸다. 전시회를 연 목적은 흑인 학생들의 장학 기금을 마련하는 데 있었다(돔 제임스가 수도원 재원에서 마련해 준 지원금과

---

258. Thomas Merton, *Raids on the Unspeakable* (New York: New Directions 1966) 45-53.

합하여 그 장학 기금이 조성되었다).

머튼이 저술 활동이 아닌 방면으로 소질을 발휘한 것은 아마 피조계와 자기 자신 및 자기 성소의 여성적 차원을 발굴해 가던 작업과 관련이 있었을 것이다. 틀림없이 여성을 제대로 알지 못한다는 느낌이, 무엇보다도 생생한 꿈속에서, 그에게서 계속 떠나지 않았을 것이다. 1964년 3월, 머튼은 하바드에서 라틴어를 전공한 유명한 여성 한 명이 수도원으로 와서 "박자와 높고 낮은 선율과 가락에 맞추어 노래를 부른" 꿈을 묘사한 적이 있다. 그 꿈 이야기에 의하면, 수련자들이 낄낄 웃어댔다. 수도원장이 방 안으로 들어왔을 때 머튼은 그녀의 현존이 봉쇄 수도원의 분위기를 깨뜨리고 있음을 깨달았다. 그 여자는 서둘러 수도원을 빠져나가야 했다. 머튼은 그 여자를 계단 아래까지 바래다 주었다. 수도원에서 쫓겨나는 그녀의 옷에 흙이 묻고 찢겨 있는 것을 보았다. "그 여인은 혼란스러워하고 슬퍼했고"[259] 머튼도 그러했다. 아마 라틴어로 말을 하는 그 부인은 서구에 사는 프라버브의 사촌쯤 되었을 것이다. 혹은 아마 그 여인은 60년대에 미사에서 자국어를 사용하게 됨으로써 휩쓸려간 라틴어 전례였을지 모른다. 머튼은 라틴어를 잃어버렸다. 어떻든 그 꿈은 남성만이 들어갈 수 있는 봉쇄 구역이 어딘지 모르게

---

259. Thomas Merton, *A Vow of Conversation* (New York: Farrar Straus & Giroux 1988) 32-3.

한쪽으로 기울어진 듯하다는 머튼의 불안한 자각을 암시하고 있다. 하와는 아직도 구원을 찾는 남성으로서는 살아가는 가운데 애써 피해야 하는 커다란 유혹자였던 것이다.

11월이 끝나갈 무렵 어느 날 밤, 머튼은 자기가 사랑하는 프라버브의 꿈을 꾸었다. 그 여인은 그와 함께 하루를 보내려고 온 중국 공주였다. 머튼은 "그녀의 신선함, 젊음, 감탄스러움, 진실, 완벽한 실체, 다른 그 어느 누구보다도 현실적이면서도 손으로 잡을 수 없는 모습에"[260] 압도되는 자신을 느꼈다. 이 꿈 또한 점점 더 확실하게 머튼에게 자체를 열어보이고 있던 극동의 여성적 지혜에 대한 인식을 반영하고 있었다.

아마 다음날 밤 퍼부어 댄 노아 시대와 같은 홍수, 머튼의 가장 훌륭한 수필 가운데 하나인 「폭우와 코뿔소」에 영감을 불어넣어 준 그런 홍수를 그렇게 다소곳이 수용하게 해준 것은 프라버브였을 것이다. 그것은 비단 폭우를 기린 데 그치지 않고 사회가 무시하고 소홀히하는 모든 것 — 적어도 가격표가 매겨질 수 있을 때까지 — 을 기린 것이었다. 머튼은 폭우 속에서 하느님의 언어를 감지했다. "생각해 보라. 쏟아져 내리고, 아무것도 팔지 않고, 아무도 판단하지 않고, 뿌리를 덮고 떨어져 죽은 이파리들을 흠뻑 젖게 하고, 나무들을 적시고, 나무가 울창한 골짜기와 바위 틈새기를 물로 가득 채우고, 사람들이 산허리를 발가벗긴 곳들을 씻어내는 그 모든 언어, … 이처럼 놀랍고, 이해할 수 없고, 완벽하게 순결한 언어, 세상에서 가장 위안을 주는 언어, 폭우를 만들어내는 말."[261]

폭우가 쏟아져 내리는 꿈속에서 머튼은 "저항의 영신적 뿌리"에 관하여 피정을 하러 온 평화주의자들의 한 집단(나는 그들 가운데 한 사람이었다)을 영접했다. 머튼은 그 사건을 "화해를 위한 친목회"와 그 새로운 곁가지인 "가톨릭 평화 친목회" — 머튼은 이 친목회의 조언자이자 협찬자였다 — 와 연결지었다. 4일 간에 걸친 교환 일정에 대한 머튼의 기여는 프란츠 재

---

260. *A Vow of Conversation* 101.

261. *Raids on the Unspeakable* 9-23.

거스태터의 "외로운 증언"에 집중되었다. 재거스태터는 오스트리아 농부로서 나치 제3제국의 군대에 복무하지 않겠다고 거절한 이유로 사형을 당한 사람이었다. 경건한 가톨릭 신자인 재거스태터는 자기 본당신부나 주교로부터 지원을 받지 못했다. 오히려 군대에 입대할 의무가 있다는 권고를 받았을 따름이다. 그렇듯 신중하게 자기 양심을 따른 그 농부는 누구였는가? 머튼이 보기에 결혼한 아버지인 그 사람은 전쟁이 판치는 세기에 특출하게 어울리는 성인이었다. 주교들과 신학자들이 보지 않겠다고 눈을 감은 것을 악과 결탁하기보다는 차라리 기꺼이 자기 생명을 포기한 교육을 거의 받지 못한 그 사람이 보았던 것이다.[262]

12월 16일, 머튼은 처음으로 온 낮과 밤을 은수처에서 보내고 미사를 보고 뜨거운 옥수수 죽을 먹으러만 수도원으로 내려왔다. 머튼은 50회 생일 전야인 1965년 1월 30일 밤, 은수처에서 자기 자신을 새롭게 성찰해 보았다. 그러면서 청년기와 성년에 이르러서까지도 여성과의 관계에서 두드러졌던 이기심, 가벼운 입놀림, 사랑의 결핍을 깨닫고 괴로워했다. 케임브리지 클래르 대학에 다니는 동안 자기가 "요한에게 매우 이기적이고 불친절하고 부도덕한 바보"였음을 통감했다. 머튼은 클래르에 있는 보트 창고 언저리에서 실비아와 함께 지낸 늦은 밤들을 회상했다. 이 여인들 가운데 머튼의 자식의 어머니는 누구였는가? 그는 그 점에 대하여 말하지 않고 다만 깊은 부끄러움이 거듭 "사랑에 대한 절실한 필요"를 감추고 있었다는 것만을 암시하고 있다.[263]

동일한 일기 서두에서 머튼은 고독하게 살아야 하는 자기의 성소를 재확인했다. 그의 생애에서 가장 행복했던 순간들은 홀로 있을 때였다. 홀로 있을 때 그는 가면을 쓸 필요가 없었던 것이다. 숨겨진 장소에서 그에게 주어진 기쁨은 자기 자신의 실제적인 정체를 어렴하게 해주었다.

---

262. 머튼의 피정 주제 논문은 *The Nonviolent Alternative* 259-60에 수록. *Thomas Merton's Struggle with Peacemaking* (Eric, Pa.: St. Benet Press 1979) 28-30과 Mott 406-7도 참조.

263. *A Vow of Conversation* 140.

그렇지만 꿈속에서는 혼자가 아니었다. 1965년 2월초, 머튼은 어떤 흑인 여성에 관한 꿈을 꾸었다. 그 여성을 그는 까맣게 잊은 어린시절부터 자기를 기른 어머니로 생각했다. 머튼은 그 여성에게서 생명과 사랑을 얻었다. "나에게 생명을 준 분은 정말 나의 육친으로서의 어머니가 아니라 그 여성이었다. … 그녀의 얼굴은 흉할 정도로 볼품없고 딱딱했지만 엄청나게 따뜻한 느낌이 그녀로부터 나에게로 전해졌고 우리는 서로 사랑으로 포옹했다. 그러면서 나는 깊은 고마움을 느꼈다. 내가 귀중하게 여긴 것은 그녀의 얼굴이 아니라 그녀의 따뜻한 포옹과 따뜻한 마음이었다. … 그러고 나서 우리는 잠시 동안 함께 춤을 추었다. 나와 나의 흑인 어머니가."[264]

6월, 머튼은 확연히 깨어 있으면서 프라버브와 같은 앤 윈서를 상기했다. 윈서는 머튼이 10대 중반에 그녀 언니의 초대를 받아 위트 섬으로 가서 잠시 본 적이 있는 13세의 소녀였다. "나는 그늘진 부르크 계곡에 있는 조용한 사제관을 기억한다. 그녀는 그 사제관에서 가장 조용한 사람이었다. 어둡고 비밀스런 아이였다. … 나는 그녀를 거의 생각하지 못하고 있는지조차 알아차리지 못했던 것으로 기억한다. 그렇지만 그 다음날 나는 내가 그녀를 결코 잊지 않았고 그녀가 나에게 깊은 인상을 심어 주었음을 깨달았다." 그녀는 "내가 한번도 들어가 보지 않은 정원의 일부"로 보였다. 마치 "만일 내가 길에서 다른 방향을 취하면 앤과 결혼하고 말았을 것처럼" 느껴졌다. 앤은 "정말 (조용한) 여인이었다. 나는 정말 그녀와 더불어 결코 세상 끝까지 오지 않았다. 그때문에 내 안에 치유될 수 없는 미완 상태가 남아 있다."[265]

---

264. *A Vow of Conversation* 144-5.   265. *A Vow of Conversation* 193-4.

190 지혜로운 삶

은수자 루이스 신부

이 침묵, 이 단순함,
이 "지혜와 더불어 살아가는 일" 이상으로
내가 추구하는 것은 과연 무엇인가?

은수처 서재 문 안쪽 위에는 라틴어로 교황 바오로 6세가 "은수자 루이스 신부"에게 축복을 준 글귀가 씌어진 양피지가 붙어 있다.

1965년 8월 20일, 머튼은 "은수자 생활 계획은 공동체 위원회에서 공식적으로 투표를 거쳐 인준을 받았고 대부분의 사람들이 그 계획을 받아들이고 이해했다. 그 계획은 공식으로 내일 시작된다. 이 순간 나는 다른 어느 기도도 사용할 수 없다"[266]고 썼다. 공동체 안에서 그의 유일한 의무는 날마다 서재 성당에서 미사를 드리고 병실에서 뜨거운 옥수수 죽을 먹고 일요일에는 관심있는 공동체 구성원들이 참석한 가운데 강의를 하는 것이었다.

머튼은 "인생과 삶은 이처럼 단순한 것"이라고 수련장으로서 마지막 강론에서 말했다. "우리는 절대적으로 투명한 세계 속에서 살아가고 있고 하느님이 항상 세계를 관통하여 비추고 계십니다. 이것은 꾸며낸 동화나 멋진 이야기에 불과한 것이 아닙니다. 진실입니다. 만일 우리가 우리 자신을 하느님께 맡겨드리고 우리 자신을 잊으면 우리는 때때로 그 진실을 보게 될 것입니다. 그리고 아마 자주 보게 될 것입니다. 하느님은 어디서나 또 모든 것 안에서 당신 자신을 나타내 보이십니다. 사람들 속에서, 사물들 속에서 그리고 자연과 사건 속에서 나타내 보이십니다. 하느님이 어디서나 또 모든

---

266. Jim Forest에게 보낸 편지: HGL 285.

것 안에 계시고 그분 없이는 우리가 존재할 수 없음이 매우 분명해집니다. 하느님 없이 여러분은 존재할 수 없습니다. 그런 일은 불가능합니다. 단순히 불가능할 뿐입니다. 잘못된 유일한 일은 우리가 그 사실을 알아차리지 못하고 있다는 점입니다. 세계를 불투명하게 만드는 것은 무엇입니까? 그것은 쓸데없는 근심 걱정입니다."[267]

수련소를 떠나면서 그리고 잠시나마 수련자들을 돌보는 일에서 벗어난 것을 축복으로 느끼면서 머튼은 낡은 작업복을 끄집어내 입고서 은수처로, 배관 공사라고는 아무것도 되어 있지 않은 울퉁불퉁하고 딱딱한 시멘트 벽돌조 건물로 발걸음을 옮겼다. 물도 길어다 써야 했다. 머튼은 나무로 만들어진, 까만 뱀이 기어다니는 옥외 변소를 다른 사람들과 함께 사용해야 했다.

"나는 은수처 모자 꼭대기에서 마치 기둥 위에서 고행하는 사람처럼 살아가고 있다. 인간 동료와는 철저하게 떨어져 혼자 있다. … 나는 과자 공장에서 더 이상 과자를 만들고 있지 않다"[268]고 머튼은 10월 밥 랙스에게 써 보냈다.

그렇지만 안정감을 느끼지 못하면서도 머튼은 게쎄마니에서 은수자로 있을 때보다도 다른 곳으로 옮겨갈 생각을 더 이상 하지 않았다. 철저한 고독을 동경하고 있었던만큼 그 성취는 고통이 따르지 않을 수 없었다. 그는 가끔 고독과 외로움을 느꼈다. 에르네스토 카르데날로부터 니카라과에 있는 솔렌띠나메에서 수도생활에 참여해 보라는 초대를 받고서 머튼은 동경심을 가지고 긍정적인 답변을 하고 싶은 마음으로 가득 찼다. 머튼은 게쎄마니의 수도자로 남아 있으면서 솔렌띠나메에 머물러 있을 수 있는지("차용될 수 있는지")를 묻는 편지를 로마 수도자 성성과 교황 바오로 6세에게 보냈다. 그 편지에 대한 답신은 그 열망에 동정한다고 하면서도 현재 있는 곳에서

---

267. Thomas Merton, 카세트 테이프 *Life and Solitude,* B면, "Hermit's Legacy: Life Without Care" (Electronic Paperbacks).

268. Bob Lax에게 보낸 편지, 1965년 10월 16일. Bob Lax and Thomas Merton, *A Catch of Anti-Letters* (Kasas City, Mo.: Sheed Andrews & McMeel 1978) 61.

그대로 머물러 있도록 머튼에게 권했다. 물론 그 답변은 머튼이 예상한 것이었다. 머튼은 카르데날에게 가겠노라고 말할 수 있었고 실제적으로는 가지 말라고 하는 로마를 비난할 수도 있었다. 그러나 그렇게 하지 않았다.

머튼의 건강은 다시 악화되었다. 가장 어려운 문제는 이질이었다. 그 병은 머튼이 처음 식수원으로 사용했던 은수처 부근 강물의 오염으로 인한 것이었다. 그는 또한 피부염을 앓았고 그래서 일시 특수한 피부를 보호하는 장갑을 끼어야 했다.

머튼이 은수자로서의 새로운 생활과 투쟁하고 있는 사이에 세계의 다른 한쪽 베트남에서는 대살육이 자행되고 있었다. 베트남 전쟁으로 인하여 가장 충격을 준 사람 가운데 한 사람은 뉴욕에 있는 「가톨릭 노동자」 신문에서 자원하여 봉사하던 젊은이였던 예전의 시토 수도회 수련자 로제 라포르떼였다. 로제는 미국 폭탄에 의하여 산 채로 타죽어가는 사람들과 자기 자신을 깊이 일치시켰다. 11월 9일 밤, 그는 미국 대사관 앞에 앉아서 휘발유를 자기 몸에 끼얹고 성냥을 그어댐으로써 전쟁의 자발적 희생자가 되었다. 그는 화상으로 이틀 뒤에 죽었다. 로제가 계획한 행동은 그 친구들조차 아무도 몰랐다.

11월 11일, 그 소식이 게쎄마니로 전해지자 머튼은 기절하고 말았다. 그는 즉시 뉴욕에 있는 가톨릭 평화 동지회 사무실로 다음과 같은 전보를 쳤다.

> 로제 라포르떼의 자살에 관하여 방금 들었습니다. 본인은 가톨릭 평화 동지회가 이 비극에 대한 책임이 있다고 주장하지는 않지만, 가톨릭 평화 동지회가 평화 운동을 전개하는 도중에 빚어진 현 사태의 전개를 보고 더 이상 후원자 역할을 계속할 수 없습니다. 본인의 이름을 후원자 명단에서 삭제하십시오. 토마스 머튼.

머튼이 가장 열심히 참여했던 가톨릭 평화 동지회는 「가톨릭 노동자」와 밀접하게 연결되어 있었다.

"지금 이 순간 이 나라의 정신은 나에게는 무서울 정도로 혼란스럽게 보인다"고 그는 같은 날 나에게 보낸 편지에서 썼다. "이것은 나치 독일과도 같지 않고 소비에트 러시아와도 분명히 같지 않다. 이와 같은 것은 내가 일찍이 지구상에서 들어보지 못한 것이다. 분위기 전체가, 평화운동을 하는 사람들을 포함하여 모든 사람이 미쳐 돌아가고 있다. 그 안에는 어리석음과 도덕적 공허가 들어 있다. 양심과 도덕을 부르짖는 곳에서마저 그렇다(모든 사람이 그러니까 의당한 것처럼). 모두들 맞장구치면서 조금씩 광란 상태에 빠져들고 있다. 나라 전체가 온통 미쳐 있다."[269]

한 주일 후에 머튼은 결심을 뒤집고 사임을 사죄하였다. "나는 말하자면 나의 수련자들을 일종의 '은수자'로 만들고 있으며 이 일로 여념이 없습니다. 이 일은 바로 고독 속에서 자기 자신의 정신과 전력을 다하여 겨루는 일입니다."[270]

12월초, 머튼은 이렇게 썼다.

로제의 살신성인은 철저한 자기 성찰 과정을 출발시켜 놓았다. 그 과정은 멀리 뻗어갈 것이다. 그의 행위를 객관적으로 잘못된 것이라고 생각할지 모르지만 나는 그의 마음의 순수성을 의심할 수 없다. 나는 결코 그를 단죄하지 않는다. 내가 단죄하는 것은 그리고 … 아직도 의심하고 있는 것은 … 비이성적이고 권력을 추구하고 그릇된 유형의 거절과 성급함 그리고 모든 선을 가공스럽게 치명적으로 파괴할 수 있는 거짓된 특은적 증거에 넘어가는 사악한 정신이다. … 광신에 사로잡혀 미쳐 돌아가는 정신이다. … 그리고 그런 상태는 공적인 영역에 개입하는 나 자신의 모든 행동을 깊이 불신하게 만든다. … (나에게) 참된 길은 …, 만일 꼭 그렇게 되어야 한다면, 내가 기도할지도 모

---

269. Jim Forest에게 보낸 편지, 1965년 11월 11일: HGL 285-6.

270. Jim Forest에게 보낸 편지, 1965년 11월 19일: HGL 287-8. 머튼의 생애중 이 사건에 대한 좀더 자세한 설명은 Jim Forest, *Thomas Merton's Struggle with Peacemaking*과 Mott 427-30을 보라.

르는 일련의 덧없는 시늉보다 평화를 위하여 더 참되고 더 유효한 앞으로의 사고와 사업에서의 새로운 발전에 있다. 그러나 어떻든 지금이 나에게는 추구하고 천착할 시점이며, 만일 내가 불안감을 말한다면 그것은 어떤 모양으로든 나 자신을 극화하기 위한 것이 아니라 내가 그대가 밖으로 움직이고 있는 비중으로 내적으로도 조용히 기반을 다지는 이와 같은 형태를 취하도록 그대와 실제로 유효하게 결합하려고 생각한다는 확신을 그대에게 심어주기 위한 것이다. 만일 내게 할 말이 있다면 그 말이 이성적인 말이 되기를 희망한다는 점을 이해해야 할 것이다. 말할 것이 있을 경우 나는 전에 항상 그렇게 했던 것처럼 그것을 주저하지 않고 말할 것이다.[271]

가톨릭 평화 동지회를 통하여 머튼은 12월에 인쇄된 성명서를 발표했다. 그 성명서에서 그는 자기가 은수자가 되었고 가톨릭 평화 동지회의 후원자로 남아 있었다는 사실을 공적으로 밝혔다. 머튼은 그 기회에 "오늘날 (베트남에서 평화를 위하여 일하는 가운데) 우리에게 무엇보다도 가장 필요한 것은 보통 사람들을 일깨워 줌이 없이 그저 대적하는 식의 도전적 행위보다도 오히려 인내로이 건설하는 사목 활동"이라는 자기 확신을 피력했다.

로제 라포르떼의 살신성인에 의하여 쫓기듯 위기의식에 몰린 머튼은 비폭력에 관한 긴 수필 「행복하여라, 양순한 사람들」을 썼다. 이 수필을 1966년 가톨릭 평화 동지회가 소책자로 발표했다.[272] 머튼은 적극적인 비폭력을 산상설교를 생활화하는 한 가지 방법으로 보았다. 예수께서 행복하다고 말씀하신 양순한 사람들은 감히 저항할 엄두도 내지 못하는 천성적으로 조용하고 고분고분한 사람들이 아니다. 양순한 사람들이란 오히려 하느님의 말씀을 순순히 따르고 그 어떠한 대가를 치르더라도 하느님의 진리 안에서 살아

---

271. Fellowship of Reconciliation의 교회 노동 사무국장인 John Heidbrink에게 보낸 편지, 1965년 12월 4일: HGL 424-6.

272. 이 글은 *Faith and Violence* (Notre Dame, Ind.: University of Notre Dam Press 1968)와 *The Nonviolent Alternative*에 실려 있다.

가는 사람들이다. 머튼은 비폭력이 증오를 거절하는 철저한 노력임을 강조했다. 비폭력은 원수에게서도 인간의 모습을 찾아내고 그와 대화를 나누는 것을 말한다. 머튼은 "비폭력과 폭력 사이의 주요한 차이는 폭력이 전적으로 자기 자신의 계산에 의지하는 반면 비폭력은 전적으로 하느님과 하느님의 말씀에 의지하는 데 있다"[273]고 설명했다.

머튼은 그처럼 긴장되고 피곤한 시기에 한 선물을 받았다. 머튼은 그 선물을 섭리의 표시로 여겼다. 그 선물은 18세기에 손으로 그린 동정 성모와 그 아기의 상이었다. 그 선물을 기증한 마르코 팔리스는 머튼이 1963년부터 사귀어 온 불교 신자인 영국 친구였다. 머튼에게 그 선물은 하느님으로부터 받은 입맞춤과 같았다. 머튼은 팔리스에게 다음과 같은 답장을 썼다.

> 어떻게 말을 시작할까요? 나의 생애에서 그 누구한테서도 이런 귀중하고 굉장한 선물을 받아본 적이 없습니다. 이 거룩하고 아름다운 선물을 받고서 얼마나 감동했는지 말로 표현할 수가 없습니다. … 우선 도저히 믿을 수가 없습니다. … 이것은 하느님을 끝없이 경배하는 완벽한 행위입니다. 그것을 바라보며 나는 결코 싫증을 느끼지 않습니다. 그 안에는 영신적인 현존과 실재, "타볼 산에서 비친" 진정한 영신적 빛이 들어 있습니다. 그 빛은 동정 성모와 그 아기의 마음으로부터 헤아릴 길 없이 쏟아져 나와 온 우주를 비추는 것 같습니다. 그 빛은 정말 아주 찬란한 빛입니다. 그리고 조용한 빛입니다. 그 빛은 은수처에 온통 침묵을 강요합니다. … (이) 거룩한 어머니의 상은 전언을 필요로 하는 이 귀중한 순간에 전령처럼 도래했습니다. 내 앞에 계신 거룩한 어머니의 현존은 어려운 문제를 해결하는 데 헤아릴 수 없는 도움을 주었습니다.[274]

---

273. *Faith and Violence* 27.

274. **Marco Pallis**에게 보낸 편지, 1965년 12월 5일: HGL 473-4.

1966년이 시작되었을 때, 머튼은 아직 때때로 몽롱한 감을 느끼고 분심이 들었지만 그의 은수자 생활은 일정한 율동과 온전함을 얻었다. 머튼은 1961년부터 사귀게 된 수피 학자인 압둘 아지스에게 보낸 편지에서 자기의 일상 생활을 묘사했다. 머튼은 시편 중심의 수도원 성무일도를 바치기 위하여 새벽 2시 30분에 일어났다. 그 다음에는 한 시간 동안 성서를 읽고 묵상했다. 그런 다음 가벼운 아침식사 — 차나 커피 그리고 아마 과일 한 조각이나 약간의 꿀 — 를 했다. 식사를 하는 동안에도 독서를 했고 해가 뜰 때까지 공부를 했다. 해가 뜨면 기도를 더 바치고 약간의 육체노동을 했다. 그리고 9시가 되면 시편으로 된 성무일도를 다시 바치기 위하여 노동을 잠시 멈추었다. 그런 다음 미사를 바치러 수도원으로 가기 전에 편지를 썼다. 미사가 끝나면 수도원에서 혼자 식사를 했다. 그러고 나서 은수처로 돌아와 다시 독서를 하고 오후 1시가 되면 성무일도를 바치고 한 시간이나 그 이상 묵상을 했다. 그런 다음에라야 그는 글을 쓸 짬을 냈다. 글 쓰는 시간은 통상적으로 한 시간 반을 넘지 못했다. 4시에는 또 시편으로 된 성무일도를 바치고 차나 죽 그리고 샌드위치 한 조각으로 가벼운 저녁식사를 했다. 저녁을 먹고 나서 묵상을 한 시간 더 하고 7시 30분에 취침했다.

같은 편지에서 머튼은 자기의 묵상 방법을 다음과 같이 묘사했다.

엄정하게 말해서 내가 기도하는 방법은 매우 단순합니다. 내 기도는 전적으로 하느님의 현존과 하느님의 뜻과 하느님의 사랑에 주의를 집중하는 데 집중됩니다. 말하자면 신앙에 집중되어 있다는 것입니다. 우리는 신앙에 의해서만 하느님의 현존을 알 수 있습니다. 어떤 사람들은 신앙이 내 묵상에 "하느님을 직접 눈으로 보듯이 하느님 앞에 있다"고 예언자가 묘사한 특징을 부여한다고 말할지 모릅니다. 그렇지만 그것은 하느님의 정확한 모습을 상상하거나 그려내는 것을 뜻하지는 않습니다. 내 생각에는 그런 짓은 일종의 우상숭배입니다. 오히려 그와 반대로 묵상을 한다는 것은 우리 이해력을 무한히 초월하는 볼 수 없는 분으로 하느님을 흠숭하고 하느님을 계시는 그대로 깨닫는 문제입니다. … 내 마음속에는 하느님이 아닌 모든 것은 아무것도 아님을 전적으로 깨달으려는 큰 갈증이 있습니다. 내 기도는 무(無)와 침묵의 중앙에서 솟아나는 기도의 일종입니다. 만일 아직도 "나 자신"이 현존한다면 그것을 장애물로 여깁니다. … 만일 하느님이 원하기만 하면 내가 아무것도 아님을 아주 선명하게 밝혀주실 수 있습니다. 만일 하느님이 원하지 않으시면 내가 아무것도 아니라는 사실은 현실적으로 그 사실에 대하여 하나의 대상이 되는 것으로 보이며 장애물로 남습니다. 내가 일상적으로 기도하고 묵상하는 방식은 대충 이런 것입니다. 그것은 어떤 것에 관하여 생각하는 것이 아니라 볼 수 없으신 분의 얼굴을 직접 보는 것입니다. 만일 우리가 볼 수 없으신 그분 안에 우리 자신을 잃어버리지 않으면 우리는 하느님을 발견할 수 없습니다.[275]

---

275. Abdul Aziz에게 보낸 편지, 1966년 1월 2일: HGL 62-4.

마르기라고 부르는 프라버브

> 이 쓰디쓴 분열이
> 무슨 감미로운 것이라도 되는 것인가?
> 그것은 죽음이다. 그것은 악마의 왕국이다.
> 우리는 잃어버린 두 세계 속에서 방황하고 있는
> 두 갈래의 반쪽 사람들이다.[276]

머튼은 1966년이 시작하자 또다시 끈질긴 질병의 고통에 시달려야 했다. 3월 23일, 그는 척추 수술을 받기 위하여 루이스빌에 있는 성 요셉 병원에 입원했다. 수술을 받은 지 일 주간이 지난 뒤 머튼은 갈색 눈과 검은 머리카락을 가진 실습생 간호원을 만났다. 그녀는 머튼이 꿈속에서 본 프라버브의 모습을 빼닮았었다. 그녀의 이름은 마르기였다.[277] 그들은 「요나의 기적」, 「땅콩 연속 만화」, 「미치광이」 잡지에 관하여 말을 나눴다. 머튼은 그녀의 방문과 재치있는 대화에 경황없이 빨려 들어갔다. 며칠 뒤, 마르기가 주말에 시카고로 가려고 루이스빌을 떠났을 때 머튼은 고독에 휩싸이는 느낌을 받았다. 그는 병원 침대에서 거의 밤잠을 설치면서 괴로워했다. "우리가 사랑에 빠져 있었음을 점차 깨달았다. 나는 그녀 없이 어떻게 살 수 있는지 몰랐다."[278] 수도원으로 돌아오기 전 머튼은 그녀의 우정이 필요하다는 내용

---

276. Thomas Merton, "Evening: Long Distance Call", *Eighteen Poems* (New York: New Directions 1985).

277. 사생활을 지켜주기 위하여 **Margie**라고만 부르기로 한다.

278. 머튼의 생애중 이 시기에 관한 상세한 이야기는 **Mott** 435-54 461-2와 **John Howard Griffin**, *Follow the Ecstacy* (Fort Worth, Texas: Latitudes Press 1983) 77-131 참조. 달리 지적하지 않는 한, 이 장에서 사용된 인용들은 이 두 자료에서 나왔다.

이 담긴 편지 한 통을 남겼다. 그리고 그 편지에 자기에게 편지를 할 때에는 수도원에 사는 다른 누구도 뜯어볼 수 없게끔 "인비친전"이라는 말을 편지 봉투에 적으라고 했다.

이렇게 하여 머튼의 생애에서 가장 즐거우면서도 고뇌스러운 시기가 시작되었다.

4월 10일, 수도원으로 돌아온 머튼은 수시로 양호실에 들렀다. 그는 몸이 달아 몽롱한 상태에 있었다. 드디어 한 주일 뒤에 마르기로부터 4쪽으로 된 편지 한 통이 왔다. 머튼은 곧 답장을 썼다. 그 편지에서 그는 자기가 그녀와 사랑에 빠졌다고 말했다. 며칠 뒤 머튼은 수도원 규칙을 망각한 채 그녀에게 전화를 했고 4월 26일 수술 뒤 경과를 보기 위한 진찰을 받으러 루이스빌에 갈 때 만나자는 약속을 했다. 그 두 사람은 그곳에 있는 식당에서 점심을 먹었다. 그 자리에서 머튼은 그녀를 위해 쓴 「내 혈관 속의 세계」라는 시를 보여 주었다(머튼은 마르기를 위한 일곱 편의 시를 더 썼다). 마르기는 머튼에게 어떻게 해야 할지를 모르겠다고 말했다. 그러자 머튼은 그들이 육체적 관계를 맺지 않고서도 서로를 사랑할 수 있다고 설득했다. 그리하여 그 두 사람은 영신적 사랑을 나눌 수가 있었다. 그리고 머튼이 그녀에게 설득한 대로 그 나머지는 절제할 수가 있었다.

5월 5일, 제임스 레플린과 칠레 시인 니카놀 파라가 머튼을 방문했다. 그들은 머튼과 함께 수도원 근처로 소풍을 갔다. 길을 가다가 머튼은 로글린에게 잔돈을 빌려 길가에 있는 전화로 마르기를 불러서 점심 식사를 함께하자고 했다. 마르기가 오자 그들 네 사람은 루이스빌 공항에 있는 로우 룸에서 식사를 했다. 수염을 깎지 않고 티 셔츠에 작업 바지를 입은 머튼은 식당 안에서 괴짜로 보였음에 틀림없다. 자기가 죄수처럼 보였을 것이고 자기도 그렇게 느꼈다고 그는 일기에 적었다. 온통 자기에게만 신경을 쓰는 머튼을 보고 마르기는 쑥스러워했을 것이다. 마침내 머튼과 마르기는 식당 밖으로 나와 걷다가 공항 끝에 있는 잔디가 덮인 언덕에 앉았다. 멀리 떨어져서 다른 사람들의 눈에는 혼자 있는 것처럼 보였다. 머튼은 그날 함께 보낸 시간에 대하여 이렇게 썼다. "그날 저녁 밝은 빛은 사랑 자체였다. 우리가 바로 그 빛, 그 사랑이 되었다. 마치 그 저녁의 선명한 아름다움이 자체를 체현한 것과 같았다. 그리고 우리 속에 들어 있는 그 아름다움, 그 뜻깊음 또한 이전에 있은 모든 것의 의미가 갑자기 우리 안에 집중되었다. 그것은 우리가 이제 사랑하고 있기 때문이었다. 이제 우리가 우리 사랑으로 모든 진리와 생명과 의미의 본질을 경신례로 표현하고 발산할 차례다."

"토마스 머튼은 진정한 사랑에서 자기의 진정한 온전함을 발견했다"고 미쉘 모트는 설명한다.[279] 머튼에게 마르기는 스스럼없이 자기 자신을 나타내 보일 수 있는 사람이었다. 머튼은 자기가 기억하는 생애에서 맨 처음으로 하느님 혼자만이 아니라 또 다른 사람이 자기를 온전히 알고 있다고 느꼈다. 머튼은 그날 밤에 적은 시에서 "이 사랑은 당신이 우리 안에 이루어 주시는 하느님 자신의 사랑이다"고 썼다.[280] 머튼은 자기 일기에 "정결한 결혼"의 가능성을 알고 경탄했다고 적었다. 5월 7일, 머튼은 수도원 경내에 있는 돔 페데릭 호숫가로 여러 친구와 더 불어 소풍을 갔다. 머튼은 자기가 혼자서 살 필요가 있었던 사람이면서도 그와 동시에 그녀와 떨어져서는 살 수 없을 것 같은 느낌을 설명하려고 애썼다. 샛강 둑에 앉아 그들은 머튼이 루이스빌에서 직업을 갖고 차를 사서 원하는 곳 어디서나 함께 사는 것을 상상했다. 그날 밤 머튼은 자기도 "지극히 완벽하게 사랑을 할 수 있다"는 자신감에 대하여 썼다. 정결

------

279. Mott 443.

280. "Louisville Airport", *Eighteen Poems*.

서원의 의미에 대한 그의 정의는 점차 위축되고 있었다. 그렇지만 머튼은 서원생활을 하는 수도자로서 자기에게 기대되는 바로부터 점점 더 멀리 떠내려가고 있는 동안에도 기도할 때만큼은 진지하게 살아 있음을 깨닫고 있었다. 그는 자기 시에서 "어찌하여 하느님은 그대를 내 중심에 있도록 창조하셨는가?"고 물었다.[281]

5월 14일, 치료차 루이스빌에 갔다가 머튼은 마르기와 함께 점심을 먹게 되었다. 그 두 사람은 존 배스의 발라드 「실버 대거」에 대해 나눈 열정적인 대화 외에도 둘이 함께 산다는 것이 무엇을 의미하는지에 관하여 이야기를 나누었다(「실버 대거」는 그들을 이어주는 노래가 되었다. 머튼은 은수처에 녹음기를 가지고 있었다. 그들 각자는 오후 7시, 마르기가 병원 일을 끝마치는 시간에 그 노래를 틀어놓고 들었다. 머튼이 일어나는 시간이 한 시간 앞당겨졌다).

닷새 뒤 그들은 게쎄마니 경내에 있는 유복한 공동체의 오솔길을 따라서 바인야르드 노브 근처 숲으로 소풍을 가기로 하고 만났다. 그들은 마르기가 특별히 준비해 온 포도주 한 병을 마셨다.

그 순간 기쁨과 죄책감이 빠르게 연이어서 그 두 사람 안에 일어났다. 결혼의 환상이 이제까지의 관계를 청산하겠다는 결정으로 바뀔지도 모르고 그리하여 머튼은 그때까지 생활해 온 자기 성소의 길을 계속하게 될지도 모르는 찰나였다.

사랑의 금자탑이 무너질까 두려워 머튼은 그 결정을 며칠 뒤의 다음 만남으로 미뤘다. 머튼은 이제 요양소로부터 자기 은수처로 돌아와 결정을 내려야 할 가공할 선택을 앞에 두게 되었다.

그들이 다음에 만난 것은 머튼이 찾아가는 다른 의사와 만난다는 구실로 루이스빌에 있는 쿠닝감 식당의 안전한 장소 안에서였다. 그 두 사람은 모두 자기네 관계가 변했다는 분위기를 감지했다. 그날 밤 머튼은 자기 일기

---

281. "Certain Proverbs Arise Out of Dreams", *Eighteen Poems*.

에 이렇게 썼다. "나는 고독할 수밖에 없다. 내 고독은 나의 일상적인 분위기이다. 내가 다른 사람과 더불어, 그녀와 더불어 그렇듯 많이 완전한 합심과 조화와 사랑의 순간을 가질 수 있었던 것은 그저 놀라울 따름이다. 나는 사람들을 좋아는 하지만 보통 나는 다른 사람과 한 시간 이상을 함께 있노라면 지치고 만다. 내가 그녀와 더불어 오랜 시간을 수없이 함께 있을 수 있고 그녀와 함께라면 한 순간도 싫증이 나지 않을 수 있었던 것은 정말 기적이다. 그렇다고 내가 본질적으로 고독한 인간이 아니라는 뜻은 아니다."

한 주간 후 그들은 루이스빌에서 다시 만났다. 이번에는 머튼의 친구인 심리학자 짐 위갈의 사무실에서, 그가 머튼의 행동을 인정하지 않고 있었음에도 불구하고, 만났다. 머튼의 편에서는 자기가 마르기를 얼마나 사랑하고 있는지 그리고 그녀 없이 지낼 것을 생각하면 미래가 얼마나 공허할지를 아프게 깨닫고 있었다.

머튼은 자기의 정결 서원이 무산되어 감을 알고 자기 고백신부에게 가서 처음으로 형제 수도자인 그 신부에게 자기 생애에서 벌어지고 있는 엄청난 사건을 드러내보였다. 그랬음에도 불구하고 머튼이 그날 늦게 마르기를 불러냈을 때는 문제가 분명해지기는커녕 오히려 결혼에 대한 생각이 그의 모든 궁리와 결심을 뒤흔들어놓고 있었다.

다음날 6월 12일, 배전반으로 가던 어떤 수도자가 머튼이 마르기에게 전화하는 것을 엿듣게 되었다. 그 수도자는 돔 제임스에게 그 사실을 알려야 한다는 의무감을 느꼈다. 그 다음날 주방 책임자가 그런 일이 있었음을 머튼에게 말해 주었다. 그 누구보다도 머튼이 잘 알고 있는 것처럼, 좀스런 수도원 울타리 안에서 그와 같은 일은 반드시 발생하게 되어 있었다. 그 소식을 듣고 머튼은 걱정이 되기는커녕 오히려 마음이 편안해졌다.

수도원장이 자기를 부르기를 기다리지 않고 머튼은 돔 제임스를 찾아가서 자신에게 일어나고 있는 일을 담담하게 말했다. 그러나 마르기의 이름은 밝히기를 거절했다. 머튼은 돔 제임스의 반응을 보고 놀라는 한편 적이 안심이 되기도 했다. 제임스는 언성을 높이지 않고 따뜻하고 정성스럽게 머튼의

말을 듣고 이야기를 나누면서 다만 그 관계를 완전하게 청산하라고만 촉구
했다. 그 대화는 머튼 편으로 볼 때에는 아주 솔직한 것만은 아니었다. 앞
의 전화에서 마르기와 머튼은 바로 결혼에 관해서 말을 주고받았지만 머튼
은 자기가 결혼에 관하여 생각하고 있음을 밝히지 않았다. 돔 제임스는 머
튼을 일시 수도원으로 돌아오게 하여 요양소에서 지내게 할까 생각했지만
은수처에 그냥 머물게 하면서 축복을 주었다.

머튼은 마르기를 불러서 일어난 일을 이야기해 주었다. 그 일은 그 두 사
람이 조만간에 부딪칠 문제였다. 마르기는 전화를 엿듣고 고자질하는 지극
히 비인간적인 짓에 섬뜩해했다. 머튼은 사랑을 얼마나 세심하고 주의깊게
다루어야 하는지에 관하여 비통한 시 한 편을 썼다. "세상을 파괴로 가득
채우는 것 / 작은 주머니의 수많은 사이클론이 / 교류를 막아 버렸네 / 한
없이 솟구치는 분노 …"[282]

다음날 돔 제임스는 머튼에게 "그 여자"와 더 이상 접촉하지 말라는 것은
단순한 권유 사항이 아니라고 말했다. 그것은 명령이었다.

6월 22일, 머튼은 "모든 것을 포기하기로" 결심했다.

그뒤 이틀 밤 연이어 꾼 꿈에서 머튼은 비단 꽃잎으로 만들어진 빛나는
장미송이들을 뒤로 한 어두운 찔레덩굴 속에서 자기 어머니의 모습을 보았
다. 이는 『칠층산』에서 자기 어머니를 찔레만으로 묘사한 것과는 대조되는
심상이다. 마르기는 여성, 심지어 자기 자신의 어머니를 보는 머튼의 시각
을 바꾸어 놓았다. 그때 그는 병원에 있는 동안 실습생 간호원인 그녀에 대
하여 "조급하고 거칠었다"고 생각했었다. 그러나 그 생각은 자기의 정결 서
원을 보호하는 독신의 "이상"에는 맞을지 몰라도 머튼이 동경하던 그런 종
류의 인간 존재에게는 조금도 들어맞지 않았다.

수도원장의 명령에도 불구하고 머튼에게는 마르기와 한번 더 얼굴을 마주
보는 것이 진정한 사랑의 요구로 보였다. 6월 25일, 엑스레이 촬영을 하러

---

282. "Never Call a Babysitter in a Thunderstorm", *Eighteen Poems.*

루이스빌에 갔을 때 그녀를 만났다. 그리고 그녀가 얼이 빠져 있음을 발견했다. 마르기는 자기 고향에 있는 병원에서 일자리를 찾고 고향에서 희생이 뒤따르는 "특수한 일"에 자원하여 헌신할 계획을 세우고 있었다. 머튼은 지난 10일 동안에 쓴 「한여름의 일기」를 그녀에게 주었다. 그 일기는 "어떻게 하여 내가 또다시 손댈 수 없는 인간으로 되어 버렸는가에 대한 보고"라는 신랄한 부제를 달고 있었다.

그날 헤어지고 나서 서로 언제 다시 만날지 모르고 있던 차에 7월 16일 머튼이 발목이 삐어 치료를 받으러 루이스빌에 갔을 때 그들은 또 만나게 되었다. 그녀는 의사의 방에서 머튼을 데리고 나와 버찌가 든 가방을 챙겨 가지고 체로키 공원으로 소풍을 갔다. 이 소풍은, 장차 함께 살 가망이 없음을 무섭게 깨닫고 있었음에도 불구하고, 가장 행복했던 한 순간이었다. 머튼은 그날을 두고 시 한 편을 썼다. "우리는 노래하고 춤추며 헤엄치고 있네 \ 말할 수 없는 사랑의 고통 속에서 \ 천당과 지옥 그리고 시온과 푸른 강 사이에서 \ 우리는 함께 노래하고 춤추네 \ 사랑스럽게 필사적으로 서로를 붙들고서 …"[283]

돔 제임스는 6월 28일 다시금 머튼과 말을 나눴다. 그러나 이번에는 마르기에 관해서가 아니라 머튼의 생활에서 또 다른 어지러운 점들에 관해서였다. 즉, 근처에 있는 로레토 수녀원에 무단으로 방문하고, 방문자와 수도원 못에서 수영한 것 등에 관하여 말했다. 은수처의 긴장이 너무 과중하지나 않을까 염려한 돔 제임스는 머튼에게 공동체 생활로 다시 돌아가면 어떻겠느냐고 제안했다. 학생들에게 성서를 가르치면 어떨까 의견을 물었다. 이 대화의 주요한 효과는 은수자로서의 성소가 위험에 처해 있다는 사실을 머튼에게 일깨워 준 데 있었다.

한 주간 뒤 다시 머튼을 만나서 돔 제임스는 마르기와의 관계를 물었다. 제임스는 그 관계가 이미 완전히 청산되었으리라고 생각하고 있었다. 수도

---

283. "Cherokee Park", *Eighteen Poems*.

원장은 머튼에게 「은수자가 천당에 가는 방법」을 써야 한다고 말했다. 머튼은 그 말을 듣고 대단히 화가 났다. 돔 제임스의 사무실을 떠나면서 머튼은 "애기가 태어나면 당신이 대부가 될 수 있을 거요!"라고 쏘아붙쳤다. 돔 제임스는 그 말을 농담으로 받아들였다. 그러나 머튼은 그의 얼굴에서 우려하는 빛을 보았다.

마르기를 다시 만나는 위험 대신 머튼은 "정말 작별을 고하는" 편지를 썼다. 마르기는 졸업을 할 예정이고 곧 루이스빌을 떠날 것이었다. 마르기가 편지를 개봉하여 읽는 장면을 상상하고는 괴로워서 전화로 불러내려다가 안 되자 시를 써 보냈다. 머튼은 "내 존재의 바탕으로부터 터져나오는 고통스런 신음소리를 느꼈다. 나는 반쪽으로 찢어지는 것 같았다." 일주일 뒤 그녀와 통화하면서 그녀가 자기에게 보낸 편지가 "친전"이라고 썼음에도 불구하고 전해지지 않았음을 알았다. 그녀의 목소리는 감동으로 떨렸다고 머튼은 자기 일기에 썼다.

개인 피정을 하고 난 다음인 9월 8일, 머튼은 은수자로서의 성소에 영구적인 종신 서약을 했다. "나 M. 루이스 머튼은 게쎄마니 수도원의 수도자로서 고독의 생활을 위한 일 년간의 수련기를 마치고 이제 내 인생의 나머지를 건강이 허락하는 한 고독 가운데 지내기로 서약합니다." 돔 제임스는 증인으로서 서명을 했다.

그때까지 머튼과 마르기는 10월말에 두 번의 짧은 마지막 나들이를 했다. 마르기는 시험을 보려고 루이스빌에 있었고 머튼은 장 질환을 치료하기 위하여 성 안토니오 병원에 머물고 있었다. 그뒤로는 가끔 전화로만 접촉했다. 머튼이 마르기에게 마지막으로 전화한 것은 그가 죽기 몇 달 전이었다.

마침내 머튼은 수도자로서 남고 은수자로서 계속 살아가겠다는 서약을 갱신했다. 그것은 그의 생애에서 가장 어려운 결단이었다. 그러나 마르기를 생각하고 위하는 그의 사랑은 그칠 줄을 몰랐다. 그의 영혼 안에 그리고 아마 그녀의 영혼 안에서는 일종의 결혼이 이루어졌을 것이다. 불가능에 대한 감각이 별로 없는 사람으로서 머튼은 속력을 다하여 앞으로 나아갔지만 그러다가 일종의 치유가 그에게 일어났다. "사랑하는 이여, 우리 안에는 깊고 깊은 어떤 것이 들어 있습니다"고 그는 그 여름 마르기에게 보낸 편지에 썼다. 그러나 그 편지가 전달되었는지는 분명치 않다. "마루에 끌리는 옷자락과 옷감이 서로 아무것에도 매이지 않을 때 앞으로 나아가게 할 수 있는 것이 아닙니다. 그러나 바로 우리 존재가 사랑의 순연함에 그리고 우리 사이에 환상의 가리개가 없는 합일에 자신을 넘겨줄 때 그것은 훨씬 더 짜릿한 넘겨줌이 됩니다."

그해 여름 일어났던 일은 단지 몇몇 친구들만이 알고 있었다. 그들 대부분은 일이 어떻게 되어가나 걱정들을 하고 있었다. 그렇지만 그 일을 비밀에 부치려는 것이 머튼의 의도는 아니었다. 그는 자기가 쓴 시들을 제임스 레플린에게 주어 안전하게 보존하여 결국 출판될 수 있게 했다. 그동안에 쓴 일기도 머튼이 루이스빌의 벨라르민에 있는 존 로프터스 신부와 맺은 출판 계약물의 일부가 되었다. 그 자료 가운데 몇 가지는 그가 죽은 지 25년이 되도록 지연되었지만 그는 마르기에 대한 사랑을 포함하여 아무것도 감추려고 하지 않았다. "이것도 알려질 필요가 있다. 내 일부이기 때문이다. 사랑을 찾는 나의 갈구, 나의 고독, 나의 내적 분열, 고독이 당장 문제와 해결거리로 되는 투쟁, 이 모든 것이 알려져야 한다. 그리고 아마 그 모든 것에 대한 완벽한 해결은 없었을 것이다."

데레사와 토미 수녀와의 가족 야유회

가족의 일원

조그만 닭장보다 규모가 큰 어떤 것을
주재해야 하는 책임은
나의 정신적·도덕적·육체적 능력을 넘어서 있다.

1967년초 머튼은 친구들에게 등사한 편지를 보냈다. 편지에서 머튼은 "인생을 전적으로 사랑에 바쳐야 할 때 삶을 쓸모없이 논쟁에 낭비하고 있다"는 의식이 더욱 든다고 설명했다. 머튼은 "언젠가 논쟁을 그만둘 수 있기"를 바랐다.[284]

새로운 종류의 사랑이 머튼의 삶 속에 자리잡기 시작했다. 프랭크와 토미 오클라한과의 섬광과 같은 우정이 따스하게 타올라 머튼은 아이들이 많은 그들의 대저택에 자주 초대되어 갔을 뿐만 아니라 정말 그들과 한가족이 되었다. 진료 예약 때문에 자주 루이스빌에 나갈 때면 머튼은 주로 오클라한의 집에서 휴식을 취하고 그곳에서 식사를 하고 아이들과 놀고 가끔은 그곳에서 밤을 보내기도 했다. 많은 아이들을 두고 있는 또 다른 부부, 톰슨과 버지니아 윌렛과도 비슷한 유대 관계가 이루어졌다. 비록 머튼이 결혼은 하지 않았다 하더라도 적어도 안정된 가족의 따스함을 맛볼 수 있었다.

머튼이 이들 두 가족에게 마음이 끌린 매력적인 측면은 엄격한 보수주의나 급격할 정도로 현대적이고 "진보적"이지도 않은 이들 가정에서 발견한 생기가 넘치는 가톨릭 신앙에 있었다. 머튼은 특히나 진보주의자로 자처하는 새로운 부류의 가톨릭 신자들에게 진저리를 쳤다. 그네들 신념 가운데

---

284. Road 97.

한 가지는 현대 세계에서 수도자에게 맞는 장소는 오로지 감옥 같은 조그만 공간이라는 것이다. 한 급진적인 작가는 수도생활이 그리스도교 정신에서 벗어나고 비인간적이며 악마적이라는 말을 썼다. "내 말을 유의해서 들으라"고 머튼은 진보적인 가톨릭에 관하여 밥 랙스에게 경고했다. "지구상에서 그보다 더 추한 족속은 없고 … 그들은 천박하고, 경솔하며 꼴사나운데다 말을 알아들을 수 없고 악의에 차 있으며 세속적인 여러 도시와 떼이야르디안 지하철의 진보를 가지고 상처를 터뜨리고 있다. 오타비아니스(보수주의와 같은 뜻의 이름을 가진 추기경)도 나쁘지만 이들은 더욱 한없이 악질적이다."[285]

머튼은 전례에서 보인 많은 변화가 기껏해야 우스운 것이며 아주 나쁘게 말하자면 멋없고 추하다는 것을 알았다. 그는 수도자들이 공동체에 새 식구가 들어오는 서약식에서 성가 「교회의 한 기초」를 부르기 시작할 때 자기 귀를 믿을 수가 없었다. "쇄신이라? 나에게 그것은 죽음의 과거로 되돌아가는 것이다. 빅토리아조 영국으로."

2월말, 머튼은 점액낭염 때문에 다시 한번 수술을 받아야만 했다. 알레르기로 괴로워하자 머튼의 주치의가 그에게 맥주, 고기, 유제품 섭취를 금했다. 은수생활이 머튼에게 육체적으로 덜 괴롭게 하려고 돔 제임스 원장은 배관 공사를 해주었다. 그리하여 여름까지 머튼은 하수구, 수도, 온수기, 뜨거운 접시, 냉장고를 사용할 수 있었다.

몇 달이 지나자 드문드문 방문객들이 끊이지 않았다. 방문객 중에 이슬람학자 시디 엡데슬람, 철학자 쟈끄 마리땡, 가수이면서 평화 실천가인 존 바에즈, 여러 작가와 신학자 — 조나단 윌리암스, 기 데이븐포트, 윌 캄벨, 제임스 홀로웨이, 로즈마리 호우튼, 워커 페시 — 그리고 밥 랙스, 시 프리지우드, 나오미 버튼 스톤, 댐 베리간, 존 하워드 그리핀, 랠프 유진 미티어드, 론 시쯔 같은 친구들이 있었다.

---

285. **Bob Lax**에게 보낸 편지, 1967년 1월 26일: *A Catch of Anti-Letters* 110.

기 데이븐포트가 여태 본 음식점 직원의 본분을 가장 예절바르게 보여 준 것을 기술한 에세이에서 쉰두번째 생일을 막 지낸 머튼의 일면을 엿볼 수 있다. 우리가 만난 곳은 켄터키 렉싱턴의 임페리얼 라마다 여관이었다. 식탁 주위에 "사진사 랠프 유진 미티어드(사업가로 분장했다), 트라피스트 토마스 머튼(평복 차림으로, 머리를 빡빡 깎고 담배 농사를 짓는 농부 차림을 했다), 공항에서 오다가 자기 헤르쯔 차를 망가뜨리고 전신에 튀긴 피범벅이 된 「포춘」 편집장(머튼의 가장 오랜 친구)이 모여 있었다. 헐리우드에서는 그런 일들(촬영 막간에 프랑켄스타인의 괴물 분장을 하고 밀크 셰이크를 마시고 있는 린다 다아넬)이 흔히 있고 로마와 뉴욕도 마찬가지이지만 켄터키 렉싱턴에서는 그런 일들이 없었다. 머튼은 마티니를 여섯 잔째 들이키고 있었고 「포춘」 편집장은 냅킨을 몽땅 가져다 상처의 출혈을 막고 있었는데도 여급은 뭐라고 말 한마디 없이 식사를 가져다주었다."[286]

친구들이 늘 자극이 되기도 했지만, 여행하고 싶어하는 머튼의 강렬한 욕망은 여전했다. 그러나 돔 제임스 수도원장은 과거에는 간단한 지방 나들이 이상도 허락했으나 이제 더욱 완고해졌다. 머튼이 1967년 1월, 돔 제임스에게 프랑스 멜러레이 트라피스트 수도원을 방문해 달라는 초대를 받았다고 말했지만 수도원장은 "하느님께서는 외부 활동 영역을 넓히기 위해서가 아니라, 당신 내면 활동의 정진을 위해 이곳에 머물도록 하기 위해 이 은수처를 마련해 주셨습니다"[287]고 대답했다.

머튼은 자주 질병으로 고통을 당하고 가끔씩 낙담했음에도 불구하고 정신은 건강했다. 그의 유머 감각은 편지뿐만 아니라 사진에서도 입증되고 있다. 니콘 카메라를 빌려 켄터키 시골 하늘 위에 육중한 건축 기자재인 갈고리를 찍었다. 머튼은 "유일하게 알려진 하느님 사진"이라고 사진 뒷면에 적었다.

---

286. Guy Davenport, "The Anthropology of Table Manners", *The Geography of the Imagination* (San Francisco: The North Point Press 1981) 348.

287. Griffin 139-40.

저술과 편집 일을 하루에 두 시간 씩만 하도록 허용되었지만 그 자그마한 공간에서 그는 알버트 까뮈, 윌리엄 포크너, 윌리엄 스티론, 시몬 웨일 등에 주로 역점을 둔 일련의 문학 연구를 포함해서 많은 것을 이루어냈다.[288] 캘리포니아 미국 원주민 중의 최후 생존자인 이쉬에 대한 수필 또한 이때 썼다.[289] 그는 수도생활과 관상생활에의 소명[290]에 관한 새로운 수필들을 출간했을 뿐만 아니라 『새로운 인간』의 일본판 서문[291]을 써주기도 했다. 1964년에서 1965년까지의 일기에서 뽑아 「대담의 서약」을 편집했지만 출간을 미루기로 결정했다. 그 이유는 일면 그 책이 은수자의 소명에 적절하지 않다고 보는 진보적인 가톨릭 신자들로부터 책보다는 자신에게 성급하게 비판적인 견해를 불러일으키리라는 확신이 있었기 때문이다. 그 직후 머튼은 「선(禪)과 욕망의 새들」을 탈고했다. 여러 작은 잡지에 자주 기고하다가 1967년, 머튼이 자기 자신의 잡지 계획을 착수해서 나온 「수도자들의 샘」은 그해 12월에 선보인 4호 중 첫 호였다.[292]

---

288. 이들은 *The Literary Essays of Thomas Merton*에 수록된 글들에 속한다.

289. *Ishi Means Man* (Greensboro, N.C.: Unicorn Press 1976).

290. 이 주제에 관한 머튼의 글들이 일부 수록된 곳: *A World of Action* (New York: Doubleday 1971); *The Monastic Journey* (Kansas City, Mo.: Sheed Andrews & McMeel 1977).

291. 머튼의 저서 외국어판 서문들이 수록된 곳: *Honorable Reader* (New York: Crossroad 1989).

292. Monks Pond의 네 호가 1989년 University of Kentucky Press에서 단행본으로 나왔다.

또한 그가 주로 읽고 있는 책에서 메모한 것을 가지고 수도원에서 하는 일요 강좌가 있었다. 이슬람교 내의 범신론 신비주의 운동과 남태평양의 카르고 숭배가 주요 주제 중의 하나였다.[293]

매일 서신 왕래를 위한 제한된 시간에 눈보라 속의 눈송이같이 타자기로 편지를 썼다. 수잔 부토로비치가 1967년 6월 처음 편지를 보냈을 때 겨우 열여섯 살이었던 그녀는 머튼이 마음에 들어하여 편지를 보내는 상대 가운데 한 사람이 되었다. 수잔은 머튼에게 대중 음악을 좋아하는지 궁금해했고 비틀즈와 환각제에 대해 어떻게 생각하는가 물었다(머튼은 밥 딜런의 최신 앨범에 재수록된 비틀즈의 노래 「택시 기사」를 좋아하며 "새들이 나를 흥분시키기 때문에" 자기는 환각제가 필요없다고 말했다. 좀더 후에 수잔에게 보낸 편지에 자신의 카샤 요리법을 설명했다.[294]

아틀란타에 사는 퀘이커 교도인 준 융블럿에게 보낸 편지들에서 그는 마르틴 루터 킹이 속해 있는 시민권 실천주의자들을 위한 피정을 게쎄마니에 준비를 하고 있었지만, 킹 박사의 암살로 그 일은 수포로 돌아갔다.

1967년 커다란 기쁨 가운데 하나는 머튼에게 처음 게쎄마니 수도원에 대해 말해 주고 그에게 트라피스트로서의 성소가 있음을 환기시켜 준 댄 월쉬 교수가 서품을 받은 일이다. 월쉬 교수는 오랜 동안 수도원 객사에 거주했다. 이 헌신적인 신학자가 사제가 되어야만 한다고 생각한 것은 루이스빌에 있는 주교였다. 서품이 5월 16일 성 토마스 축일에 있은 다음 오클라한의 집에서 성대한 축제가 벌어졌다. 축하객 중에 그가 가장 즐거워했다. "많은 사람들이 축하해 주었다"고 머튼은 편지에 적었다. "사실 나는 너무 많은 샴페인을 들며 흥청거리며 축배를 들었는데, 트라피스트회 수도자로서는 좀처럼 있을 수 없는 일이었다. 그러나 이를 어기고 나는 아주 철저히 잘못을

---

293. 머튼의 강의를 녹음한 카세트가 더러 있는데, 한 시리즈는 **Electronic Paperbacks**에서, 다른 하나는 **Credence Cassettes**에서 나왔다. 머튼의 강의를 채록하여 편집한 책: *Love and Living* (New York: Farrar Strus & Giroux 1967) 80-94.

294. Road 308-13.

"알려진 유일한 하느님 사진"이라고
머튼이 일컬은 사진

저질렀다. 내 기억으로는 그날 오후 어느 땐가 아주 치욕스럽고 충격적인 눈으로 나를 바라보며 줄지어 앉아 있는 네 사람의 수녀 얼굴을 초점을 잃은 채 쳐다보았다. 교회의 기둥이 내려앉는 것 같았다."[295]

더욱더 중요한 것은 머튼이 돔 제임스 수도원장으로부터 은수처에서 미사 집전을 해도 좋다는 허락을 받은 점이다. 특별히 삼목으로 짜서 제단으로 이용하여 머튼은 은수처가 봉헌된 가르멜의 성모 축일인 7월 16일 첫미사를 집전했다고 말했다. 이제 은수처는 머튼의 생활의 모든 면에서 피난처가 되었다(1968년초 48피트 높이의 성당이 은수처로 합쳐졌다).

1967년 9월, 돔 제임스 수도원장은 퇴임하겠다는 놀라운 선언을 했다. 수도원장은 머튼의 예를 따라 수도원에서 세번째로 은수자로 남겠다는 결단을 내렸다(플래비언 번즈 신부가 두번째 은수자였다). 머튼은 돔 제임스의 후임으로 선출될지도 모른다는 생각에 놀라 공동 게시판에 성명서, 즉 "수도원장이 아닌 현재 거처의 관리인으로 남고자 하는 나의 선전 내용"을 붙였다. 성명서에서 그는 "조그만 닭장보다 더 큰 어떤 것을 주재해야 하는 책임은 나의 정신적·도덕적·육체적 능력을 넘어서 있다"는 것을 모든 사람에게 확신시키려고 노력했다. 머튼은 예전에 대수도원의 직책은 절대 받아들이지 않겠다고 혼자 맹세했었음을 알렸다. 예기치 못한 어떤 일에 처하

---

295. Jim Forest에게 보낸 편지, 1967년 6월 17일: HGL 303.

든 당혹스러워하고 근심스러워하는 125명의 수도자들과 맞부딪치겠다고 선언했다. 더군다나 수도원의 발전에 대한 그의 생각은 나이 들어 쇠약해지고 정신적으로도 노쇠한 탓에 짙은 안개가 낀 것처럼 흐릿했다. 그리고 만일 자기를 선출하면 많은 술을 마셔댈 염려가 있다고 말했다.[296]

머튼은 자신이 수도원장이 되지 않는다 하더라도 자신의 동료 은수자인 플래비언 번즈 신부가 입후보하도록 납득시키고 거드는 식으로 수도원장을 배출하는 데 일정한 역할을 할 것이 확실했다. 머튼은 돔 제임스의 후임이 은수자들에 대해 꺼려하지 않을까 염려가 되어 계속해서 은수자들을 허용할 후보자를 원했다. 1968년 1월 13일, 수도자들의 투표 결과 플래비언 신부가 큰 표차로 선출되었다. 그러나 투표일 일주일 전 누가 선출되든 게쎄마니 수도자로 남아 어떠한 혹독한 정치적(혹은 신학적) 풍파가 있더라도 결코 떠나지 않고 러시아를 고수한 파스테르나크처럼 견뎌내겠다는 결심을 확고하게 다졌다. 머튼이 기억하기에 파스테르나크는 게쎄마니에 오지 않고 자기 길을 갔다.

돔 플래비언은 제임스에 비하여 전적으로 자기 일을 달리 이해했고 머튼이 받은 초대 중의 몇 군데를 기꺼이 허락했다.

"대부분은 역설적으로 내가 여기 게쎄마니에 있기에 초대를 받게 되는데 한편으로 내가 이곳에 있어서 갈 수 없기 때문에 그런 초대를 받는다"[297]고 그는 한 서신 왕래자에게 말했다. 플래비언 수도원장 아래 머튼의 삶에 새로운 시대가 시작되었다. 그는 두루 돌아다니는 은수자가 될 수 있는 기회를 얻었다. 머튼은 오랫동안 기다려 왔던 터라 흥분되었을 뿐만 아니라 어느 누구도 그를 대신해서 무슨 말도 해서는 안 되는 아주 놀랄 만한 위치에 올랐다.

---

296. 1967년 12월 17일; Griffin 175.

297. June Yungblut에게 보낸 편지, 1967년 11월 19일: HGL 638.

베트남 스님 티크 낫 한과 함께

내 마음 속에 있는 아시아

걸어야 할 나의 길이 있고
이러저러한 이유로 선(禪)은 내가 어디를 가나
그 한가운데 있을 권리를 가지고 있다.

대부분의 초대는 쉽게 거절했지만 1968년초에 온 초대는 하늘에서 보낸 초대로 보였다. 즉, 방콕 부근에 있는 베네딕도회와 트라피스트회 수도원장들의 회의에 참석하기 위해 10월에 아시아에 오지 않겠는가 하는 초대를 받았던 것이다. 3월말, 머튼은 돔 플래비언에게 그 초대를 수락하여 여행중에 아시아에 있는 어딘가 다른 "선종(禪宗) 지역들"을 돌아보고 싶다고 말했다. 돔 플래비언은 망설인 끝에 결국 동의해 주었다.[298]

머튼은 학생들 사이의 논쟁에서 간디의 입장을 지지했던 열다섯 살 적부터 아시아에 대한 관심을 가지고 있었다. 7년 후 뉴욕에서 살면서 인도에서 온 힌두교 수도승 브라마카리가 머튼에게 깊은 인상을 주었고 마찬가지로 예술과 수덕에 관한 A.K. 쿠마라스와미의 저술에서도 감명을 받았다. 윌리엄 블레이크에 관한 논문 초고를 쓰는 동안 그리스도께서 세상에 오시기 수백년 전에 살았던 이야기꾼 중국 현인 장자를 알게 되었다.

50년대말 머튼이 하고 있던 사색은 아시아를 향해 거슬러올라가도록 했다. 1956년 그는 일본 선종 불교 학자인 D.T. 스즈끼가 쓴 책을 구할 수 있는 대로 읽기 시작했다. 3년 후에 머튼은 스즈끼와 편지를 주고받기 시작했

---

298. Dom Flavian에게 보낸 머튼의 편지들이 수록된 곳: *School of Charity: The Letters of Thomas Merton on Religious Renewal and Spiritual Direction*, Brother Patrick Hart 편 (New York: Farrar Straus & Giroux 1990).

다. 그는 감히 선종을 이해하지는 못하지만 그럼에도 스즈끼에게 큰 빚을
지고 있다고 털어놓았다. "당신이 쓴 책을 읽고 있노라면 몇 번이고 무엇인
가 내 안에서 '바로 그거야!'라고 말합니다. 그게 어떤 것이냐고 묻지는 마
십시오. 난 누구에게도 그걸 설명하고 싶지는 않습니다. … 바로 그것은 모
든 아름다운 무목적성에 있습니다."[299] 그는 스즈끼가 미국에 건너와 게쎄마
니 수도원에 들를 것인지 궁금해했다. 그 결과 스즈끼를 만날 수 있는 허락
을 받았다. 스즈끼에게 사막의 교부, 즉 명상에 정통한 초대교회 사람들의
잠언집을 보낸 일이 있었다.

스즈끼는 게쎄마니에 한번도 오지 않았지만, 1964년 돔 제임스 수도원장
은 스즈끼를 만날 수 있도록 머튼에게 뉴욕까지의 짧은 여행을 허락했다.
그때 스즈끼의 나이는 94세였고 귀가 먹었지만 머튼이 예상했던 대로 여전
히 생기가 넘쳐 흐르는 민감한 사람이었다. 그들은 녹차를 마시며 이야기를
나누었다. 지금까지 10여 년을 대단히 주의깊게 읽어왔던 책들을 쓴 이 비
범하고 소박한 인물과 자신 사이에 정말 깊은 이해가 오고가는 사실을 보고
느낄 수 있었다는 것이 머튼에게는 중요했다. 스즈끼는 머튼에게 한 대가의
꿈에 그의 어머니가 양 팔에 하나씩 두 개의 거울을 들고 나타난 이야기를
해주었다. 거울 하나는 까맣고 또 하나에는 온갖 것들이 들어 있었다. 그
대가는 두 거울 사이에서 밖을 내다보고 있는 자신을 발견했다. 머튼은 스
즈끼와 그의 비서 오까무라 양과 함께 있으면서 "난 내 가족과 같이 한 순
간을 보내고 있는 것 같은 기분이 들었다"고 했다. 그들을 보고 있노라니
켄터키에 있는 친구들, 「거룩한 지혜」[300]와 더불어 머튼의 생애 가운데 특별
히 맺어져 있던 사람들 중 빅토르와 캐롤린 해머가 생각났다.

스즈끼의 수필들은 장자에 대한 머튼의 관심을 다시금 불러일으켰다.
1961년 「장자의 도」를 준비하면서 존 우의 도움을 받았다. 머튼은 "난 내가

---

299. D. T. Suzuki에게 보낸 편지, 1959년 3월 12일; *Encounters: Thomas Merton and D. T. Suzuki*, Robert E. Daggy 편 (Lexington, Ky.: Larkspur Press 1988) 5-6.

300. 그들의 만남에 대한 머튼의 묘사는 *Encounters* 84-6참조.

기억할 수 있는 어떤 다른 것보다도 이 책을 집필하면서 많은 즐거움을 얻었다. … 나는 그저 있는 그대로의 장자를 좋아할 뿐이다"고 그 책 서문에서 설명했다.

머튼이 마르기와 결혼하고 싶어하는 열망에 한참 사로잡혀 있을 때 그는 베트남에서 온 시인이자 불교 수도승 선종 종정인 티크 낫 한의 방문을 받았다. 화해의 단체 소속 존 하이드 브링크가 수행했는데 낫 한은 1967년 5월말 게쎄마니에서 이틀을 보내고 갔다. 머튼은 곧바로 낫 한이 자신을 아주 좋아하고 있다는 것을 알아차렸다. 머튼은 살아 있는 장자를 만난 것 같았다. 그 두 수도자가 이야기할 때 그들이 속해 있는 서로 다른 종교 체제는 아무런 문제가 되지 않는 것 같았다. 머튼은 낫 한이 쓴 베트남 전쟁에 관한 책 서문에서 "티크 낫 한과 나는 한 형제다"라고 말했다. "낫 한은 민족과 국적에 있어 나와 더 밀접한 많은 이들보다 더 가까운 한 형제이다. 왜냐하면 그와 나는 정말 똑같은 식으로 사물을 보기 때문이다." 머튼이 낫 한에게 베트남에서 전쟁으로 무슨 일이 벌어지고 있는지 묻자 그 불교도는 "모든 것이 파괴되고 있다"고 간명하게 대답했다. 이는 이런저런 말이 필요없는 핵심을 드러내는 한 수도승의 대답 그대로라고 머튼은 일요 강좌에서 수도자들에게 말했다. 그는 베트남에서 불교 수도승은 엄격한 형식적인 명상 교육을 일찍 시작하지 않는다는 사실을 설명하였다. 그는 "명상을 배우기 전에 여러분은 문 닫는 법을 배워야만 한다"는 낫 한의 말을 인용해서 이야기했다. 수도자들은 웃었다. 그들은 항용 성당에 허겁지겁 서둘러 오는 지각생이라도 되는 것처럼 문을 쾅 소리가 나도록 닫아 소리가 울릴 정도였기 때문이다.

1967년, 댄 베리건은 머튼에게 자기 자신을 인간 방패로 이용하여 자기들이 살고 있는 곳에 폭탄 투하를 쉽게 할 수 없는 지역을 형성하는 "평화를 위한 인질"로서 베트남에 가지 않겠는가 제안했다. 머튼의 머리에서 그 생각이 떠나질 않았고, 그 계획이 전혀 실현되지 못했지만, 원칙적으로 그렇게 하는 데 이의가 없었다.

15여 년 동안 공동체 내에서 그가 읽고 쓰고 이야기 하는 속에 아시아의 종교가 폭넓게 들어가 있었다. 이제 그에게 아시아에 있을 수 있는 기회가 왔다. 그는 아시아가 살 만한 곳, 즉 아마도 히말라야 산맥에 은수처가 될 만한 곳이 없을지도 모른다는 걱정까지 했다. 돔 플래비언은 수도회 회원들에게 미국 내부라고 하지만 멀리 떨어진 여러 장소에 살면서도 게쎄마니의 구성원으로 남을 수 있다는 개방성을 보여 주었다.

머튼에게 게쎄마니는 더 이상 잘 닦인 길에서 아주 멀리 떨어져 있는 것처럼 보이지 않았다. 간혹 그는 고속도로 교차로 부근에 살고 있다는 느낌을 받았다. 4월, 마르틴 루터 킹 2세가 살해된 지 바로 이틀 후 한 방문객이 그의 은수처까지 찾아와 자신이 요한 묵시록에 나오는 여자라고 설명했다(머튼은 "문제의 묵시록의 여인"이라고 일기에 적었다). 전혀 알지도 못하고 생각지도 못했던 사람들이 찾아오곤 했다. 머튼이 그토록 많은 사람들이 무장하고 있는 미국에서 총을 소지한 방문객과 맞닥뜨릴 날이 오지나 않을지 의문을 갖는 것도 당연했다. 은수처와 수도원을 잇는 통화 시설이 설치되었다.

그는 미국에 머무는 문제에 대해 항상 고민해 왔고 그리하여 벨기에의 베네딕도회 친구 장 러끌레르끄에게 보내는 편지에서 "나는 하느님의 심판 아래, 그리고 어떤 의미로는 베트남 전쟁 범죄에 대해 형벌을 받고 있다고 믿어지는 사회와 어느 정도 동일합니다"고 썼다. 니카라과나 칠레의 수도원 소공동체 회원이 될 수도 있다는 가능성에 대해 다시 깊은 생각에 빠졌다. 그러나 그 자신이 선택한 나라를 떠나는 것이 정말 얼마나 떳떳할 것인지 알 수 없었고 더구나 "이 사회가 심판중에 있다면 나 역시 결국 다른 사람들과 별 다를 것이 없으니 남아서 다른 사람들과 더불어 심판을 받아야 하지 않을까 생각했다. 죄의 문제는 오늘날 커다란 문제이다. 내가 말하는 죄란 인간성을 파괴하는 범죄를 저지르는 집단적인 죄를 의미한다."[301]

5월 6일, 머튼은 캘리포니아의 유레카에 자리한 삼목의 성모 트라피스트 수도원에 가려고 미 태평양 서부 연안까지 비행했다. 그는 수녀들과 몇 마디 이야기를 나누고는 은수처로 마땅한 곳이 있는지 보기 위해 가까운 곳을 두어 군데 둘러보았다. 자동차 수에 놀라긴 했으나 가장 적절한 곳은 베어 만이었다.[302] 5월 15일, 그는 샌프란시스코 시티 라이쓰 서점에서 전위 시에 관한 책들을 차에 싣고 그 시들을 쓴 시인이자 편지로 사귄 친구 로렌스 페를링헤티와 저녁식사를 같이했다. 동쪽으로 방향을 돌려 뉴 멕시코의 아비큐 부근 외딴 협곡에 있는 사막의 그리스도 수도원을 방문하기 위해 뉴 멕시코에서 멈췄다. 세 명으로 구성된 공동체에 한 명의 은수자가 있을 뿐이었다. 수도자들이 그에게 은수처 성당에서 쓰라고 나바호 인디언족이 사용하는 모피를 주었다. 머튼은 게쎄마니를 떠난 지 불과 열이틀 만에 자신이 향수병에 젖어 있음을 알았다. 결국 5월 21일 집으로 돌아왔다.

며칠 후 머튼의 친구 댄 베리건, 댄과 형제간인 필, 그 이외 일곱 사람이 매릴랜드 캐톤스빌의 징병 기록 상자 여러 개를 태워버린 죄로 선고를 받았다는 소식이 전해졌다. 판사는 아홉 명에게 6년 형을 내렸다. 머튼은 선동적인 저항 수단을 좋아하지는 않았지만 그런 상징적인 행동을 하는 사람들과 마음이 통했다. 다시 한번 머튼은 지금껏 베트남 전쟁이 자기 자신의 생활 속에서 어떤 것을 요구하는지 생각해 보았다. "6년이라니! … 나 자신은 얼마나 오래 감옥 밖에 있을 것인가? 나는 수감될 만한 특별한 시도, 즉 그

---

301. Jean Leclercq에게 보낸 편지, 1968년 3월 9일: *The School of Charity* 369-70.

302. Thomas Merton, *Woods, Shore, Desert* (Santa Fe: Museum of New Mexico Press 1982). 여행중에 찍은 사진들이 이 책뿐 아니라 *A Hidden Wholeness* (Boston: Houghton Mifflin 1970)와 *Geography of Holiness* (New York: Pilgrim Press 1980)에도 나타난다.

들이 행했던 그런 일을 하지 않는 한 그럴 수 있노라고 해도 좋다는 생각을 했다. 내가 말할 수 있는 것은 단지 고의적으로 어떤 법도 어기지 않았다는 것이다. 그러나 근일 중에 내가 법을 어겨야만 할 위치에 있는 자신을 발견할지도 모른다."[303]

미국은 사격장이 된 듯했다. 마르틴 루터 킹이 암살되었다. 그리고 루이스빌은 인종 폭동으로 불이 붙은 도시 가운데 있다. 노동조합을 결성하려 한 농장 노동자들이 투옥되고 캘리포니아 벌판에서 짓밟히고 있다. 게다가 6월 5일 로버트 F. 케네디가 로스앤젤레스에서 살해당했다. 머튼의 수필, 비폭력과 화해에 관한 『신앙과 폭력』이 6월 중 때맞추어 출간되었다.

6월 24일, 아시아 여행 준비를 시작하면서 머튼은 예방 접종 증명서와 비자를 받기 위해 루이스빌에 갔다. 그는 자신의 열정에 공감해 기꺼이 온갖 속박을 끊어 주는 수도원장이 있다는 데 끊임없이 놀라워했다. 돔 플래비언은 미 태평양 서부 연안 어디든 자그마한 은수자 부락을 세우는 책임을 맡아줄 수 있는가 물었다. 머튼은 6월 5일자 일기에 "개방되어 있고 어딘가를 갈 수 있다는 실감을 하는데 가끔씩 거의 믿기지가 않는다"고 썼다. 그의 기도생활은 풍요로워지고 있었다.

점차 그의 생각은 아시아 중심이 되어 갔다. 그의 마음을 사로잡는 시 몇 구절을 보자. "아, 네팔 산맥이여, / 호랑이와 열기 / 온 세상에서 도망온 산적들 / 도망온 트라피스트 회원들이 잃어버리고 잊혀졌노라."[304]

7월말, "이해의 신전"이라고 불리는 세계 교회운동 단체로부터 인도에서 열리는 회의에서 연설을 해주지 않겠는가 묻는 초대장이 왔다. 그리고 이 주 후에는 알래스카 앵커리지에서 조세프 라이언 주교가 관상 수녀들의 피정을 지도해 달라는 청탁의 편지를 보내왔다. 돔 플래비언은 알래스카에서 은수처로 적합한 곳이 있는지 알아볼 시간을 내야만 한다는 것을 환기시켜 주었다. 인도에서 그는 티벳 불도들을 방문할 수 있었고 어쩌면 달라이 라

---

303. 일기, 1968년 5월 28일.　　　304. 일기, 1968년 7월 19일; Mott 529.

마를 만나기까지 했을지 모른다. 돌아오는 도중에 뉴 멕시코에서 사막의 그리스도 수도원을 그리고 캘리포니아에서 삼목의 성모 수도원을 들르고 민주 정치 제도 연구소에서 그의 친구 핑 페리를 만나 이야기를 나누기 위해 산타 바바라를 들렀다.

7월이 다 가자 머튼은 게쎄마니에 그리고 어쩌면 미국에까지도 작별을 고하는 느낌이었다. "8주간 이곳을 떠나 있을 것이다. 그리고 내가 되돌아오지 않을지도 모른다는 것을 누가 알겠는가. 나는 무언가 잘못되기를 바라는 것은 아니다." 캘리포니아나 알래스카에서 은수처를 물색해서 머물거나 아니면 아시아의 어떤 외딴 곳에서 지내게 될 가능성도 있었다. "실제로 내가 절대 돌아가지 않을지 이런저런 길을 생각해 보진 않았다." 그는 부근의 교통, 총, 숲속에서 짖어대는 개들, 호수 위의 개구쟁이들에 대하여 썼다. "잠적할 어딘가를 찾을 수 있다면 나는 모습을 감출 것이다. 그리고 정처 없이 비교적 방랑생활을 시작한다 하더라도 그것도 역시 좋을 것이다."[305]

떠날 준비를 하느라 8월 중 프랭크 오클라한과 함께 루이스빌에 쇼핑하러 나가 여행 가방과 구김없이 곧 마르는 옷 한벌을 샀다.

9월초가 되자 그가 달라이 라마를 방문할 수 있을지 아직 확실하지는 않더라도 여행의 세부 계획이 꽤 확실해졌다. 출발을 바로 앞두고 게쎄마니를 떠나는 머튼의 기분은 그들이 한 달 전에 느꼈던 것보다 더 모호해졌다. 그는 수도원 뜰에 다시금 새롭게 애착을 갖게 되고 초조와 불안을 느끼며, 물집이 잡힌데다 알레르기 때문에 여태껏보다 더 고통을 겪었다. 친구들에게 격식적인 편지를 써서 아시아로 잠깐 떠나 있을 것이라는 것을 알렸다. 그는 이 여행이 정치와는 하등 상관없는 것이며 베트남 전쟁과는 어떤 식으로도 연결돼 있지 않다고 강조했다.

9월 9일, 최근에 임명한 자기 비서 패트릭 하트 수도자가 은수처로 올라왔다. 패트릭은 교황 바오로가 자신이 매우 흠모하는 수도자 작가에게 보내

---

305. 일기, 1968년 7월 29일; Mott 532.

는 선물, 즉 아름다운 청동 십자가를 가지고 로마에서 근자에 돌아왔었다. 머튼이 없는 동안은 패트릭 수사가 은수처에서 기거했다. 패트릭은 모리스 플러드와 「수도자들의 샘」을 저술하면서 도움을 받았던 예수회 학자인 필 스타크가 패트와 같이 왔다. 그 세 사람과 함께 아침식사를 하고 헤어졌다. 머튼은 마무리되진 않았지만 자신이 쓴 장시 「로그레이르의 지리」의 초고를 제임스 레플린에게 보냈다.

그는 일기에 "나는 (아시아에서) 영적 탐구에 정진할 수 있도록 나를 도 와 줄 사람이나 어떤 것을 찾고 싶다"라고 썼다. 그는 되돌아갈까 아니면 돌아가지 않을까 전혀 신경쓰지 않았다. "나는 여전히 게쎄마니의 수도자이 다. 내가 여기서 내 인생을 끝낼지 그렇지 않을지 모르는데다 어쩌면 그것 은 그리 중요하지 않을지 모른다. 중요한 것은 그것이 어떤 결과를 가져오 든 하느님이 내리신 이 기회에 하느님의 뜻에 철저히 부응하는 것이다."

다음날 아침 머튼은 돔 플래비언을 잠시 만나 조신하게 굴면서 언론 관계 자들은 만나지 않겠노라는 약속을 했다. 플래비언 수도원장은 여행에 필요 한 돈과 원래 토마스 베네트가 머튼에게 열여덟 살 생일에 선물했던 낡은 본드가 지갑을 주었다. 벨라르민에서 교사로 있는 루이스빌의 시인 론 시쯔 가 아침 10시에 머튼을 차로 태워다 주고 루이스빌에서 마지막 볼일, 즉 알 레르기에 먹는 약을 모으고 신발 사는 걸 도와 주었다. 오클라한의 집에서 샤워를 한 후 만찬 파티가 있었다. 머튼은 벨라르민 대학에 있는 보나벤뚜 라 수도원에서 밤을 보냈다.

아침 일찍 머튼은 아시아로 가는 첫 기착지인 알부께르께 행 비행기를 타 고 떠났다.

모든 것이 측은하다

같은 산 맞은편의 인양 궁전![306]

머튼은 뉴 멕시코에 머물면서 대중들에게는 공개되지 않는 이틀간의 인도 축제인 태버낵 축제에 관심을 쏟았다. 머튼은 "거룩한 사람"이니까 구경해도 좋고 축제 장면을 사진으로 찍어도 좋다는 허락을 받았다. 그는 9월 16일, 푸어 클라레스에서 강론을 하러 시카고까지 비행기를 타고 갔다. 그리고 이틀 후 프리셔스 블러드 수녀원에서 수녀들 피정 지도를 위해 알래스카로 갔다. 주교는 머튼에게 은수처가 될 만한 곳을 택하도록 조처해 주었다.

9월 27일, 비행기로 그는 틀링잇 인디언들 부락인 야쿠타트에 도착했다. 부근의 에야크 호수가 특히나 마음에 들었다. 호수는 고요하고 산으로 둘러싸여 있었으며 수많은 야생 거위가 살고 있었다. 그런 곳에서 살아가는 상상을 해볼 수도 있겠다고 플래비언 수도원장에게 편지를 썼지만 자신의 생애에서 해결되어야 할 중요한 문제가 우편 주소는 아니라는 것을 깨달았다. 플래비언 수도원장에게 이렇게 썼다. "나에게 중요한 것은 땅을 얻는 것이나 이상적인 고독을 찾는 것이 아니라 나 자신의 깊은 마음을 열어젖히는 일이며 그 이외는 부차적인 것입니다."[307]

10월 2일, 샌프란시스코에 도착하자 그의 어린 편지 친구인 수잔 부토로비치와 그녀의 가족이 머튼을 만나기 위해 공항에서 기다리고 있었다. 그들

---

306. Thomas Merton, *Asian Journal* (New York: New Directions 1973) 156.

307. **Dom Flavian Burns**에게 보낸 편지, 1968년 10월 9일: *The School of Charity* 402. 머튼의 알래스카 방문에 대한 참조: *Thomas Merton in Alaska: The Alaskan Conferences, Journals, and Letters,* Robert E. Daggy 편 (New York: New Directions 1988).

과 저녁을 먹고 나서 그날 밤은 호텔에서 보내고 핑 페리가 기다리고 있는 산타 바바라 행 아침 비행기를 탔다. 며칠 후 돔 플래비언에게 보낸 우편 엽서에는 지방 호텔에 특별 침대를 갖춘 엷은 분홍빛 방의 모습이 담겨 있었다. 머튼은 엽서 뒷면에 "아닙니다! 나는 이곳에서 정말 잠들 수가 없었습니다"라고 썼다.

핑 페리는 민주 정치 제도 연구소에서 이야기하고 토론할 수 있는 준비를 해두었다. 그 연구소는 약간 좌파 성향이 있는 대화와 연구를 위해 잘 짜여진 기구였다. 그는 연구소 연구원들과 인사를 나누고 나서 혁명과 상관없는 온갖 것들은 부질없다고 생각하는 "혁명적 신비성"을 지향하는 급진적인 그리스도인들의 경향을 비판했다. 머튼이 할 일은 전통에 대한 탐구를 진전시키는 것이었다. "왜냐하면 나에게 우연히 전통을 탐구할 수 있는 호기가 왔고 다행히 탐구를 할 만한 소양이 있다. 인간은 한번에 한 가지 일만 할 수 있는데 내가 해야 할 일은 이 일이라고 생각한다." 머튼은 "심오한 목표를 회복하는" 것보다는 좋아진 아침식사에 더 관심을 갖는 쇄신의 형태를 없애버렸다.[308]

산타 바바라에서 여러 날 지낸 뒤 그는 핑과 함께 해안을 따라 드라이브를 했다. 나는 그해 12월에 "당신이 머튼을 마지막으로 보았을 때 머튼은 어땠느냐"고 핑에게 물어보았다. 핑은 이렇게 말했다. "머튼은 마치 서커스를 보러 가는 어린애 같았습니다."

10월 9일, 머튼은 삼 일간의 회의에 참석하기 위해 삼목의 성모 수도원에 도착했다. 그는 그 두번째 방문으로 캘리포니아 연안은 은수처로 알맞은 곳이 못된다는 확신을 갖게 되었다. 즉, 그곳은 곳곳에 불도저로 공사를 하고 있었고 개발로 땅값이 폭등했다.

엿새 후 머튼은 태평양 위에서 "이 중요한 문제를 풀지 않고는 돌아가지 않도록 해주소서. 그리고 또한 강한 측은지심, 마하카루나를 터득하지 않고

---

308 *Preview of the Asian Journey*, Walter Capps 편 (New York: Crossroad 1989).

는 돌아가지 못하도록 하소서"[309]라고 자신의 일기에 쓰고 있었다.

도쿄에서 일정을 변경하여 10월 16일, 이틀을 머물기 위해 방콕에 도착했다. 그는 "사람들이 멋지고 아름다우며 상냥하긴 — 미국인들을 너무나 빨리 모방하는 사람들을 제외하고"[310] — 하지만 소형 오토바이와 버스로 붐비는 방콕의 거칠고 지저분한 거리 때문에 한바탕 습격을 당한 거리 같은 기분이 들었다. 소란한 시내를 벗어나 엄한 관찰자의 얼굴을 하고 있긴 하지만 분별있는 영국인 수도승 프라 칸티팔로에게 갔다. 그들은 마음에 관한 부처의 이야기를 담은 사티파타나 경전에 관하여 토론하였다.[311]

그 지역 대성당에서 미사를 올린 뒤 머튼은 불교의 가장 오래된 성지 중의 하나인 프라 페이톰 체디를 방문하기 위해 시골로 나갔다.

10월 18일, 그는 이해의 성전에서 열리는 "교회 정상 회담"에 참석하기 위해 캘커타에 도착했지만 세계 교회운동의 대화 주제는 절대적 가난에 근접함으로써 즉각적으로 머튼이 생각한 내용으로 나아갔다. 특별하게 가난을 서약한 한 수도자인 그는 자신이 이곳에서는 빈민들 가운데 있는 풍요한 미국인일 뿐이라고 느꼈고 자기 주머니에 있는 돈과 목에 걸고 있는 카메라가 부끄러웠다. 그는 자신이 「선(禪)과 욕망의 새들」을 헌정했던 학자 아미야 차크라배르티가 눈에 띄자 비로소 겨우 입을 뗄 수가 있었다. 머튼은 망명한 티벳 라마교 승려 초잠 트룽파 림포체도 만났다. 중국의 홍의군에게서 도망온 그의 이야기가 너무나 감명적이어서 머튼은 세상을 떠나기 바로 직전에 했던 강의에서 그들 이야기를 했다.

어쩌면 너무나 많은 사람들이 통상적으로 고행 생활을 하고 있는 캘커타의 분위기가 머튼으로 하여금 돔 제임스에게 용서를 구하지 않고 수도원을 떠나 이제 트레일러 안에서 은둔자처럼 살아가는 것을 후회하도록 했을는지 모른다. 10월 20일, 머튼은 옛 수도원장에게 "당신이 양심과 그때 꼭 필요

---

309. *Asian Journal* 4-5.   310. *Asian Journal* 13-4.

311. **Bhikkhu Khantipalo**가 쓴 마음에 관한 에세이가 *Asian Journal* 297-304에 실려 있다.

하다고 보았던 정책을 따르고 있다는 것을 알았기에" 그의 제한적인 결정들을 어떤 것도 결코 개인적으로 원망하지 않았다고 확신하게 해주는 편지를 보냈다.

머튼은 10월 23일, 캘커타 회의에서 연설할 때 수도자적 증거를 한 사람들을 포함해 의식적으로 사회에 잘 적응하지 못하는 모든 사람을 변호했다. 그는 많은 불멸의 가치가 … 무책임하게 내던져지고 있는 결과를 가져온 현재 수도원 생활의 격변을 유감으로 생각했다. 그리고 그는 동양의 상황이 더 나아지기를 열망했다. "나는 동양의 수도자들에게 서양에서 온 한 형제로서 별 조심없이 … 말씀드리겠습니다. 전통을 엄수하는 여러분들의 충실함은 여러분에게 크게 도움이 될 것입니다. 그런 충실성에 대해 우려하지 마십시오."

수렴과 종교의 일체성에 대한 토론으로 틈이 벌어진 회의에서 머튼은 "통일은 토론 단계에서는 이루어지지 않을 것이다"고 역설했다. "대화의 제일 깊은 단계는 대화 자체가 아니라 친교입니다. 친교는 말이 필요 없습니다. 친교는 말을 뛰어넘고 언어와 개념 이상의 것입니다. 우리가 새로운 통일을 발견했다는 것은 아닙니다. 우리는 더 오래된 통일을 발견합니다. 친애하는 형제 여러분, 우리는 이미 하나입니다. 그러나 우리는 우리가 하나가 아니라고 생각합니다. 우리가 되찾아야만 하는 것은 우리 본래의 일체성입니다. 우리가 이루어야만 하는 것은 우리가 하나되는 것입니다."[312]

다음날 달라이 라마가 기거하고 있는 다람살라로 머튼을 초대한다는 소식을 담은 전보가 왔다.

10월 27일, 뉴델리에 도착하자 머튼은 편지를 주고받았던 미국인 불교 학생 해롤드 탈보트를 만났다. 탈보트는 달라이 라마에게서 수학을 하는 중이었다. 그들이 같이 티벳의 탕카스(티벳인들의 불상)를 보러 갔을 때 지방 티벳인 난민촌을 방문했다. 머튼은 티벳인들의 웃음소리를 듣고 기뻐했다.

---

312. *Asian Journal* 307-8 315-7 참조.

그들이 낼 수 있는 모든 소리를 내어 불상이 있는 곳을 시끄럽게 만들어 버리는 그들의 방식에 매료되었다. "그 깊은 소리는 생명을 소생시키고 죽음의 웃음(즉, 무지)을 물리친다. 그 소리는 무(無)의 소리이다. 그 소리는 심원하고 맑다. 우리는 바위를 삼켜 버리는 빙하의 조용한 천 년의 굉음 속에 씻겨졌다."[313]

10월 31일, 탈보트와 패탄콧 북쪽으로 가는 밤 열차에 올라타면서 머튼은 1941년 켄터키로 가는 짧은 기차 여행을 회상해 보았다. 다음날 지프를 타고 히말라야 산을 올라가는 길에 바람을 맞받으며 다람살라 위의 탈보트의 오두막집에 도착했다. 비가 오는 것도 상관하지 않고 머튼은 "아름다운 침묵"을 탐구하기 위해 오두막을 떠나 티벳인들에게 염주를 굴리며 기도해 달라고 부탁했다. 이천 피트 정도 아래 골짜기에 있는 목초지에서 염소지기의 플루트 소리가 들려왔다. 그러나 이곳 폭력이 난무하는 세상은 필요 이상으

달라이 라마와 함께

---

313. *Asian Journal* 68-9.

로 소란스럽다. 그는 마치 게쎄마니 은수처에서 크녹스 요새로부터 울려오는 대포 소리를 들을 수 있었던 것처럼 멀리 인도군의 소총 사격장에서 나는 총격 소리를 들을 수 있었다.

그 다음날 티벳 수도승 손밤 카지는 머튼에게 명상하는 동안 내면을 지배하는 방법으로서 만다라의 유용성을 가르쳤고 드조그첸 법(온갖 것을 내포하고 있는 대도)을 설명했다. 머튼은 트라파스(트라피스트와 아주 비슷한 소리)가 수도승을 지칭하는 티벳어라는 것을 알고 기뻐했다.

머튼이 달라이 라마를 처음 만난 11월 4일, 그들은 환상, 착각, 형이상학 그리고 이상적인 연구 과정에 관해 이야기를 나눴다. 원래는 단 한 번 만나기로 되어 있었지만 달라이 라마가 이틀을 같이 보내자고 다시 제안했다. 머튼은 달라이 라마에게서 깊은 인상을 받았다. "그는 아주 인상적이고 … 강하고 빈틈이 없었으며 내가 생각했던 것보다 키가 더 크고 … 아주 강건하고 정력적이며 관대하고 따뜻하며 … 사람을 끄는 힘이 있었다."[314]

다음날 가벼운 지진이 두 차례에 걸쳐 일어났다. 머튼은 미국에서 진행중에 있는 선거에 대해 생각했다. 그날 밤 그는 자신의 트라피스트 수도복이 아니라 티벳의 화려한 색깔들, 빨강색과 황금색에 조화된 검정색이 많은 선종 수도복을 입고 게쎄마니에 돌아와 있는 꿈을 꾸었다.[315]

또 한번의 꿈은 그를 프랑스 남부 그의 원래 고향으로 데려다 주었다. 11월 6일, 그들이 만난 가운데 머튼과 달라이 라마는 인식론에 대한 이야기를 하고 정신집중법을 서로 비교했다. 머튼은 세상에서 수도자들이 명상이 줄 수 있는 의식의 자유와 변화의 살아 있는 모범이 되는 것이 중요하다고 말했다. 머튼이 알고 있기로는, 라마교 승려들은 철저한 고독과, 측은지심에 역점을 두는 걸 반대했다. 고독은 투신의 기초를 제공해야 한다. 그들은 또 다른 차원에서 정신이 정신에 집중하는 정신을 깨닫는 한편 정신집중법과 정신에 집중시키는 정신 상태의 수수께끼에 대한 이야기를 했다. "세 가지

---

314. *Asian Journal* 100-2.   315. *Asian Journal* 107.

다 하나의 정신이다." 활기찬 대화였다. 달라이 라마는 "초연함"과 "속세를
초월한 삶"에 대해 역설하고 아직 그런 자세를 삶과 세상의 문제에 참여하
고 이를 완벽하게 이해할 수 있는 방식으로 보았다. 머튼은 달라이 라마가
한단계 한단계 주제를 탐구해 가는 방식에 감명을 받았다. 그들은 이틀간에
걸쳐 한번 더 만나기로 했다.[316]

다음날 머튼은 일기에 명상생활은 템프스 비어지(최초), 즉 단지 채워져
야 할 백지나 점령되고 다스려져야 할 영토로서의 기회가 아니라 연민으로
비춰져야 할 기회로 경험하는 방식에 열려 있어야 한다고 적었다.[317] 이전에
죄수였던 중국인 초브계 티크첸 림포체와 뒤늦게 나눈 대화는 사랑과 동정
에 대해 중점적으로 이루어졌다. 이상적인 성인의 표본은 왕(무엇보다도 먼
저 자신을 구원하는 왕)이나 뱃사공(사람들을 구원하기 위해 나룻배로 건너
다주며 동시에 그들과 함께 구원에 도달하는 뱃사공)이 아니라 자신이 봉사
하는 사람들이 구원에 도달할 때까지 자신의 구원을 다른 사람들 뒤로 미루
는 양치기이다.

그들이 세번째 만나는 자리에서 달라이 라마는 수도자 생활을 서원하는
곳과 서양의 수도자들이 욕정의 습관에서 마음을 헤어나게 하는 방법이 무
엇인지 알고 싶어했다. 육식을 하지 않는 이유는 무엇인가? 수도자들이 술
을 마시는가? 혹은 영화를 보는지? 머튼은 마르크스주의와 수도생활에 대해
질문을 하고 방콕에서 열리는 회합에서 토론 계획이 잡혀 있던 주제에 대해
서도 물었다. 불교의 변증법과 마르크스의 소외 개념 사이에 연관이 있는
가? 수도승과 마르크스주의자간에 있을 수 있는 대화는 어떤 것인가? 달라
이 라마는 오로지 마르크스주의가 평등한 경제 사회 구조의 확립만을 의미
하고 종교 지도자가 속세 구조의 시녀 노릇을 하지 않는다면 신앙을 가진
사람과 마르크스주의자 사이에 대화가 통할 수 있다고 말했다. 실제적인 문
제로서 투쟁적인 무신론자는 어떠한 타협도 할 수 없는 것처럼 보이고 "좋

---

316. *Asian Journal* 112-3.   317. *Asian Journal* 117.

든 나쁘든 모든 형태의 종교를 금하고자 애쓴다." 머튼은 달라이 라마가 공
산주의자들을 못마땅해하지 않는 점에 감명을 받았다. "일찍이 나와 그렇게
뜻이 잘 맞는 사람을 만나본 적이 없었다"라고 머튼은 돔 플래비언에게 써
보냈다.[318]

다른 티벳 수도승과도 만났는데, 그들 각자는 산 어딘가에들 자기네 작은
암자를 가지고 있었다. "금요일 나에게 있었던 일, 갖가지 모습을 띤 암자,
바위, 나무, 농토, 양떼, 패인 구멍, 폭포, 언덕배기 등이 있고 울퉁불퉁하
면서 특징이라곤 없는 산이 지금은 확고부동한 영원한 존재에 의해 영적으
로 지시를 받고 인식의 중심인 다르마를 상기시키면서 연속적이고 의미있는
등불로 타오르고 있다. … 중심적인 현존은 완전히 깨어 있고 정력적이며
빈틈없고 명확하고 분명하며 속삭이지 않는 부처이다."[319]

다람살라에서 며칠 보낸 뒤 머튼과 탈보트는 뉴델리에서 주말을 지냈다.
18세기의 천문대를 답사한 후 그들은 캄보디아 승려인 잔타르 만타르를 만
나고 나서 이슬람교 대학에 들렀다. 머튼은 지방 가톨릭 병원에서 미사를
올리고 눈앞에 두고 있는 방콕에서의 강의 준비를 했다. 돈이 다 떨어져갔
다. "우표 살 돈조차 없으니!"

머튼은 캘커타로 되돌아와서 가난뿐만 아니라 인도의 매력까지 들여다볼
수 있을 만큼 상당 기간 인도에 머물렀다. 그는 캘커타의 불결함 속에서 어
떤 고결함을 쉬이 느낄 수 있었다. 그는 연못과 연꽃, 벽에 페인트로 써놓
은 공산주의자들의 구호, 물소, 거룩한 소, 인력거, 영화 포스터 등을 눈여
겨보았지만 그의 옛 친구인 브라마카리의 암자는 찾을 수가 없었다. 캘커타
는 화려하지는 않았지만 처음 느꼈던 것보다는 색채감이 있었다. 도시의 소
음은 일종의 침묵이 되었다. "여러분이 어렴풋이 생각이 들기 시작하겠지만
캘커타의 일반 대중들에게는 심판이란 없다. 그리고 자신들을 심판하는 대
신에 그들은 자기네를 제외한 다른 세상 사람들에 대해 비판을 했다."[320]

---

318. *Asian Journal* 178-9.　　　319. *Asian Journal* 105-6.　　　320. *Asian Journal* 132.

11월 12일, 머튼과 탈보트는 다질링까지 비행기를 타고 갔는데 네팔과 시킴 그리고 인도의 고원 지대인 부탄 사이에 차(茶) 지대가 숨어 있었다. 윈다미어 호텔을 잡아 감기 치료를 하면서 차 맛을 알았다. 그 지방에서 받는 양약 값이 얼마나 비싼지 놀랐다. 몸이 완쾌되지 않았음에도 불구하고 다음날 로레토 수도원에서 미사를 올렸다. 그 다음날은 티벳 난민들을 찾아보고 그들이 카펫 공장이나 시골 공장에서 죽어가고 있지만 여전히 자기네들이 추방당한 원인이 되었던 종교생활을 활발하게 하고 있음을 알았다.

11월 16일, 머튼이 지금껏 만났던 가장 저명한 림포체[321]로 인정받고 건장하고 나이든 농부처럼 보이는 라마교 승려 차트랄 림포체를 만났다. 그들은 두 시간 동안 이야기를 나누어보고는 "커다란 깨달음을 얻을 찰나에 있는" 사람들처럼 서로를 완전히 이해할 수 있었다. 차트랄 림포체는 머튼이 "타고난 부처"라고 말했다. 그는 자신이 그리스도인과 완전히 마음을 터놓고 편안하게 이야기하는 걸 발견하고 놀라워했다. 그들은 실컷 웃었다. "내가 티벳인 구루와 함께 정착했다면 차트랄은 내가 선택한 사람 중의 한 사람이었을 거란 생각이 든다"고 머튼은 말했다. 헤어지기 전에 그들은 이승에서 완전한 깨달음을 얻기 위해 노력하자고 서로 약속했다.[322]

---

321. *Rimpoche,* 정신적 지도자들을 일컬어 사용되는 "소중한 사람"을 의미하는 티벳어.
322. *Asian Journal* 142-5.

나흘 동안 머튼은 밈 티 에스테이트에 있는 방갈로에서 휴식을 취했다. 그는 자신이 이제껏 "아시아의 진면목"을 파악했는지 미심쩍어했다. 그리고 그는 여전히 어디쯤에서 순례를 끝내고 정착해야 할까 고심했다. 게쎄마니에서 그의 생애를 마감해야 하지 않는가 하는 느낌이 들었다. "얌전하고 온순한 히말라야 벌"이 침을 쏘지도 않고 그에게 몇 번이나 내려앉았다. 머튼은 어느 정도 자극적이면서 부드러운 벌집을 만들기 위해 꿀을 모으는 벌이 자기 머리 위에서 기어다니도록 내버려 두었다.

멀리 히말라야 산맥 큰 산의 하나인 칸첸준가 산이 있는데 처음에 그는 "이만팔천 피트나 되는 그 산을 찍은 엽서"를 보고 곤혹스러워했다. 그러나 며칠 안 되어 엽서에 보이지 않는 면, 즉 그 반대쪽에 인양 궁전이 있는 보이지 않는 산이 있다는 것을 알았다. 보이지 않는 산은 사진으로 찍을 수 없었다. 그 산의 완벽한 아름다움은 그 양면이 있기도 하고 없기도 하다는 것을 인식하는 불가능한 역설에 동의할 때 비로소 보인다. "아무것도 말할 필요가 없을 때 안개에 휩싸인 듯한 생각이 분명해지고 산이 보인다."[323]

11월 21일, 다질링으로 돌아와 머튼은 로레토 수도원에서 미사를 올리고 나서 서방으로 돌아가는 것을 다시 유보하겠다고 했다. "목적 없이 딩굴고 있는 우리에게는 깊이있는 새로운 영역을 도입해 줄 아시아의 종교 사상과 아시아 문화가 있어야 합니다. 나는 늘 마음의 요소, 바크티의 요소, 사랑의 요소에 대해 말해 왔다."[324] 그는 소나다 지역 은둔지에 살고 있는 칼루 림포체를 만났다. 칼루는 머튼이 지금껏 만난 사람 가운데 가장 말씨가 부드러운 라마교 승려였다. 그들은 오랜 시간 은수생활에 대한 이야기를 했다. 즉, 은수생활을 누가 할 수 있고 은수지에서의 영성생활, 명상의 적절한 방법과 주제들, 뒤이어 지켜야 할 시간표에 관해서 이야기를 나누었다. 칼루는 자기가 "대승불교(마하야나)의 참다운 정신"[325]에 관해 생각하고 있

---

323. *Asian Journal* 156-7.   324. 테이프에서 **Patrick Hart** 수사가 옮김.

325. *Asian Journal* 163-6.

는 바를 머튼에게 말해 주었다(마하야나 — 문자 그대로 대승(大乘) — 는 동정심과 보편적인 구원을 특히 강조하는 불교 유파).

캘커타로 돌아오는 길에 머튼은 수년 후에 만남을 상기시켜 주었던 존 발포어라는 이름을 가진 사람을 우연히 만났다. 발포어는 광채가 감도는 듯하고 더없이 순결하며 "깨끗한" 머튼의 얼굴, "더 큰 어떤 신비적 차원"[326]에 살고 있는 사람들에 속해 있는 그런 얼굴에서 깊은 인상을 받았다.

머튼이 캘커타에 다시 한번 들렀을 때 그 도시는 "내가 사랑하는 도시"가 되었다. 여전히 그곳에는 다 쓰러진 빈민촌들이 있었지만 캘커타는 더욱 다채로운 색채감을 띠고 흰백색의 두루미와 푸른빛의 코코넛 야자수가 어울려 반겨 인사하고 있었다. 그때 그는 아주 잠깐 그곳에 머물렀다. 당시 머튼은 인도 남부에 위치한 마드래스에 체류하고 있었다.

11월 27일, 그는 자신의 이름과 같으며 아시아를 줄곧 돌아다니고 여기 아시아에서 목숨을 거둔 성 토마스를 기념하는 대성당을 방문했다. 성 토마스 언덕 위에 세워진 대망의 성모 성당에서 성 토마스를 기념하는 미사를 올린 후에 성당 옆에 있는 버려진 아이들을 위한 고아원을 들렀다. 바다 기슭 부근의 대양에 세워진 까만 링검(남근의 상징) 돌이 파도에 씻겨 남녀의 형상을 하고 있었다. 다음날 그는 복합적인 마하발리푸람 절, 잘생긴 신들과 균형잡힌 여신들을 얕게 새긴 양각으로 뒤덮인 채 해안에 자리한 힌두 사원을 갔다. 머튼은 영국의 지배를 받기 전에 고대 인도의 정취를 맡을 수 있었다.

11월 29일, 스리랑카의 콜롬보에 도착했을 때 머튼은 곳곳에서 경찰과 군인들이 한창 파업중에 있음을 발견했다. 그는 카르마 호텔에 숙소를 정한 후 지방 불교 학자들을 만나는 데 협조를 얻고자 미 정보국을 찾아갔다. 머튼의 열렬한 팬이라고 밝힌 그곳의 책임자 빅토르 스티어는 그때 『죄스런 방관자의 추측』을 읽고 있는 중이었다.

---

326. **Patrick Hart** 수사에게 보낸 **John Balfour**의 편지, 1976년 2월 11일: Mott 555.

다음날 일찍 머튼은 스리랑카의 수도를 향해 급행열차에 올라 승려들을 위해 마련된 이등칸을 타고 떠났다. 그는 코코넛 야자수가 없다면 서섹스 지방에 있었을지도 모르는 모양을 한 교회가 보이는 칸디의 한 호텔에 투숙했다. 그는 그 도시에서 얼마 떨어져 있지 않은 정글 속에 자신의 총림에 있는 비쿠(수행승, 거지를 뜻하는 산스크리트어) 냐나포니차 테라를 찾아 나섰다. 그들은 절 부근을 거닐었다. 머튼에게 가장 인상적이었던 것은 땅 위로 솟아 있는 바위를 조각하여 만든 오래된 부처상이었다.

머튼의 스리랑카 방문의 절정을 이루고 그의 생에서 중요한 순간들 가운데 하나는 12월 3일 폴로나루와를 방문했을 때였다. 스리랑카의 북동부에 위치한 폐허가 된 고대 도시인 폴로나루와는 주로 커다란 암석에 새겨진 붓다의 거대한 형상으로 알려진 순례지이다. 아마 가장 인상적인 것은 잠들어 있는 (입멸해 가는) 붓다의 거대한 조각일 것이다. 머튼은 자신이 조각품들에 대한 글을 쓰려고 한 바로 3일 전에 조각품들 속에서 느꼈던 흥분으로 얼이 빠질 정도였다. 그는 그 거대한 형상들에 둘러싸여 홀로 여기저기를

거닐 수 있었다. 머튼을 그곳으로 데려다 준 신부는 우상숭배나 다름없다고 전전긍긍해하면서 그대로 차에 남아 있었다.

바위에서 파열되어 그 조각들이 저절로 분명하고 뚜렷한 형상을 하고 있기라도 한 것마냥 나는 사물과 내적 청결, 그리고 청명에 대해 습관적으로 반쯤의 고정관념으로 분명하게 불쑥 말했다. 누워 있는 형상의 기묘한 모습, 미소, 즉 팔짱을 끼고 서 있는 아난다의 슬픈 미소(아주 단순하고 간단하기 때문에 다빈치의 모나리자보다도 "권위적"이었다), 이 모든 사실은 어떤 당혹스러움이나 문제거리도 아니며 사실 "신비"도 아니다. 모든 문제는 풀리고 문제가 되는 것들이 확실해지기 때문에 만사는 단순 명료하다. 바위, 온갖 문제, 모든 생물은 다르마카야(불성, 부처란 모든 사람이 완전히 실재와 접촉하여 전적으로 깨달음을 얻을 수 있으며 온갖 환상에서 벗어나는 것을 일컬어 말한다)로 채워진다. … 모든 것이 공허하며 모두가 측은하다. 내 생애에서 하나의 미적 조명에서 미적 감각과 정신적으로 정당한 느낌을 가져본 적이 있는지 모르겠다. 정말 마하발리푸람과 폴로나루와와 더불어 나는 아시아의 순례를 통해 맑아지고 아주 정화되었다. 내 말은 내가 어렴풋이 찾아왔던 것이 무엇인지 알고 이해하게 되었다는 뜻이다. 달리 앞으로 어떤 것을 해야 할지 모르지만 나는 현재 현상을 보고 통찰하며 그림자와 가면을 넘어 실체를 인식하고 있다. 이것이 순결하고 쓰레기(아시아인이나 유럽인 혹은 미국인)로 뒤덮이지 않은 아시아다. 이것이 선명하고 순수하고 완벽한 아시아다. 아시아는 모든 것을 말해 주고 있다. 아무것도 필요로 하지 않는다. 그리고 아무것도 필요없기 때문에 조용하며 눈에 띄지 않고 발견되지 않을 수밖에 없다. 발견될 필요가 없다. 아시아를 발견할 필요가 있는 것은 바로 우리들(아시아인들을 포함한)이다.[327]

---

327. *Asian Journal* 233-5.

어두운 그림자를 드리운 요나

우리는 다음 이십여 년에 걸쳐
야크 행렬과 더불어 여행할 계획이 있는지
자문할 수 있다.

머튼은 12월 4일, 싱가포르에 멈춰 레플 호텔에 묵었다. 수도원장과 원장수녀들간의 회의를 끝낸 다음 들를 생각으로 12월 15일자 드자카르타 행 비행기 예약을 했다. 그는 크리스마스를 자바에 있는 트라피스트 수도원인 라와세넹(평화의 늪)에서 보낼 계획이었다. 싱가포르에서 란타오 섬에 있는 트라피스트 회원들과 함께 보내기 위해 홍콩까지 갔다.

머튼은 12월 6일 방콕으로 돌아왔다. 마치 캘커타에 갈 때마다 캘커타가 바뀌어 있었던 것처럼 방콕은 너무나 달라져 있었다. 처음에는 소음과 먼지 때문에 맥을 못췄는데 지금 그는 놀고 있는 아이들과 풍성한 과일, 쌀, 고기, 술, 약품, 신발, 기계, 햇살, 장신구들을 보고 깊은 인상을 받았다. 그는 장대하고 기묘하면서도 수많은 여행자들의 플래시 전구와 발길이 닿아 얼마간 신비감이 없어진 전설적인 녹색빛 붓다 사원을 찾아갔다. "그곳에는 물론 이들 모든 타이인들 속에서 디즈닐랜드식 경향이 있다"라고 머튼은 기록했다. "그리고 나는 그들이 가끔 그 선을 넘을 것이라 생각된다."[328]

12월 8일, 동정녀 마리아의 원죄 없으신 잉태 대축일에 머튼은 마지막으로 일기를 썼다. 그는 성 루이스 성당에서 미사를 올리고 나서 사왕 카니왓(적십자) 회담소로 가기 전에 아포스톨릭 델리게이션에서 점심식사를 했다.

---

328. *Asian Journal* 250.

회합 장소는 29마일 떨어진 방콕의 남부 사뭇프라칸에 있었다. 머튼은 오후에 도착해서 아담한 이층집 1층에 유숙했다. 회담은 다음날 타이 불교의 종정의 환영사와 함께 시작되었다. 결혼과 독신생활에 관한 저녁 토론도 그날 있었다.

그날 밤 푹 잠을 이룬 수도자는 불과 몇 되지 않았다. 고양이들이 일제히 울어대는 소리가 근처 지붕 위에서 점차 커지기 시작하고 인접한 방에 묵고 있는 사람들은 머튼의 웃음소리를 들었다.[329]

수주간 머튼이 그토록 골똘하게 생각해 왔던 자신의 발표문 "마르크스주의와 수도원의 전망"이 다음날 아침 발표되었다. 자신의 수도원장에게서 언론을 피하라는 지시를 받은 머튼은 자기 강의를 촬영하려고 나타난 독일 텔리비전 방송반들 때문에 신경이 곤두섰다.

머튼은 수행승들이 직면한 아주 중요한 문제들 중의 하나는 자기 위치가 무엇이고 혁명적 세계에서 스스로를 어떻게 규정할 것인가 하는 문제라고 지적했다. 이 점은 단순히 종교적 확신을 가지고 있는 사람들을 파멸시키거나 생각을 바꾸어 놓으려고 하는 적들을 어떻게 이기고 살아남을 것인가 하는 문제가 아니다. 오히려 근원적으로 유사점과 동시에 차이점을 가지고 있는 마르크스주의와 금욕생활이라는 현재의 모형을 뛰어넘어 이해해야 할 문제이다.

그는 중대한 유사점들을 깨달았다. 결국 수도자는 "본질적으로 세계와 세계의 구조를 향해 비판적인 태도를 취하는 … 세상 사람들의 주장이 거짓이라고 (말할 줄 아는) 사람이어야 한다. 덧붙여 말하자면, 수도자와 마르크스주의자는, 각자 자기 능력에 따라 주고 자기 필요에 따라 받아야 한다는 생각을 공유하고 있다. 그러나 마르크스주의자는 삶의 물질적이고 경제적인 구조를 우선 강조하고 종교적인 접근을 신비화로 이해하는 반면 수도자는 의식의 차원에서 시작하여 인간을 변모시키는 데 투신한다.

---

329. 머튼의 최후의 날에 대한 여러 가지 설명 가운데 미카엘 모트의 설명이 가장 완벽하다; **Mott 561-8** 참조.

"전통 종교들은 물질 자체에서 출발하여 새로운 구조에로 옮겨가는 대신 — 인간은 그 구조 속에서 자동적으로 새로운 의식을 개발하리라는 것이다 —, 각 사람 안에서 진리를 — 그 진리가 다른 사람들에게 진리 자체를 전달하리라는 생각으로 — 변형시키고 자유롭게 하려고 노력하면서 개인의 의식과 더불어 시작한다. 이것이 수도자들이 강조해야 할 소명이다. 수도자는 "완전한 깨달음을 추구하고 자기가 자유의 비밀을 알고 어떻게든 다른 사람들에게 그 비밀을 알릴 수 있을 만한 방식으로 자기 스스로의 존재의 근원을 체험하기 위해 온 사람이다." 가장 깊은 차원에서 수도자는 다른 이들에게 사랑으로 살아가는 법을 가르치고 있다. 그리스도 신자들에게 있어서 이것은 다른 모든 사람들 안에 계시는 그리스도를 발견하는 것을 뜻한다.

머튼은 계속해서, 그러한 사랑을 통해서만 각자 자기 능력에 따라 주고 자기 필요에 따라 받는 경제 사상을 실현할 수 있다고 말했다. 그러나 실상 수도 공동체에서 생활하는 사람들을 포함한 많은 그리스도인들이 이런 차원의 사랑과 깨달음에 이르지 못하고 있다. 그리스도인들은 너무나 많은 헛된 욕구로 인해 자기네 생활을 버거워하고 그 욕구는 완전한 깨달음, 즉 수도자들이 자기네 유일한 존재 이유를 깨닫는 길을 막아 왔다.

머튼이 세상을 떠난 날, 방콕 회의에 모인 수도자들과 함께
(머튼 왼쪽에 장 러끌레르끄 신부가 있다)

죽기 직전 방콕에서의 강연

머튼은 자기가 중국 공산군이 진격하기 전에 티벳 총림을 피해 온 불교 총림원장인 초쟘 트룽파 림포체에게서 들은 이야기를 하나 해주었다. 다른 수행승들이 총림의 보물과 "필수적인" 식량을 실은 스물다섯 마리의 야크 행렬과 함께 트룽파와 합류했다. 총림 원장은 보물 혹은 보물을 가지고 있는 자와 함께 머물지 않았다. 그는 여행용 램프 외에 아무것도 없었지만 마침내 살아서 인도에 도착했다. 귀중품을 뒤에 두고 떠날 수가 없어 야크를 지킨 수도승들은 병사들에게 따라잡혔고 그 이후로는 다시 그들의 소식은 들리지 않았다.

"우리는 앞으로 이십여 년을 야크 행렬과 함께 여행을 할 계획인지 스스로에게 자문할 수 있다"고 머튼은 말했다. 수도생활은 결국 어떤 건물이나 옷 혹은 단조로운 규칙에 달려 있지 않다. 수도생활은 "전면적인 내적 변모이다. 야크들은 자기네 스스로를 돌보도록 내버려 두자." 수도생활은 "하느님을 사랑하고 그분과 하나되고자 하는 작은 단체에게 어떤 식으로든 방향을 제시하고 교육을 하는" 사람이 있다면 언제나 번성한다.

이런 류의 수도생활은 꺼질 수가 없다. "수도생활은 영원하다. 수도생활은 인간 마음의 본성을 나타내고 하느님께서 인간에게 주신 사랑을 표현한다. 수도생활은 인간에게 달려 있지 않기에 근절될 수 있는 것이 아니다. 그것은 문화적 요인에도, 사회학적이나 심리학적 요인들에 달려 있는 것도 아니다. 수도생활은 훨씬 더 깊은 어떤 것이다."[330]

---

330. "Marxism and Monastic Perspectives", *Asian Journal* 326-43.

말을 마치면서 머튼은 저녁 회기까지 질문을 연기하는 게 어떻겠느냐는 제안을 했다. 그는 "그러면 저는 물러가겠습니다"라는 말로 끝맺었다. 그는 모두 콜라를 마시길 권했다.

오후 세시경 머튼의 옆방에 있던 그루네의 프랑수아 신부는 외침소리와 누군가 쓰러지는 듯한 소리를 들었다. 프랑수아 신부는 머튼의 방문을 두드렸으나 아무런 대답도 없었다. 정각 네시가 되기 직전, 프랑수아 신부는 머튼에게서 집 열쇠를 받고 아무런 문제가 없다는 것을 스스로에게 확인시키고자 다시 내려왔었다. 방에서 아무런 대답이 없자 프랑수아 신부는 방문 윗쪽에 있는 미늘창 안을 들여다보고는 머튼이 테라조 바닥에 누워 있는 것을 보았다. 선풍기가 머튼 위에 널브러져 있었다. 프랑수아 신부는 문을 열려고 애써보았지만 문은 잠겨 있었다. 다른 사람들의 도움을 받아 그 문을 열었다.

살 탄 냄새가 났다. 1.5미터 정도 되어보이는 선풍기가 그의 몸 위로 비스듬히 쓰러져 있고 머튼은 분명 죽은 채 드러누워 있었다. 한국의 왜관 베네딕도회 수도원장인 오도 하아스가 선풍기를 치우려고 하다가 전기 충격을 받아 옆으로 나가떨어졌다. 클래스틴 세이 신부가 플러그를 뽑아버릴 때까지 수도원장은 선풍기 손잡이에 찰싹 달라붙어 있었다.

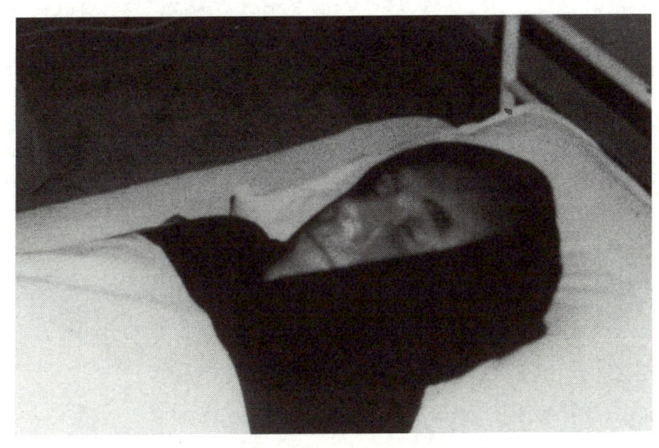

머튼은 가랑이 가까이 몸 오른쪽을 따라 손바닥 만한 크기의 살이 벗겨질 정도로 3도 화상을 입었다. 손에는 아무런 상처도 없었다. 머튼의 얼굴은 장미빛처럼 붉고 눈과 입은 반쯤 벌려져 있었다. 뒷머리에서는 피를 흘리고 있었다. 사제들이 머튼에게 사죄경을 염해 준 후 돔 오도는 머튼에게 마지막 도유를 해주도록 베네딕도 수도원장 돔 렘베르트 위클랜드에게 청하러 갔다. 한국의 포교 성 베네딕도 수녀회 원장인 에델트루드 바이스트 의사가 도착했다. 마더 에델트루드는 맥박을 재고 눈빛 반응을 검사했다.

선풍기에 대한 경찰의 검사 결과 "선풍기 받침대 안에 설치된 전기 코드가 불량품이라는 것이 드러났다. … 금속 부분을 만지면 죽음을 불러올 만큼 전류가 강했다." 머튼의 시신은 돔 위클랜드에게 넘긴 뒤 씻겨서 수도원 내 성당으로 옮겼다. 시신 옆에서 저녁 내내 철야기도가 있었다.

다음날 머튼의 시신은 방콕에 있는 미 공군기지로 옮겨져 그곳에서 베트남에서 전사한 미국인 시신들과 함께 미국으로 돌아왔다. 오클랜드, 캘리포니아를 거쳐 쭉 일반인들에 의해 운구되어 12월 17일 게쎄마니 수도원에 도착했다. 관을 잠시 열어 몇몇 수도자들이 시신을 확인했다.

크리소고너스 웨델 신부가 장례 미사곡을 작곡했다. 기도서의 표지에는 「요나의 기적」에서 인용한 본문 구절이 적혀 있었다. 즉, "나는 항상 내 자비로 요나는 드리웠노라. … 내 아들 요나야 나를 잊었느냐? … 자비가 풍성히 넘치느니라."

미사를 끝내면서 "그대가 하느님의 형제가 되어 불에 탄 사람들의 그리스도를 알아 모시는 걸 배우기를 바란다"는 예언적인 마지막 문장으로 끝맺고 있는 『칠층산』의 한 부분을 읽었다.

그의 동료 수도자들이 수도원 성당 옆 작은 묘지에 머튼을 묻었다.
시신과 함께 머튼의 재산이 공식적으로 발표되고 달러로 값이 매겨졌다.

티멕스 시계 1개	10달러
토르토이스제 검정 쌍안경 1개	0
액자	
시토 수도회 가죽 장정 기도서 1권	0
묵주(망가진)	
조그만 성모 마리아와 아기 예수 성상 1개	0

머튼이 한 마지막 말을 기억하고 있다. 아침 회의가 끝난 다음 프랑수아 신부가 머튼에게, 방청인 중의 한 수녀가 머튼이 회개한 사람들에 대해 한 마디도 하지 않는다고 불평한다고 전했다.

머튼은 대답했다.

"우리가 현재 요청받고 있는 것은 그리스도를 말하기보다는 오히려 우리 안에 그분이 사시도록 하여 그리스도께서 우리 안에 어떻게 살고 계시는지를 느낌으로써 그분을 발견하는 것일지도 모른다."

머튼이 몸에 지니고 있던 성상은 마지막 말을 담고 있었다. 머튼의 손에 있던 그 성상 한쪽 면에는 아무 말도 적혀 있지 않았지만 다른 쪽에는 다음과 같은 글귀가 적혀 있었다.

게쎄마니 수도원에 있는
토마스 머튼의 묘

우리가 참된 하느님을 기쁘게 해드리고 가장 축복받은 우정으로 맺어진 벗들이 되고자 한다면 우리 정신과 마음을 가식 없이 하느님께 바쳐 드리자. 설령 우리가 이 세상의 온갖 지혜를 가지고 있다 하더라도 우리의 정신과 마음을 이 현세의 어떤 것, 즉 예술, 이성, 자기 정당화에 내맡기지 않도록 하자.[331]

---

331. 동방 정교회에서 널리 읽힌 영성생활, 특히 마음의 기도에 관한 글 모음인 *Philokalia*에서 인용. 전문이 세 권의 번역본으로 Faber & Faber에서 출간되었다.